Binder
Im Prinzip Liebe

Elisabeth Binder

Im Prinzip Liebe

Goethe, Marianne von Willemer und der West-östliche Divan

Mit 15 Abbildungen

Reclam

2019 Philipp Reclam jun. Verlag GmbH,
Siemensstraße 32, 71254 Ditzingen
Umschlaggestaltung: Anja Grimm Gestaltung
Umschlagabbildungen: Orientalische Muster: © ALYOHA / Alamy Stock Vector, © Katika/Shutterstock.com; Wiedehopf: © The Natural History Museum / Alamy Stock Photo; Johann Jacob de Lose: *Marianne von Willemer*, 1809: ART Collection / Alamy Stock Photo; Gerhard von Kügelgen: *Johann Wolfgang Goethe*, 1808: 2 Maalikogu / Painting Collection / Gemäldesammlung
Druck und buchbinderische Verarbeitung: Friedrich Pustet GmbH & Co. KG, Gutenbergstraße 8, 93051 Regensburg
Printed in Germany 2019
Reclam ist eine eingetragene Marke
der Philipp Reclam jun. GmbH & Co. KG, Stuttgart
ISBN 978-3-15-011221-2

Auch als E-Book erhältlich

www.reclam.de

MIX
Papier aus verantwortungsvollen Quellen
FSC® C014889

Inhalt

Nur wenige Wochen waren es, die Goethe im Spätsommer 1815 im Kreis der Willemers, des Frankfurter Bankiers Johann Jakob und seiner jungen Frau Marianne, zubrachte. Erst in deren Landhaus, der Gerbermühle bei Frankfurt, dann in ihrem Stadthaus. Zuletzt ein kurzes Wiedersehen in Heidelberg. Ein Gang zum Heidelberger Schloss …

Der Rest war Erinnerung. War Hoffnung, eine von Marianne jahrelang sehnsuchtsvoll gepflegte: »So hoffen wir von einem Sommer zum andern, Sie, wenn auch nur auf kurze Zeit, zu sehen.« Es blieb jedoch bei dem Briefwechsel, bis zu Goethes Tod.

Über jene Wochen der Nähe, der Neigung, des Spiels mit dem Feuer der Liebe, das, in lyrische Wechselrede verwandelt, als *Buch Suleika* in den *West-östlichen Divan* einging, ist schon viel geforscht und geschrieben worden. Und längst hat diese Liebesbeziehung ihren besonderen Platz in Goethes Biographie. Von ihr weiß man, auch wenn man vom *Divan* sonst nicht allzu viel weiß. Und doch ist sie ohne das Liebeskunstwerk der Gedichte gar nicht zu verstehen. An dem allerdings noch ein anderer Dichter maßgeblich Anteil hatte: Mohammed Schemsed-din Hafis, um 1320 in Schiras geboren. Da es Goethe war, der Marianne mit dessen Werk bekannt machte, muss man erst einmal seinem bis dahin einsamen Weg auf den Spuren des persischen Sängers folgen.

Dass dieser Weg nicht nur zu dem Dichter führte, sondern in eine ganze Welt, eine östliche, vom Islam geprägte, die, in einem globalisierten Alltag nahegerückt, zu einem politischen Thema geworden ist, das die öffentlichen Debatten bewegt wie kaum ein anderes, gibt ihm heute eine besondere Aktualität. Nicht dass man Goethes Position als Argument in diese Debatten ohne weiteres einführen könnte. Zwar stammt der Vers von ihm: »Orient und Okzident / Sind nicht mehr zu trennen«. Das klingt prophetisch, stammt aber aus einer Zeit, als es eine Migration von Ost nach West noch nicht gab, also auch nicht die Herausforderungen einer tatsächlich zusammenwachsenden Welt, in der die Gräben mitunter tiefer scheinen als je zuvor.

Trotzdem hat Goethes kosmopolitisches Denken bis heute etwas Bestechendes. Und es tut gut, gelegentlich einen Blick auf seinen Freimut zu werfen. Auf die Bewunderung, die er dem persischen Dichter zollt, die Begeisterung, mit der er sich von diesem inspirieren lässt, den heiteren Respekt, mit dem er dessen Kultur begegnet, die Freude, die ihm dieser Austausch bereitet. Vor allem auf die Dichtung, die aus all dem entspringt: den *West-östlichen Divan*. Von dem Hugo von Hofmannsthal einmal schreibt, dass darin »die Wunderwelt nicht sowohl des Orients als einer großen weltliebenden Seele sich aufschlägt«.

Dass aber Goethe 1814, als er des Hafis' *Diwan* entdeckte, in diesen »Osten« regelrecht flüchtete, wenn auch bloß in der Phantasie, steht in einem eigentümlichen Kontrast zur aktuellen Situation. Das Wort »Flucht« ist im *West-östlichen Divan* ein programmatisches. Was sie veranlasste, entfaltet gleich das Eröffnungsgedicht mit dem Titel *Hegire* (der eben »Flucht« bedeutet). Es ist nicht nur der Zusammenbruch der alten, überlebten Ordnungen in Europa, der von der französischen Revolution gewaltsam angestoßen und von Napoleon letztlich nicht gebannt, sondern durch seine Eroberungsfeldzüge und sein Scheitern am Ende ins Weltgeschichtliche gesteigert wurde. Es ist auch die politische Gesinnung in Deutschland, die während der Befreiungskriege entstand: eine patriotische Begeisterung und romantische Rückbesinnung auf die mythischen Wurzeln einer deutsch-christlichen Identität, in der es Goethe zunehmend unbehaglich wurde.

Der »Weltbürger« in ihm suchte nach Weite. Einst fand er sie in Italien. In diesem späteren Moment seines Lebens war es die Beschäftigung mit der Kultur des Orients, die ihn dem »lieben Mittel-Europa« entrückte. Während sie ihn zugleich mit seiner Kindheit verband, wo ihm die Welt des Alten Testaments, der Bücher Moses', der Geschichte und der Geschichten des jüdischen Volks, eine ähnliche Entrückung ermöglichte und einen inneren Frieden versprach, wenn es draußen »wild und wunderlich« herging. Dennoch wünschte er sich dann den *Divan* »als Taschenbuch in viele Hände«. Das heißt: in viele deutsche Haushalte. Und so wurde aus dem Flüchtenden zuletzt ein »Handelsmann«, der das Mitgebrachte, was konkret seine Gedichte sind, gern unter seinen Landsleuten verbreiten würde: das Eigene aufmischend mit Schätzen aus einer fremden Kultur.

Der Gedanke einer »Weltliteratur« hat Goethe zwar erst im Alter beschäftigt, doch macht der *West-östliche Divan* schon vor, wie ein solcher »geistiger Handelsverkehr« aussehen kann. Zu dem allerdings, da es sich ja um Dichtung handelt, unbedingt die Freiheit des künstlerischen Spiels gehört.

I Selige Sehnsucht

Die volle Welt

GRUSS

O wie selig ward mir!
Im Lande wandl' ich
Wo Hudhud über den Weg läuft.
Des alten Meeres Muscheln
Im Stein sucht' ich die versteinten,
Hudhud lief einher
Die Krone entfaltend.
Stolzierte, neckischer Art,
Über das Tote scherzend
Der Lebend'ge.
Hudhud, sagt ich, fürwahr!
Ein schöner Vogel bist du.
Eile doch, Wiedehopf!
Eile der Geliebten
Zu verkünden dass ich ihr
Ewig angehöre.
Hast du doch auch
Zwischen Salomo
Und Sabas Königin
Ehemals den Kuppler gemacht!

Frankfurt, den 27. Mai 1815, frühmorgens, im Gasthof zum Schwan, kurz vor der Weiterreise nach Wiesbaden – Goethe wartet auf seinen Reisegefährten, den Diener Carl, der bereits in der Stadt unterwegs ist, im Auftrag seiner Exzellenz zum Passbüro läuft, zum Stadtkommandanten, zur Post, um die Formalitäten für die Aus- und Weiterreise zu erledigen, zuletzt zu Freunden des Dichters, dort eiligst ein Billet abzugeben …

Nicht bei den Willemers, die befinden sich bereits auf ihrem ländlichen Anwesen, der Gerbermühle, auf der anderen Mainseite. Doch dorthin geht der *Gruß*. Zwischen da und dort öffnet sich das

»Land«, das die als »Geliebte« Angesprochene noch nicht kennt, aber kennenlernen wird. Um es nach diesem einzigen Sommer für immer in sich zu tragen. Es ist das Land der Dichtung, und es ist des Dichters Land.

Doch es ist viel mehr als das. Es ist, Orient und Okzident umfassend, das Weltreich der Liebenden. Und es existiert, seit es die Liebe und die dichterische Rede von ihr gibt. Schon König Salomo und die Königin von Saba waren Bürger, legendäre, dieses Reichs. Auch Suleika und Hatem, die liebenden Protagonisten des *West-östlichen Divan*, werden Bürger dieses Reichs sein. Auch Goethe und Marianne.

Aber noch ist es nicht so weit. Noch ist Goethe allein mit Papier und Bleistift. Doch was für eine Heiterkeit im Alleinsein, jetzt, da er ohne Pass und Formalitäten, die das Reisen im kleinteiligen Deutschland so umständlich machen, den freien Raum der Imagination betritt. Wo sogleich ein Wiedehopf – seinem eigentümlichen Ruf entsprechend im Arabischen Hudhud genannt und bereits im Koran als Bote zwischen Salomo und der Königin von Saba, bei Hafis dann als deren Liebesbote auftretend – den steinigen Boden in fabelhaftes Terrain verwandelt: »O wie selig ward mir! / Im Lande wandl' ich / Wo Hudhud über den Weg läuft.«

Das klingt verspielt und soll es auch sein: »neckischer Art«. Und doch ist das »O« der Selbstseligpreisung, kürzeste Pathosformel seit je, nicht zu überhören, das Ausrufezeichen, sie bestätigend, nicht zu übersehen.

Und obschon der Ton ein so ganz anderer ist, scheint für einen Moment jenes Gedicht auf, das in seiner Jugendherrlichkeit zum ersten Mal ein solches Land der Liebe beschwört. Da ist Goethe zweiundzwanzig Jahre alt und erstmals in seinem Leben so im Gleichklang mit der Natur verliebt, dass aus dem inneren Überschwang das vielleicht hinreißendste Liebeslied deutscher Sprache in den Frühlingsrausch eines liebenden Universums drängt.

MAIFEST

Wie herrlich leuchtet
Mir die Natur!
Wie glänzt die Sonne!
Wie lacht die Flur!

Es dringen Blüten
Aus jedem Zweig,
Und tausend Stimmen
Aus dem Gesträuch,

Und Freud und Wonne
Aus jeder Brust.
O Erd o Sonne
O Glück o Lust!

O Lieb' o Liebe,
So golden schön,
Wie Morgenwolken
Auf jenen Höhn;

Du segnest herrlich
Das frische Feld,
Im Blütendampfe
Die volle Welt.

O Mädchen Mädchen,
wie lieb' ich dich!
Wie blinkt dein Auge!
Wie liebst du mich!

So liebt die Lerche
Gesang und Luft,
Und Morgenblumen
Den Himmelsduft,

Wie ich dich liebe
Mit warmen Blut,
Die du mir Jugend
Und Freud und Mut

Zu neuen Liedern
Und Tänzen gibst!
Sei ewig glücklich
Wie du mich liebst!

Der »O« und Ausrufezeichen ist da kein Ende. Der Enthusiasmus ist über alle Maßen. Nicht nur weil der Sprecher noch jung, das frühlingshafte Leben noch jung, die Liebe noch jung ist. Es ist auch nicht nur das Glück des Liebens und Geliebtwerdens, nicht allein das Zusammensein mit dem geliebten Mädchen. Was zuallererst gefeiert wird, ist die Liebe selbst: als eine allgegenwärtige, die ganze maifestliche Natur – Lerche und Morgenblumen nicht anders als das Menschenpaar –, die Lieder, die Tänze, die Dichtung durchwirkende, Leben und Lebensfreude schaffende, in Vielfalt und Schönheit erscheinende Energie. Es ist die »segnende« Macht eines Weltprinzips, hymnisch gefeiert wie eine Gottheit: »O Lieb' o Liebe …«

Ob Goethe das Gedicht tatsächlich im ländlichen Idyll von Sesenheim, womöglich an Pfingsten 1771 schrieb, als er Friederike Brion, die neunzehnjährige Pfarrerstochter besuchte, weiß man nicht. Doch hat man das Gefühl, das »glänzende Auge« der Geliebten könne nicht allzu weit weg gewesen sein. Und das, was man erotischen Pantheismus zu nennen pflegt, habe sich nur dank ihrer Nähe so rauschhaft entfalten können. Dass aber der Dichter mit dem Wörtchen »ewig« falsche Versprechen gemacht hätte, kann man kaum sagen, selbst wenn es Friederike in jenem glücklichen Moment so verstanden haben sollte. Das Wort »ewig« meint hier nicht eine ewige Dauer, sondern den im Ewigkeitsprinzip Liebe erfahrenen göttlichen Augenblick. Und wenn sie genau gelesen hätte – aber wer mag im Zustand der Verliebtheit schon so genau lesen! –, hätte sie wohl erkennen können, dass der höchst anziehende junge Mann, der die Kostümierung liebte und sich als armer Theologiestudent bei ihnen vorgestellt hatte, in den wechselseitigen Gefühlen auch die Quelle seiner poetischen Inspiration feierte. Ohne dass man das Wort Muse hier gebrauchen möchte.

Nähert man sich nach dieser Rückblende um vierundvierzig Jahre noch einmal jenem 27. Mai 1815, als Goethe frühmorgens im Gasthof zum Schwan das Gedicht *Gruß* zu Papier brachte, so kann man sich fragen, in was für Zusammenhängen in diesem Fall – des älter gewordenen Mannes, des älter gewordenen Dichters, er wird im August sechsundsechzig Jahre alt werden – die Liebe steht? Und was hier das immerhin viel versprechende Wort vom »ewig angehören« meint?

Was zunächst auffällt, ist wiederum eine Art Kostümierung. Nicht direkt des Sprechers selbst, doch mit dem arabischen, dem deutschen Leser zunächst unbekannten Wort Hudhud, der Szenerie, in deren Rahmen der Geliebten gedacht wird. Mit dem Liebesboten Hudhud erfährt der Gruß an die Geliebte eine komödiantische Verfremdung. Ein Geflunker mit Doppelsprachigkeit, ja mit Doppelbürgertum – als sei der Sprecher mit der Kultur des Orients genauso vertraut wie mit dem deutschen Boden: auf du und du mit »Hudhud« wie mit dem »Wiedehopf«, und über das kleine Wörtchen »ehemals« mit frühesten Gestalten der Menschheitsgeschichte wie mit entfernten Verwandten verbunden – rückt das Liebesversprechen in ein gauklerisches Zwielicht.

Etwas im Übermut Inszeniertes ist hier von Anfang an im Spiel: Die zwei auf der Reise von Weimar bis Frankfurt entstandenen Gedichte bereiten es vor, sie bestimmen Rolle und Namen der beiden Liebenden wie auch deren altersmäßige Konstellation – junge Frau, sehr viel älterer Mann – wie für ein lyrisches Drama.

Dass Suleika von Jussuf entzückt war
Ist keine Kunst,
Er war jung, Jugend hat Gunst,

Er war schön, sie sagen zum Entzücken,
Schön war sie, konnten einander beglücken.
Aber dass du, die so lange mir erharrt war,
Feurige Jugendblicke mir schickst,
Jetzt mich liebst, mich später beglückst,
Das sollen meine Lieder preisen
Sollst mir ewig Suleika heißen.

Und gleich darauf die »Benamsung« des Liebenden, Sprechers und Dichters selbst.

Da du nun Suleika heißest
Sollt ich auch benamset sein,
Wenn du deinen Geliebten preisest,
Hatem! das soll der Name sein.

Ob Goethe da schon an ein der Realität entspringendes »Duodrama«, so sein späterer Ausdruck für das *Buch Suleika*, also an einen poetischen Dialog mit der fünfunddreißig Jahre jüngeren Marianne Willemer dachte und damit an eine unmittelbare Verwandlung der im Jahr zuvor entstandenen Zuneigung, kann man nicht genau wissen. Dass er noch in Wiesbaden längere Zeit zögerte, der von Johann Jakob Willemer so dringend ausgesprochenen Einladung in sein Landhaus zu folgen, legt die Vermutung nahe, Goethe hätte sich vorstellen können, das Duett zwischen Suleika und Hatem auch ohne die persönliche Nähe einer Geliebten auszuführen, wie er es ein paar Jahre zuvor in den *Sonetten* bereits erprobt hatte. Jedenfalls ist das Liebesgespräch zunächst, bis Marianne wirklich in die Inszenierung einsteigt, ein von Goethe angelegtes Rollensprechen.

Sollte hier also gar kein »warmes Blut« im Spiel gewesen sein, wie damals, in jenem *Maifest* mit jugendlichem Überschwang bekundet? Als das Herz noch heftig schlug und alles spontane Aktion war: »Es schlug mein Herz, geschwind zu Pferde!« Sollte alles ein der Dichtung dienendes Abenteuer des alternden Dichters gewesen sein? Mit zu geringem menschlichem Risiko von seiner Seite und zu großem für den weiblichen Widerpart?

So, natürlich, könnte man es sehen. Und es ist möglich, dass Marianne es einen Moment lang selbst so empfand, als sie nach Goethes Abschied und endgültigem Ausbleiben, der Sehnsucht verfallend, in einen Zustand geriet, den ihr Ehemann in besorgten Briefen an den Freund teils »Schwermut«, teils eine »furchtbar« gesteigerte »Reizbarkeit der Nerven« nennt: »Die frischen Blüten unbefangener Jugend sind entflohen und haben ein verwundetes Herz zurückgelassen!«

Doch was wirklich und poetisch zwischen ihnen geschah in den freundschaftlich-geselligen Wochen auf der Gerbermühle, muss für beide etwas Unvorhersehbares, hochbeglückend und zuletzt auch erschütternd Lebendiges gewesen sein.

Damit sich's nicht zum Starren waffne

Und wie nötig ihm das war, ein solch Lebendiges noch einmal zu finden! Gleich die ersten, epischen Zeilen des *Grußes* an die Geliebte sprechen davon. Wenn auch nur in Andeutungen und mit leiser Selbstironie: »Des alten Meeres Muscheln / Im Stein sucht' ich die versteinten …« Das ist zunächst ein anekdotisches Element. Im Reisebericht an seine Frau Christiane notierte Goethe dazu am 24. Mai: »Nahe bei Gotha gegen Eisenach finden sich auf den Chausseehaufen viele Ammonshörner und Pecktiniten.« Ob bei einer solchen Gelegenheit auch ein Wiedehopf sich zeigte, ist nicht überliefert. Denkbar wäre es.

Eine große Zahl von Goethes Gedichten – man denke etwa an das wohl bekannteste »Über allen Gipfeln ist Ruh' …« – sind das, was er selbst einmal, etwas irreführend, »Gelegenheitsgedichte« nennt. Was meint, dass sie von konkreten Lebensmomenten (»Gelegenheiten«), also »von der Wirklichkeit angeregt« sind und »darin Grund und Boden haben«. Von Gedichten »aus der Luft gegriffen« halte er nichts, wie er in einem Gespräch mit Eckermann am 18. September 1823 erklärt. Nun ist in dem Gedicht *Gruß* allerdings einiges kühn fabulierend »aus der Luft gegriffen«. Doch umso entschiedener bindet das anekdotische Element es wieder an den Boden der Realität.

Ohne Zweifel werden die geneigten Leserinnen und Leser, von denen es, als der *West-östliche Divan* 1819 erschien, weniger gab, als der Dichter gehofft hatte, in dem sich zu den Versteinerungen bückenden »Ich« sogleich den Gesteinsforscher und Sammler Goethe erkannt haben, auch wenn es in Wahrheit wohl eher sein junger Diener Carl war, der sich, auf diese Gesteins-Leidenschaft auch bereits eingeschworen, bückte und suchte. – Wie gewöhnlich wird Goethe von dieser Reise kistenweise Gesteinsproben und Versteinerungen, »Dokumente erdgeschichtlicher Urzeit«, nach Hause schicken lassen und sie seinem Sohn August in Briefen ankündigen. Denn auch ihn hatte er sich bereits zum Mitarbeiter herangezogen in einem Wissensgebiet, das er allerdings nicht als etwas Totes empfand.

Wie sehr Goethe diese Art von Naturkunde faszinierte, zeigt der frühe Plan eines »Romans über das Weltall«, so genannt in einem Brief an Charlotte von Stein am 7. Dezember 1781. Ein Plan, der beseelt war von einem sehnsuchtsvollen Drang, die große Natur in ihren Zusammenhängen zu erforschen, zu erfassen – »frei gesinnt wie die Luft, die alles umgibt« – und in einem großen poetischen Weltentwurf zur Darstellung zu bringen. Der Roman kam dann über die begeisternde Idee nicht hinaus. Doch noch zu Beginn seiner Italienreise beschäftigte er Goethe als »meine Welterschaffung«. Und in diesem Zusammenhang ist vermutlich jener kurze enthusiastische Aufsatz *Über den Granit* von 1784 zu sehen: eine Gesteinsart, die als »Grundfeste unserer Erde«, den damals noch jungen, für den Bergbau von Ilmenau zuständigen Weimarer Minister Goethe mit dem höchsten und tiefsten Gedanken der Schöpfung – heilige Schauder auslösend! – in Verbindung bringt.

Nichts Totes also ist dieses Wissen um die Entstehung unseres Erdbodens. Und nicht verwunderlich für einen Dichter, dem zwar das »menschliche Herz« – der »erschütterlichste Teil der Schöpfung« –, das vornehmliche Forschungsfeld ist, dem aber eben dieses, da er alles Natürliche in Zusammenhängen sieht, ebenso ein »natürliches Geheimnis« ist, wie jenes schwer herzuleitende, in allen Weltgegenden verschiedene und doch dem Wesen nach überall gleich auftretende Urgestein: dieser »unerschütterlichste Sohn der Natur«.

Anders allerdings – und auch davon spricht jener Aufsatz *Über den Granit* – verhält es sich mit dem aus den Ablagerungen des Urmeers entstandenen Sedimentgestein, das so viel »Lebendiges erzeugt« und »verschlungen« hat, so dass man in den »fruchtbaren schönen Tälern«, wenn man es sich genau überlegt, über ein »anhaltendes Grab« geht. Für den Erdkundler, der sich das »Buch der Natur« so gern »lesbar« gemacht hätte und »nach langem Buchstabieren« auch gemacht haben will – »Wie lesbar mir das Buch der Natur wird [...], meine stille Freude ist unaussprechlich«, so am 15. Juni 1786 an Charlotte von Stein – ist selbstverständlich auch dies nicht uninteressant.

Davon berichtet das Gedicht *Gruß*: »Des alten Meeres Muscheln / Im Stein sucht' ich die versteinten ...« Doch die gedrängte Folge »alt«, »Stein«, »versteint« bereitet schon vor, was der heiterstolze Auftritt des Wiedehopfs dann schlagartig zutage bringt: dass dieses Sich-Bücken zu dem Stein in dem Augenblick, da der »Lebend'ge« und mit ihm die Liebe auf den Plan tritt, zu einer bedauernswerten Beschäftigung mit »Totem« wird.

Nun fürchtete Goethe, so unbedingt am lebendigen »Gestalten und Umgestalten« der Natur interessiert und an der immerwährenden Metamorphose des inneren geistigen Lebens, bekanntlich nichts so sehr wie das Erstarren. Das zu Lebzeiten wie das endgültige im Tod. Wo er konnte, ist er, wann immer solche Erstarrung drohte, wenn ein Mangel an Weite ihm den Atem nahm, geflohen, nahm es sich, seiner Entelechie zuliebe, heraus. Im großen Stil nach Italien, im September 1786: Eine Reise – *die* Reise seines Lebens –, die er, kaum lag der Brennerpass hinter ihm, als eine wahre »Wiedergeburt« erlebte. Als ein Frischwerden der Augen, der Seele, der Sinne – und in Rom dann auch des Lustgefühls, wohl erstmals richtig erfahren, in den Freuden erfüllter Liebesnächte.

Eine Welt zwar bist du, o Rom, doch ohne die Liebe
Wäre die Welt nicht die Welt, wäre denn Rom auch nicht Rom.

So steht es in den *Erotica Romana*, später *Römische Elegien* genannt. Zweifellos war Goethe, wie Frau von Stein nach des Freundes Rückkehr missfällig bemerkte, in Italien »sinnlich« geworden. Italien hatte ihn verwandelt, den ewig »Sehnsüchtigen« zum »Realisten« gemodelt, ihm die »Übereinstimmung mit sich selbst« gegeben: zu seinem Glück.

Von all dem Abschied zu nehmen brachte ihn allerdings schier um den Verstand: »In jeder großen Trennung liegt ein Keim von Wahnsinn, man muss sich hüten, ihn nachdenklich auszubrüten und zu pflegen.« So im März 1788, wenige Wochen vor der Heimreise. Und wenn Goethe, nach Augenzeugen, auf dem Rückweg nach Weimar anfangs fast nur geweint haben soll, so war wohl nicht nur der Schmerz, sich von Rom, diesem »Zentrum der Welt« zu entfernen, riesig. Es muss auch von Meile zu Meile das Verlangen gewachsen sein nach jener – allen Anekdotenjägern zum Trotz – unsicher gebliebenen Geliebten, die in den *Elegien* und dann auch in den *Venezianischen Epigrammen* Faustine heißt.

Dass er wenig später in dem ernüchternden Weimar mit Christiane eine ihn auch häuslich und mit einem Kind beglückende Geliebte finden würde – prägte diese Glücksvision nicht schon sein frühes Gedicht *Der Wandrer*? –, konnte er da noch nicht wissen. Auch nicht, wie ängstlich er sein würde, sie nicht zu verlieren: »Solange ich dein Herz nicht hatte, was half mir das übrige, jetzt, da ich's habe, möchte ich's gern behalten.« So an Christiane von der *Campagne in Frankreich* im Herbst 1792, vor der Kanonade von Valmy. Und ebenso wenig konnte er wissen, dass er sich aus diesem als eigentlichere Heimat hochgelobten Italien nur zwei Jahre später, gequält von Heimweh, nach Weimar zurücksehnen würde, als er, beauftragt, die Herzoginmutter Anna Amalia auf ihrem Rückweg von Rom in Venedig zu empfangen, in tiefem Missmut zugebrachte Wochen in der Lagunenstadt vertrödelte. Viel mehr Zeit als geplant, da die Reisegesellschaft sich verspätete.

Nichts stimmte mehr für ihn bei diesem zweiten Aufenthalt in Italien. Sein Brief an den Herzog vom 3. April 1790 sagt es unverhohlen: »Übrigens muss ich im Vertrauen gestehen, dass meiner Liebe für Italien durch diese Reise ein tödlicher Stoß versetzt wird. Nicht dass mir's in irgendeinem Sinne übel ergangen wäre, wie sollte es auch? Aber die erste Blüte der Neigung und Neugier ist abgefallen [...]. Dazu kommt meine Neigung zu dem zurückgelassenen Erotico und zu dem kleinen Geschöpf in Windeln, die ich Ihnen beide, wie alles Meinige, bestens empfehle.«

An jenem 27. Mai 1815, frühmorgens im Gasthof zum Schwan, da ihm »Hudhud«, der alte Kuppler, noch einmal ein neues Land der Liebe eröffnet, ist ihm Italien wieder nahe. Auch auf dieser Reise, wie schon im Jahr zuvor, begleitete ihn das Konvolut der italienischen Manuskripte, und sein Diener Carl Stadelmann begleitete ihn insbesondere auch als Schreiber. Geplant war, in diesem zweiten Wiesbadener Sommer mit der *Italienischen Reise* zügig voranzukommen. Neapel ist an der Reihe, dann Sizilien. Das Diktieren aufgrund der Briefberichte, die meisten an Charlotte von Stein, gestaltete sich, jedenfalls bis Carl ernsthaft erkrankte, spielend leicht. Und das Nacherleben jener »frohen atemreichen Zeit« bereitete dem Diktierenden eine noch einmal zur Jugendlichkeit befreiende Herzenslust.

Die südlich-mittelmeerische Welt Italiens und die orientalische von Hafis' Dichtung gehen wie schon beim ersten Wiesbadener Sommeraufenthalt ein Jahr zuvor aufs beste zusammen. Und wie er die Reise nach Italien als »Wiedergeburt« erlebte, so erlöste ihn auch seine imaginäre Orientreise aus einer drohenden Erstarrung. Kaum zufällig spricht er in *beiden* Fällen von seiner »Hegire«, in gebildeten Kreisen damals ein geläufiger Ausdruck für eine folgenreiche Flucht, anspielend auf Mohammeds Hedschra (arab. ›Hidschra‹, franz. ›Hegire‹): seine Auswanderung von Mekka nach Medina im Jahr 622, mit der die islamische Zeitrechnung beginnt.

Doch anders als Italien, das ihm keine Ruhe ließ, bis er es mit Augen sah, tat sich der Orient als Fluchtort für die Phantasie »zufällig« vor ihm auf – als sein Verleger Cotta im Mai 1814, ein halbes Jahr nach dem Sieg über Napoleon in der Völkerschlacht von Leipzig, ihm Mohammed Schemsed-din Hafis' *Diwan*, zum ersten Mal vollständig übersetzt von dem Wiener Orientalisten, Kaiserlichen Hof-Diplomaten und ehemaligen Gesandten an der Hohen Pforte zu Istanbul Joseph von Hammer-Purgstall, zukommen ließ.

Wie sehr Goethe die Zeit der Befreiungskriege weniger äußerlich – Weimar war, jedenfalls verglichen mit anderen Orten, noch glimpflich davongekommen – als innerlich bedrohte, machen mehrere Briefstellen deutlich. So schrieb er am 21. Juli 1813 aus Teplitz an Heinrich Meyer, seinen Gesprächspartner in allen Kunstfragen und Weggefährten seit römischen Tagen, der sich der Kriegswirren wegen in die Schweiz, an seinen Heimatort Stäfa am Zürichsee, zurückgezogen hatte: »Sie sollen, mein verehrter Freund, gelobt und gepriesen sein, wegen des Entschlusses den Sie gefasst haben, Ihr Vaterland zu besuchen. Wer es jetzt möglich machen kann, soll sich ja aus der Gegenwart retten [...].«

Sich selbst versuchte er auf andere Weise in Sicherheit zu bringen, indem er sich das erschuf, was sein Freund Carl Ludwig von Knebel einmal seine »Zauberzirkel« nennt. Einen solchen Zauberzirkel bildete während der Kriegsjahre die Arbeit an *Dichtung und Wahrheit*. Nun, da sie mit dem dritten Teil im Herbst 1813 vorläufig abgeschlossen war, suchte er sich weiter Entferntes für ein inneres Asyl. So schrieb er am 10. November 1813 an Knebel: »Ich habe die Zeit, mehr um mich zu zerstreuen, als um etwas zu tun, gar mancherlei vorgenommen, besonders habe ich China und was dazu gehört fleißig durchstudiert. Ich habe mir dieses wichtige Land gleichsam aufgehoben und abgesondert, um mich im Fall der Not, wie es auch jetzt geschehen, dahin zu flüchten.«

Und ähnlich am 24. November 1813 an seinen Freund Friedrich Wilhelm von Trebra, den Geologen: »Du wirst vielleicht lächeln, aber doch nicht unvernünftig finden, dass ich mich aus der Zeit in die Urwelt flüchte, wo zwar die Elemente, aber noch nicht die Menschen miteinander kämpften.«

Flucht also dahin und dorthin, während der »unselige Krieg alles verwirrte und zum Starren brachte«. Zwar schien der Krieg im Frühjahr 1814 mit dem Einmarsch der Alliierten in Paris beendet, und wenn sich auch noch keine stabile Neuordnung Europas abzuzeichnen begann, so konnte man doch auf eine neue Friedenszeit hoffen. Und Goethe teilte das allgemeine Aufatmen, das Gefühl der Befreiung. Dem er in seinem Festspiel *Des Epimenides Erwachen*, das im Frühsommer 1814 zur offiziellen Siegesfeier mit dem Einzug des preußischen Königs Friedrich Wilhelms III. und des Zaren Alexander in Berlin hätte aufgeführt werden sollen, sogar das Wort »Wiedergeburt« zutraute: »Und wir sind alle neu geboren, / Das große Sehnen ist gestillt [...].«

Doch andrerseits hatten die Befreiungskriege in Deutschland ein wachsendes Nationalgefühl erzeugt, dem Goethe fremd gegenüber stand. Nicht nur als hartnäckiger Verehrer Napoleons – obschon er Krieg und Zerstörung im Innersten hasste: insofern hatte er auf Napoleon und auf das, was dessen Kriegführung in Europa anrichtete, eine eigentümlich gespaltene Sicht –, sondern weil er hier etwas heraufkommen sah, dem er nichts Gutes zutraute. Dieser patriotische war für ihn ein falscher Enthusiasmus. Wie ebenfalls Frau von Stein, da längst eine kühl gewordene Freundin, in einem Brief an ihren Sohn Fritz bemerkte: »Goethe scheint gar unseren jetzigen Enthusiasmus nicht zu teilen; man darf nichts von politischen Sachen bei ihm reden. [...] Er liest auch keine Zeitungen.«

Letzteres mochte übertrieben sein, obschon Goethe tatsächlich kein Freund der Zeitungen und Journale war. Doch grundsätzlich ist, was die Briefschreiberin irritierte, richtig: Zur herrschenden patriotischen Stimmung blieb Goethe ebenso auf Distanz, wie ihm eine politisierende Öffentlichkeit zuwider war: das befangene und verfängliche Hin und Her von Meinungen. Dieses »grau gestrickte Netz«, wie es in den *Chinesisch-deutschen Jahres- und Tageszeiten* einmal heißt.

Und wenn er mit der Arbeit an seiner Autobiographie die Kriegsjahre gleichsam im Verborgenen, wie *Epimenides* quasi »schlafend« überlebt hatte, während er doch gerade mit *Dichtung und Wahrheit,* deren vorläufig letzter dritter Teil im Frühling 1814 erschien, auch ein Bild Deutschlands, wie es gewesen war, zu entwerfen suchte, so fand er nun, da die äußeren politischen Umstände wieder ruhiger, die mentalen ihm jedoch mitunter so zuwider waren, dass er sie nur »verfluchen« konnte, in den Gedichten des persischen Sängers eine Ursprungswelt, die ihn bereits als Kind faszinierte. Man erfährt es aus *Dichtung und Wahrheit.*

Damals waren es die Geschichten des alttestamentlichen Volks, wohin er sich, wenn die Wirklichkeit ihn bedrängte, in der Phantasie gern »flüchtete«. Auch jetzt, wo er sich zunehmend als »Alten« sah, war es ein sich unter dem Denkbild »Orient« entfaltendes Uranfängliches, Hochpoetisches, das ihn rettete. Diesmal jedoch erschließt es sich nicht über die Bibel, sondern über das Werk eines einzigen, spontan als seelenverwandt empfundenen Dichters. Dessen *Diwan* ihm, wie er in den Annalen schreibt, zum »Buch der Bücher« und damit zu einer Quelle neuer poetischer Inspiration und persönlicher Lebensfreude wurde:

So schlang's von dir sich fort mit ew'gen Gluten
Ein deutsches Herz von frischem zu ermuten.

Kurz vor der Weltschöpfung

Dieses »deutsche Herz« war zur selben Zeit, da Hafis sich seiner bemächtigte, noch mit einem anderen »Großmeister« beschäftigt, den man nicht unbedingt mit Goethe in Beziehung bringen würde, der aber für den poetischen Schub, den die Hafis-Lektüre in ihm auslöste, bedeutungsvoll gewesen sein dürfte.

Der andere war: Johann Sebastian Bach, auch er einst, als Kapellmeister, im Dienst der Weimarer Herzöge. Seine frühen geistlichen Kantaten schrieb er für die Schlosskirche in Weimar, die sogenannte »Himmelsburg«. Dass diese Kantaten dort später noch aufgeführt wurden, ist allerdings unwahrscheinlich, zumal der Komponist sich im Unfrieden von seinen Brotgebern getrennt hatte. Goethe jedenfalls, ohnehin kein Kirchgänger, scheint Bach bis dahin kaum gekannt zu haben. Doch in diesem speziellen Frühling wurde ihm dessen Klaviermusik zu einer Offenbarung.

Es war in dem kleinen, zum Herzogtum Sachsen-Weimar gehörenden, eine Kutschenstunde von Weimar entfernten Ort Berka, nachdem man dort schwefelhaltige Quellen entdeckt hatte, zu einem mäßig frequentierten Badeort avanciert, wohin sich Goethe im Mai 1814 für mehrere Wochen zurückzog. Zusammen mit seiner Frau Christiane und deren jungen Gesellschafterin Caroline Ulrich, im Familienkreis Uli genannt, die in diesen Wochen auch als Schreiberin für ihn arbeitete. Eine Nähe, die über die gewohnte häusliche Vertrautheit hinausging, scheint bei der Zusammenarbeit und in dem sonst ereignislosen Ort entstanden zu sein.

Indessen war gerade diese Weltabgeschiedenheit in dem Augenblick genau das Richtige: »In Berka hier ist es so still und friedlich, als wenn seit hundert Jahren, und hundert Meilen weit kein Kriegsgetümmel existierte. Der Tag ist so lang, dass er manchmal langweilig wird, und dies [...] ist der poetischen Erfindung sehr günstig.« So Goethe am 18. Mai 1814 an Heinrich Meyer, der aus seinem Schweizer Refugium unterdessen wieder nach Weimar zurückgekehrt war.

Doch sogar in dem verschlafenen Berka war das »Zentrum der Welt«, war Rom anwesend. Und zwar im Hotel, wo Goethe mit seiner kleinen Entourage wohnte, dem von der Ilm umspülten Edelhof: »In dem weiten Vorsaal wanderte man nach Tisch oder an Regentagen auf und ab, der große Plan von Rom [schon vor Goethes Ankunft von Christiane aus dem Wohnhaus am Frauenplan, wo er im Treppenhaus hing, hierhergebracht] bildete den einzigen Schmuck.«

Hier also, in diesem römisch bestückten Umfeld, begann Goethe, unterstützt von Uli, an der *Italienischen Reise* zu schematisieren und zu schreiben. Was erstaunlich ist nach so langer Zeit. Aber doch einleuchtend, da er offensichtlich nach dem Abschluss des dritten Teils von *Dichtung und Wahrheit* in der richtigen Stimmung war, seinen Lebensdarstellungen weiter zu folgen.

In dieser Stimmung war er nach der Rückkehr aus Italien, im Jahr 1788, nicht gewesen. Zwar dachte er noch in Italien an eine baldige Veröffentlichung seiner Reiseberichte. Doch in der missmutigen Laune nach der Rückkehr hatte er jede fruchtbare Beziehung zu seinem »Reise-Journal« verloren. So schrieb er damals an Herder nach Italien: »Die Abschrift meines Reise-Journals gäbe ich höchst ungern aus Händen; meine Absicht war, sie ins Feuer zu werfen [...]. Es ist im Grunde sehr dummes Zeug, das mich jetzt anstinkt.«

Doch in diesem Frühling 1814 war er jener Person, die den Aufbruch nach Italien wie eine »Wiedergeburt« erlebte, offensichtlich wieder nahe. So schrieb er am 29. Januar 1815 an Heinrich Carl Eichstädt: »Schon seit einem halben Jahr habe ich den vierten Band [von *Dichtung und Wahrheit*], welcher ohngefähr bis zur Hälfte gediehen war, plötzlich liegen lassen um nicht völlig zu stocken, zehn Jahre übersprungen, wo das bisher beengte und beängstigte Natur-Kind in seiner ganzen Losheit wieder nach Luft schnappt, im September 1786 auf der Reise nach Italien.«

Zur gleichen Zeit aber, wo die italienischen Erinnerungen in ihm wieder einen gedeihlichen Boden finden, erreichten ihn beide und beinah gleichzeitig: Mohammed Schemsed-din Hafis und Johann Sebastian Bach. Ersterer, wie gesagt, ein Geschenk seines Verlegers Cotta, der ihn von der Rückreise aus Leipzig am 18. Mai in Berka auch besuchte. Dazu Goethe in den *Annalen* 1815:

> Schon im vorigen Jahr waren mir die sämtlichen Gedichte Hafis' in der von Hammerschen Übersetzung zugekommen, und wenn ich früher den hier und da in Zeitschriften übersetzt mitgeteilten einzelnen Stücken dieses herrlichen Poeten nichts abgewinnen konnte, so wirkten sie doch jetzt zusammen desto lebhafter auf mich ein, und ich musste mich dagegen produktiv verhalten, weil ich sonst vor der mächtigen Erscheinung nicht hätte bestehen können. Die Einwirkung war zu lebhaft [...]. Al-

les, was dem Stoff und dem Sinne nach bei mir Ähnliches verwahrt und gehegt worden, tat sich hervor, und dies mit umso mehr Heftigkeit, als ich höchst nötig fühlte, mich aus der wirklichen Welt, die sich selbst offenbar und im Stillen bedrohte, in eine ideelle zu flüchten, an welcher vergnüglich Teil zu nehmen meiner Lust, Fähigkeit und Willen überlassen war.

Für Johann Sebastian Bach aber gab es in Berka selbst einen Experten. In der Person des Badeinspektors Schütz, auch »Sumpfkönig« genannt, der zugleich Organist war und einen schönen Hammerflügel, ein sogenanntes »Wiener Klavier« besaß. Von diesem offenbar außergewöhnlichen Klavierspieler, dem berühmten Forkel in Göttingen und ersten Bach-Biographen nur wenig nachstehend, wie es heißt, ließ sich Goethe jeden Abend eine Stunde lang »Bachische Sonaten und Fugen« (so der Ausdruck) vorspielen. Wobei gewöhnlich auch Goethes Freund, der Komponist Carl Friedrich Zelter, der ihn in Berka besuchte, zugegen war. Auch die Gespräche müssen sich anschließend öfter um Bach gedreht haben, da Zelter, mit Felix Mendelssohn zusammen, als erster die geistlichen Vokalwerke Bachs, die Passionen und Motetten, wiederentdeckte und mit seiner Berliner Sing-Akademie zur Aufführung brachte. In den Annalen bemerkte Goethe später dazu: »Musikalische Aufmunterung durch Zelters Gegenwart und durch Inspektor Schützens Vortrag der Bachischen Sonaten.«

Plastischer ist Zelters unmittelbarer Bericht: »Von dieser Fleischkuppel, woran die biegsamsten Finger hängen, lässt sich Goethe alle Abende eine Stunde lang vorspielen, legt sich jedoch vorher zu Bette, indem er behauptet: man müsse der Bachschen Musik nicht merken lassen, dass man zuhöre, da sie für sich selbst musiziere; andere Musik, meinte der seltsame Mann, setze gern Zuhörer voraus, vor denen sie erscheine, um gewisse Serviteurs und Bücklinge zu machen.«

An diese Berkaer Abende mit Johann Sebastian Bach erinnerte sich Goethe noch viele Jahre später in einem Brief an Zelter:

[…] denn dort war mir zuerst, bei vollkommener Gemütsruhe und ohne äußere Zerstreuung, ein Begriff von eurem Großmeister geworden. Ich sprach mir's aus: als wenn die ewige Harmonie sich mit sich selbst unterhielte, wie sich's etwa in Gottes Busen, kurz vor der Weltschöpfung, möchte zugetragen haben, so bewegte sich's auch in meinem Innern und es war mir als wenn ich weder Ohren, am wenigsten Augen, und weiter keine übrigen Sinne besäße noch brauchte.

Stirb und werde!

Mag Bachs Musik an jenen Berkaer Abenden, noch weltlos, die bildenden Kräfte in Fluss gebracht haben, so werden diese Kräfte dann von Hafis' Poesie zur lustvollen Weltschöpfung angeregt. Doch wäre diese möglicherweise wieder ins Stocken geraten, hätte sich Goethe in jenem Sommer 1814 nicht noch einmal zu einer Reise entschlossen. Zu keiner sehr weiten. Wiesbaden war von Weimar nur fünf Tagereisen entfernt. Die Zwischenstationen: Eisenach, Fulda, Hanau, Frankfurt. Und doch führte sie ihn weit. Weit zurück, da er zum ersten Mal seit siebzehn Jahren wieder die südwestliche Heimatgegend, den Kindheits- und Jugendort besuchte: Frankfurt, das er seit dem Tod seiner Mutter gemieden hatte. »Weil ich«, so an Rebecca Schlosser, die Frankfurter Freundin, »meine Mutter da vermissen würde, ohne welche ich mir diese Stadt niemals gedacht hatte«. Zugleich weit hinaus. Noch einmal ins Offene. Noch einmal mindestens in die Nähe jenes Gefühls von Wiedergeburt, das den Aufbruch nach Italien begleitete.

Und es ergreift ihn schon am ersten Reisemorgen, kaum lag Weimar hinter ihm. »Hafis. Herrlicher Tag«, notierte Goethe am Abend dieses 25. Juli 1814 im Tagebuch. Der Morgen aber begann »duftig«. Duft in der alten Bedeutung von »zarter Nebel«, »Dunst«. Und es war dieser noch alle Möglichkeiten in sich schließende, die Blüte eines neuen Tags umhüllende »Duftmorgen«, der dem Reisenden den Anblick eines sehr seltenen Naturphänomens bescherte.

Wenn zu der Regenwand
Phoebus sich gattet,
Gleich steht ein Bogenrand
Farbig beschattet.

Im Nebel gleichen Kreis
Seh ich gezogen,
Zwar ist der Bogen weiß,
Doch Himmelsbogen.

So sollst du, muntrer Greis,
Dich nicht betrüben,
Sind gleich die Haare weiß,
Doch wirst du lieben.

Phänomen hat Goethe das Gedicht in der Endfassung des *Divan* mit einem Begriff aus der Naturwissenschaft betitelt. In der ersten Fassung lautete er noch tagebuchartig: *Seltnes Meteor.* Im Sinn von: seltene, durch bestimmte meteorologische Bedingungen entstehende Himmelserscheinung. Was darauf hindeutet, dass Goethe einen solchen Nebelbogen, weiß oder fast weiß, der Kleinheit der Nebeltröpfchen wegen, in seinem Leben nicht oft gesehen hat. Vielleicht an diesem Reisemorgen – die aufgehende Sonne im Rücken, vor sich die Landschaft in frühmorgendlichen Dunst gehüllt – tatsächlich zum ersten Mal.

Und wieder bewährt sich als tragendes Element der Poesie die Aufmerksamkeit auf die »Wirklichkeit«, hier in Gestalt einer Naturerscheinung. Die im Gedicht jedoch nicht isoliert auftritt, sondern gespiegelt im Farbenwunder des Regenbogens, der Goethe ein Leben lang wichtig war: als »meteorische Erscheinung«, seine *Geschichte der Farbenlehre* beginnt damit. Poetisch gelesen jedoch: als Liebes- und Friedenszeichen.

Und ebenso bewährt sich, wie in dem Gedicht *Maifest*, das Denken in natürlichen, ja in kosmischen Zusammenhängen: der »naturmenschliche« Blick hinaus in die Welt und zurück ins eigene Ich.

Das sich nur draußen erkennt, in der Natur, im Zusammenspiel von Makrokosmos und Mikrokosmos. Ziemlich verwegen in diesem Augenblick: weißer Nebelbogen – weiße Haare!

Und noch etwas kommt hinzu: ein halb verspielter Aberglaube, den Goethe einmal als die »Poesie des Lebens« bezeichnet, da er wie die Literatur zwischen dem »Wirklichen und Handgreiflichen« ahnungsvolle Beziehungen herstelle. Eine Beziehung, die ihm an diesem Morgen den »Himmelsbogen« zum verheißungsvollen Zeichen macht: »Doch wirst du lieben.«

Das ist ins Blaue gesagt. Weder an die Kunstfigur Suleikas noch an die Frauengestalt Marianne Willemers kann Goethe hier gedacht haben. Letztere ist noch gar nicht in sein Blickfeld getreten. Auch ist es dem »muntren Greis« so ganz und gar ernst ja nicht mit seiner Selbstprophezeiung. Und eben doch: auf heitere Weise ernst. Teils, weil er sich in diesem Augenblick mit Hafis brüderlich verbunden fühlen konnte: »Die Liebe eines Jünglings ist / In meinen grauen Kopf gefallen.« Teils im weitesten Sinn. Denn die Liebe ist da: als Weltprinzip. Als jene »segnende« Macht des *Maifests*. Himmel und Erde verbindend, die Poesie beflügelnd wie nichts sonst.

Und so blieb es an dem Tag nicht bei diesem einen, wahrscheinlich kurz nach Sonnenaufgang entstandenen Gedicht. Einmal unterwegs – und es ist anzunehmen, dass Goethe allein in der Kutsche saß, sein Diener Carl auf dem Kutschbock neben Kutscher Barth, während Hafis' *Diwan* in einem braun marmorierten, handlichen, aber ziemlich dicken Band, stets greifbar, neben ihm auf dem lichtgelben Stoff des gesteppten Sitzpolsters lag – muss er in eine Art Flow geraten sein. Woran er sich noch in einem späten Gespräch mit Eckermann erinnerte – beinah wehmütig, zu einer Zeit, da die Arbeit am zweiten Teil des *Faust* zäh und stückchenweise voranrückte:

> Als mich vor zehn, zwölf Jahren, in der glücklichen Zeit nach dem Befreiungskriege, die Gedichte des *Divan* in ihrer Gewalt hatten, war ich produktiv genug, um oft an einem Tage zwei bis

drei zu machen; auf freiem Felde, im Wagen oder im Gasthof, es war mir alles gleich.

Ein Wort wie »Flow« hätte Goethe für diese gesteigerte Produktivität allerdings nicht gebraucht. Eher hätte er es »Übermut« nennen können. »Dichten ist ein Übermut« – so beginnt ein am nächsten Reisetag entstandenes Gedicht. Doch allgemeiner hätte er vermutlich von »Enthusiasmus« gesprochen. Einen solchen jedenfalls bescherte ihm einst, in gesteigerter Form, seine Reise nach Italien. Nur entsprang ihm damals keine lyrische Produktivität, sondern eine naturwissenschaftliche. Davon spricht Goethe in einem längeren Nachtrag zum *Versuch die Metamorphose der Pflanzen zu erklären* mit dem Titel *Der Verfasser teilt die Geschichte seiner botanischen Studien mit*, im Jahr 1817 erstmals erschienen und später mehrfach überarbeitet. Und da führt er die Tatsache, dass sich ihm auf seiner Italienreise die so inständig geahnte »Urpflanze« in Palermo schließlich gezeigt habe, darauf zurück, dass ein solches Unterwegssein, und noch besonders in einer neuen Weltgegend, uns wieder erfahren lasse, »dass wir eines reinen Enthusiasmus fähig sind«.

Das heißt, dass es in uns eine ursprüngliche – kindlich gebliebene? – Wachheit für die Erscheinungen der Welt gibt, von der wir im gewohnten Alltag oft gar nichts mehr wissen. Weil wir uns angewöhnt haben, das, was uns ständig umgibt, als »gleichgültig neben uns bestehend« anzusehen: als etwas »Gemeines und Triviales, worüber zu denken wir gleichsam unfähig werden«. Indem nun eine Reise uns von diesem stumpf gewordenen Blick befreit, »erregt« sie zugleich »den Geist«. Und so kann sie den Reisenden zu einer neuen Naturanschauung, zu einem lebendigen Austausch mit dem Wesen der Dinge, und von da zu einer neuen Erkenntnis führen.

Nun braucht aber nicht nur der Naturforscher die enthusiastische Verfassung. Auch der Dichter braucht sie, sogar besonders, im poetischen Augenblick. Jedenfalls definiert Goethe in den *Noten und Abhandlungen* zum *West-östlichen Divan*, diesem langen Prosateil zu besserem Verständnis, die »Dichtkunst« als eine »enthusiastische« Form. Das ist zwar im Kapitel *Hebräer* auf das Alte Testament bezogen, doch Goethe verstand speziell dieses, Johann Gottfried Herder folgend, als ein Dokument frühester Poesie:

> Da wir von orientalischer Poesie sprechen, so wird notwendig der Bibel, als der ältesten Sammlung, zu gedenken. Ein großer Teil des Alten Testaments ist mit erhöhter Gesinnung, ist enthusiastisch geschrieben und gehört dem Felde der Dichtkunst an.
>
> Gedenken wir nun lebhaft jener Zeit wo *Herder* und *Eichhorn* uns hierüber persönlich aufklärten, so gedenken wir eines hohen Genusses, dem reinen orientalischen Sonnenaufgang zu vergleichen.

In dem etwas später folgenden Kapitel *Naturformen der Dichtung* definiert Goethe dann die Lyrik noch einmal speziell als »enthusiastisch aufgeregte« Form:

> Es gibt nur drei echte Naturformen der Poesie: die klar erzählende, die enthusiastisch aufgeregte und die persönlich handelnde: *Epos*, *Lyrik* und *Drama*. Diese drei Dichtweisen können zusammen oder abgesondert wirken. In dem kleinsten Gedicht findet man sie oft beisammen [...].

Nun scheint allerdings dieser Enthusiasmus – und es wäre ein eigenes Thema, Goethes Vorstellung davon und eine allfällige direkte Beziehung zu Platons Bestimmung des Enthusiasmus im *Phaidros* genauer zu verfolgen – dem sogenannten »Gelegenheitsgedicht«, man erinnert sich, und seinem strengen Bezug zum »Grund und Boden« der »Wirklichkeit« auf den ersten Blick zu widersprechen. Und ebenso dem »Glaubensbekenntnis«, das Goethe einmal in einem Brief an Schiller vom 4. April 1801 formuliert:

> Die Dichtkunst verlangt im Subjekt, das sie ausüben soll, eine gewisse gutmütige, ins Reale verliebte Beschränktheit, hinter welcher das Absolute verborgen liegt.

Doch der Widerspruch ist nur ein scheinbarer. Denn man muss den Nachsatz vom »verborgenen Absoluten« mithören und ebenso in jenem Gespräch mit Eckermann den scheinbar beiläufigen Nachtrag: dass die »Wirklichkeit« zwar die Themen hergebe, dass es aber die Sache des »Dichters« sei, das »poetische Interesse«, das die Wirklichkeit an sich schon habe, aus ihr herauszulösen. Und wie sollte das – hier wie beim »Absoluten« – anders geschehen als mit einer »enthusiastischen« Verfassung? Die für Goethe nichts mit Schwärmerei zu tun hatte, sondern, der griechischen Bedeutung des Worts entsprechend: mit Gotterfülltheit. Mit »erhöhter Gesinnung«: mit Inspiration. So braucht es in Goethes Dichtungsverständnis stets beides: die »ins Reale verliebte Beschränktheit« und den »Enthusiasmus«. Und es ist wohl nicht zuletzt diese Verbindung und das daraus entspringende künstlerische Verfahren, dem Wirklichen eine (oder seine!), von einem energisch anwesenden Subjekt erschlossene poetische Gestalt zu geben, die Goethes Lyrik, wo sie zu voller Form aufläuft, so erregend macht.

In solcher Hochform muss sich Goethe am Morgen jenes 25. Juli 1814 befunden haben. Denn kurz nach dem Gedicht *Phänomen* entstand eines der schönsten Gedichte des ganzen *Divan*, das wie kaum ein anderes von der poetischen Spannweite zeugt, die dem Eigenen und Naheliegenden: der realen deutschen Landschaft zuwächst in der mit Hafis' Orient beschäftigten Einbildungskraft des Dichters. In der »Verblindung« durch den Morgenduft kommt es zu einer träumerischen Überblendung:

Was doch Buntes dort verbindet
Mir den Himmel mit der Höhe?
Morgennebelung verblindet
Mir des Blickes scharfe Sehe.

Sind es Zelten des Wesires
Die er lieben Frauen baute?
Sind es Teppiche des Festes
Weil er sich der Liebsten traute?

Rot und weiß, gemischt, gesprenkelt
Wüsst' ich Schönres nicht zu schauen;
Doch wie Hafis kommt dein Schiras
Auf des Nordens trübe Gauen?

Ja es sind die bunten Mohne,
Die sich nachbarlich erstrecken,
Und, dem Kriegesgott zum Hohne,
Felder streifweis freundlich decken.

Möge stets so der Gescheute
Nutzend Blumenzierde pflegen,
Und ein Sonnenschein wie heute,
Klären sie auf meinen Wegen!

»Ja es sind die bunten Mohne, / Die um Erfurt sich erstrecken« hieß es noch in der ersten Fassung. Das zu wissen, ist nicht ganz unwichtig. Es zeigt, wie genau Goethe, gerade bei diesen Reisegedichten, auf die Realität Bezug nimmt. Denn Erfurt war zu Goethes Zeit, ähnlich wie Schiras zu Hafis' Lebenszeit, berühmt für seine Blumenfülle, seine Blumenfelder, auch für seine Blumenzucht: Mohn und Rosen. Und das Erwachen aus der orientalisch-persischen Halluzination, die an der Demarkationslinie zwischen den Anhöhen der Landschaft und dem Himmel wie eine Fata Morgana aufscheint und das real Getrennte »verbindet«, ist ja, wie die hervorbrechende Sonne die Sache »klärt«, ein durchaus freudiges. Es sind tatsächlich die Blumenfelder um Erfurt: die nahen, »nachbarlichen«! Wie es dann in der Endfassung allgemeiner heißt. Was von durchmarschierenden napoleonischen und alliierten Truppenverbänden niedergetreten, bloß noch trauriger Erdboden war, bringt bereits wieder Blühendes hervor: »dem Kriegesgott zum Hohne«.

So mündet das Gedicht ohne Aplomb, doch unüberhörbar in eine Friedensfeier, die der »Himmelsbogen« des ersten Gedichts schon vorbereitet hatte. Sie steht unter dem Wort »freundlich«: Gegenwort zum Krieg.

Und sie führt, gleichnishaft, vom Anblick des Blühenden in einen Wunsch, eine Mahnung, die Goethe an dem schönen Morgen sehr am Herzen liegen mochte. Es ist nicht mehr, aber auch nicht weniger, als die Aufforderung zu einem normal friedlichen Leben. Es ist *die* humane Lebensform, die stets von neuem der Pflege bedarf. Der »Gescheute« (der Gescheite) »pflegt« die Blumenzierde und »nutzt« sie, indem er wie die Einwohner von Erfurt mit Blumen und Blumensamen Handel treibt. Das Handeltreiben ist für Goethe ein wichtiger Bestandteil eines solch normal friedlichen Lebens. Es wird auch in seiner *Divan*-Sammlung ein öfter wiederkehrendes Moment sein, zum Bild geworden in der archaisch morgenländischen Form der Karawanen.

Der ganze *Divan* beruht auf solchem Handel, wenn der Dichter in den deutschen Landschafts- und Sprachraum statt Waren Worte einführt, Bilder, Namen und Denkformen einer damals auch geographisch noch fernen Welt. In den *Noten und Abhandlungen* sieht sich der Dichter denn auch als einen »Handelsmann«. So führen die *Divan*-Gedichte exemplarisch vor, was Goethe in späteren Jahren, als ihm der Gedanke einer »Weltliteratur« immer einleuchtender wird, einmal einen »geistigen Handelsverkehr« nennt. Nach den »fürchterlichsten Kriegen«, die einen Teil seiner Lebenszeit ausmachten, sieht er in dieser Öffnung kultureller Grenzen die Chance einer neuen Verständigung zwischen den Nationen.

Wenn aber in diesem Sommermorgengedicht, für die Buchfassung wird ihm Goethe den Titel *Liebliches* geben, die östliche Vision anfangs die prächtigere ist, Wunschbild eines der »trüben Gauen« wieder einmal restlos Überdrüssigen, so steht dieser Phantasmagorie doch die deutsche Realität am Ende in nichts nach. Allerdings erst in diesem Augenblick mit dem märchenhaften Schiras auf Augenhöhe, da der Dichter beide Welten in Verbindung bringt: mit dem zugleich genauen und lustvoll fabulierenden *west-östlichen* Doppelblick.

Was wiederum zur Folge hat, dass die Bedeutung des Eigenen und Naheliegenden durch die imaginierte Nähe von Hafis' Welt nicht gemindert wird, im Gegenteil, da sich der Dichter so neu vernetzt sieht, eine Steigerung erfährt. Zumal ja der deutsche Dichter sich gegen die als Übermacht empfundene Poesie des persischen Dichters behaupten und dagegenhalten muss: mit eigener Poesie. Denn um Nachahmung ging es Goethe in keinem Moment, allenfalls um »Nachbildung«, eher noch um ein »Wetteifern«. Ein Sängerwettstreit war es, zunehmend, ein brüderlich gedachter, der den deutschen Dichter herausfordert und begeistert.

Was für eine poetische Präsenz das Eigene unter diesen Umständen gewinnt, zeigt auch das am nächsten Reisemorgen entstandene Gedicht *Im Gegenwärtigen Vergangnes.* Wieder war es ein Duftmorgen: »Duftmorgen um die Wartburg«, wie Goethe in seinem Reisebericht am 26. Juli notiert. Und wieder sind es Blumen, welche die Aufmerksamkeit zunächst auf sich ziehen und den »enthusiastischen« Blick auf die Welt öffnen. »Ros' und Lilie«, seit der deutschen Minnedichtung und auch bei Hafis ein emblematisch mit dem Thema Liebe verbundenes Paar. Das jedoch mit der Wortschöpfung »morgentaulich« ein ganz und gar zu Goethe, zu seinem den *Divan* prägenden, eigenwillig verdichteten Sprechstil gehörendes wird: »Ros' und Lilie morgentaulich«.

Man muss es sich vorstellen: nach einer im Stadtschloss zu Eisenach verbrachten Nacht der Anblick frühmorgens – ein Frühaufsteher, in der Herrgottsfrühe Dichtender war Goethe ein Leben lang – der Wartburg, hoch auf dem dunkel bewaldeten, hinter der Stadt emporragenden Fels, einst Schauplatz eines legendären Wettstreits unter Minnesängern. Und wie da aus dem »Duftmorgen« unversehens etwas anderes sich löst: ein »Duften wie vor Alters«.

Ros' und Lilie morgentaulich
Blüht im Garten meiner Nähe,
Hinten an bebuscht und traulich
Steigt der Felsen in die Höhe.

Und mit hohem Wald umzogen,
Und mit Ritterschloss gekrönet,
Lenkt sich hin des Gipfels Bogen,
Bis er sich dem Tal versöhnet.

Und da duftet's wie vor Alters,
Da wir noch von Liebe litten,
Und die Saiten meines Psalters
Mit dem Morgenstrahl sich stritten.
Wo das Jagdhorn aus den Büschen,
Fülle runden Tons enthauchte,
Anzufeuern, zu erfrischen
Wie's der Busen wollt' und brauchte.

Nun die Wälder ewig sprossen
So ermutigt euch mit diesen,
Was ihr sonst für euch genossen
Lässt in Andern sich genießen.
Niemand wird uns dann beschreien
Dass wir's uns alleine gönnen,
Nun in allen Lebensreihen
Müsset ihr genießen können.

Und mit diesem Lied und Wendung
Sind wir wieder bei Hafisen
Denn es ziemt des Tags Vollendung
Mit Genießern zu genießen.

Es war im Herbst 1777, als Goethe – damals 28 Jahre alt und seit einem Jahr Weimarischer Staatsminister, genauer: Mitglied des dreiköpfigen Geheimen Consiliums, das dem Herzog bei seinen Regierungsgeschäften beratend zur Seite stand – für ein paar Wochen auf der Wartburg hauste. Auf »Luthers Pathmos« den Weltflüchtling und herben Einsiedler gebend, während im Stadtschloss von Eisenach die Jagdgesellschaft um den erst 20-jährigen Herzog Carl August wohnte und ihr unruhiges Wesen trieb.

Doch war es auch für Goethe selbst eine unruhige Zeit der Selbstfindung, in der er – oft schwankender Stimmung, mal mit auf der Jagd und halbe Nächte durchtanzend, dann wieder aller »Mädgen« und Menschen überdrüssig, im *Buch Hiob* lesend – sich nach Ruhe, nach »Abgeschiedenheit« sehnt. Und nach einer Frau, der er mit ganzem Wesen angehört, und zu der er doch nicht wirklich gehören kann.

> Schon fühl ich liebste Frau, dass Sie weit, fatal weit von mir weg sind denn ich weiß nicht einmal wie die Briefe vielleicht laufen und mir stockt's gleich in allen Gliedern wie sie wissen drum hab ich so lang nicht geschrieben.

So am 12. September, noch von Eisenach, an Charlotte von Stein. Da fällt es wieder das Wort »Stockung«, nah bei der »Erstarrung« – und Depression? Doch bereits am nächsten Tag, von der Wartburg aus, klingt es anders, manisch geradezu:

> Wartburg d. 13. S. 77 abends 9. Hier wohne ich nun liebste und singe Psalmen dem Herrn der mich aus Schmerzen und Enge wieder in die Höhe und Herrlichkeit gebracht hat. Der Herzog hat mich veranlasst heraufzuziehen, ich habe mit den Leuten unten, die ganz gute Leute sein mögen nichts gemein, und sie nicht mit mir, einige sogar bilden sich ein, sie liebten mich, es ist aber nicht gar so. [...] Hieroben! Wenn ich ihnen nur diesen Blick der mich nur kostet aufzustehn vom Stuhl hinübersegnen könnte. In dem grausen linden Dämmer des Monds die tiefen Gründe, Wieschen, Büsche, Wälder und Waldblösen, [...] und wie [...] die lieblichen Auen und Täler ferner hinunter, und das weite Thüringen hinterwärts im Dämmer sich dem Himmel mischt.

Während aber in dieser Einsiedelei die »Entfremdung« von der Gesellschaft, das Gefühl, »mit den Menschen nichts zu teilen« zu haben, zunimmt, kommt ihm andererseits der Herzog »immer näher und näher«, bis er schließlich sicher ist, dass er endgültig an dessen Seite leben, mit ihm zusammen »regieren!« will.

So viel konkret Biographisches brauchen Leser und Leserin des siebenunddreißig Jahre später entstandenen Gedichts allerdings nicht zu wissen, so wenig wie man für die landschaftliche Szenerie das Vorbild der Wartburg kennen muss. Goethe hätte ein solches Nachzeichnen von biographischen Hintergründen vielleicht sogar gestört: als ein »Herabziehen der Poesie zur Prose«, wie er einmal sagt. Weshalb er sich über die tatsächlichen »Gelegenheiten« seiner Gedichte gewöhnlich in Schweigen hüllte, und nur einmal, zum Gedicht *Harzreise im Winter*, eine längere Erklärung abgab, weil dieses sich auf die »allerbesondersten Umstände« bezog.

Und doch stimmt es eigentlich nicht, dass ein Gedicht durch ein solches Hintergrundwissen seinen poetischen Schmelz verliert. Jedenfalls wird er sich sogleich wiederherstellen, wenn das Gedicht eines schönen Morgens von neuem vor einem steht: in seiner wahren Öffentlichkeit, seiner Gestalt und Gegenwart in Versen. Während hinter dem poetischen Raum, in den man beim Lesen des Gedichts eintritt, nun auch noch ein historischer und biographischer aufscheint. Und tatsächlich spürt man ja auch beim unbefangenen Lesen, ohne sich freilich darüber Gedanken zu machen, dass der poetischen Szenerie und Erinnerung eine wirkliche und persönliche zu Grunde liegen muss. Und nur so, als spürbar verwandelte, erhalten die Bilder zugleich die Aura von Durchlebtem.

Wozu auch gehört, dass das reale Ego des Autors Goethe als Subjekt des Gedichts stets spürbar anwesend bleibt. Wie Wieland es einmal formulierte: »Was ihn [Goethe] von Homer und Shakespeare unterscheidet: dass der Ich, der Ille ego, überall durchschimmert, wiewohl ohne alle Jactanz und mit unendlicher Feinheit.« Das ist von Wieland auch sehr fein gesagt. Etwas drastischer könnte man sagen, dass Goethes Dichtung und ebenso die Naturwissenschaft, überhaupt seine Weltwahrnehmung, man denke an seine *Italienische Reise*, sich einer bis heute herausfordernden Besinnung aufs Eigene verdankt, einem Bekenntnis zu einer radikalen Individualität, die für Goethe Voraussetzung für das Dichten und Denken war. Gerade sein Brief von der Wartburg an Charlotte von Stein macht es ja sehr bildhaft, wie namentlich der jüngere Goethe die Vereinzelung, die Entfernung und Entfremdung von der Gesellschaft suchte und brauchte. Während der Dichter der *Divan*-Zeit das Individuelle oft ganz explizit, indem er den Leser direkt anspricht, in den geselligen Rahmen der Rezeption einzubinden sucht. Ohne allerdings den »Übermut« des individuellen Erlebens zu verleugnen. Was wiederum von Leserinnen und Lesern den guten Willen verlangt, auf beides ohne weiteres einzugehen.

Wie spontan aber die meisten seiner Gedichte entstanden, weiß man aus einer Unterhaltung Goethes mit Sulpiz Boisserée im Sommer 1815: »Er macht mir die Confession, dass ihm die Gedichte auf einmal und ganz in den Sinn kämen, wenn sie recht wären; dann müsste er sie aber auch gleich aufschreiben, sonst finde er sie nie wieder; [...] es sei ein Unglück, wenn er es nicht ganz im Gedächtnis behalte, sobald er sich besinnen müsse, würde es nicht wieder gut. Auch ändere er selten etwas.«

Weil das Schreiben unter diesen Umständen schnell und reibungslos gehen musste, pflegte Goethe für die Entwurfsfassung den Bleistift zu benutzen, da es ihm mehrfach passiert war, wie er im 16. Buch von *Dichtung und Wahrheit* schreibt, »dass das Schnarren und Spritzen der Feder mich aus meinem nachtwandlerischen Dichten aufweckte, mich zerstreute und ein kleines Produkt in der Geburt erstickte«.

Ob aber das Gedicht *Im Gegenwärtigen Vergangnes* tatsächlich aus einem Guss entstand? Oder vielleicht doch der zweite Teil, wo der Sprecher sich einer imaginären Gemeinde von Leserinnen und Lesern zuwendet, und also gesellig wird, erst im Posthaus zu Fulda? Wo Goethe jedenfalls das Gedicht ins Reine schrieb: »Abends 6 Uhr«. Vielleicht bei einem Glas Wein, zu dem er sich Hafis als Trinkkumpanen herbeidachte? Während die Szenen des Jahrmarkts in Hünfeld, den er unterwegs angetroffen hatte, ihm noch im Sinn lagen und ihm die »Lebensreihen« vor Augen führten?

Wobei man hier die Bemerkung machen kann, dass Gedichte Goethes, insbesondere im *Divan*, öfter eine Art »Beruhigungskurve«, wenn man das einmal so nennen will, aufweisen: von einem enthusiastischen Anfang hin zu einem nachdenklich-geselligen, mit einer imaginären Lesergemeinde kommunizierenden Schluss, der bevorzugt in eine Sentenz mündet. Man denke an das Gedicht *Liebliches* vom Tag zuvor. Es ist, als vollziehe es strukturell oder der Tonlage nach einen Bogen – ähnlich dem hier zu Beginn evozierten Landschaftsbild: »Lenkt sich hin des Gipfels Bogen, / Bis er sich dem Tal versöhnet« – von einer solitären Höhe zu einer »Versöhnung« mit dem Alltag des Lesers und des Dichters. Der hier besonders organisch ein Bogen ist von der Morgenfrühe bis zu »des Tags Vollendung«: indirekt auch ein Lebensbogen von der Jugend bis zum Alter.

So vibriert in dem Landschaftsbild des Anfangs schon das ganze Gedicht, aber auch viel mehr als dieses Gedicht. Und man hat das Gefühl, dieses Bild vor Augen verstehe man ungefähr, was Goethe in den *Maximen und Reflexionen* einmal über die Symbolik sagt: »Die Symbolik verwandelt die Erscheinung in Idee, die Idee in ein Bild, und so, dass die Idee im Bild immer unendlich wirksam und unerreichbar bleibt und, selbst in allen Sprachen ausgesprochen, doch unaussprechlich bliebe.«

Wenn Goethe aber am Ende dieses Gedichts dezidiert zum »Genuss« auffordert, so ist das einerseits eine gesuchte Nähe zu Hafis, diesem großen Genießer. »Keiner versteht zu genießen und zu lieben wie Hafis!«, wie der Übersetzer Joseph von Hammer in seinem Vorwort schreibt. Doch das Wort »Genuss« ist auch bei Goethe selbst ein zentrales und meint bei ihm viel mehr als eine hedonistische Lebenshaltung. Es ist – Gegenteil von Luthers als sündhaft gebrandmarktem und allerdings in religiösem Kontext gedachtem *homo incurvatus in se* – die freudige Teilhabe eines humanen, welthaft erschlossenen Ichs am Lebensganzen. Niemals ganz leicht, doch schwerer im Älterwerden. Aber genau dazu ruft der Dichter auf. In diesem Sinn beschwört er die Leserinnen und Leser – und sich selbst. Denn es ist keine Frage, dass auch Goethe sich zu dieser Lebenskunst stets von neuem entschließen musste.

In diesem Augenblick jedoch von Hafis kräftig assistiert. Als gebe es da wirklich eine Gemeinschaft in gleicher Gesinnung – über Räume und Zeiten hinweg, und ein geselliges Zusammensein mit einem längst »Erloschenen«, zu »Sternenhallen« Entschwundenen. Für Goethe offenbar selbstverständlich, wie er einmal im Gespräch mit Eckermann bemerkte: »Da ich in Jahrtausenden lebe [...].« Oder wie er im 14. Buch von *Dichtung und Wahrheit* anlässlich seiner Rhein-Reise mit Lavater und Basedow im Herbst 1774 schreibt:

> Ein Gefühl aber, das bei mir gewaltig überhandnahm, und sich nicht wundersam genug ausdrücken konnte, war die Empfindung der Vergangenheit und Gegenwart in Eins: eine Anschauung, die etwas Gespenstermäßiges in die Gegenwart brachte. Sie ist in vielen meiner größeren und kleineren Arbeiten ausgedrückt, und wirkt im Gedicht immer wohltätig, ob sie gleich im Augenblick, wo sie sich unmittelbar am Leben und im Leben selbst ausdrückte, jedermann seltsam, unerklärlich, vielleicht unerfreulich scheinen musste.

In diesem Sinn könnte man den späteren Titel des Gedichts *Im Gegenwärtigen Vergangnes* über die persönliche Erinnerung hinaus wohl auch noch viel weiträumiger lesen: als »in Eins« von Hafis historischer Welt und Goethes gegenwärtiger.

Tatsächlich fand Goethe vieles, was zu seiner eigenen Lebensvorstellung gehörte, bei dem persischen Dichter poetisch vorgebildet. So dass es ihm von dort entgegenkam, jedoch in einer fremden, erregenden Sinnlichkeit und Symbolik. Fremd und vertraut zugleich. Und gerade so wiederum zum Eigenen inspirierend. Kaum wäre Goethe von sich aus auf die Idee gekommen, ein »Element« wie den Staub zu besingen, der ihm auf dieser Reise so beschwerlich wurde, da diese Julitage von 1814 ungewöhnlich heiß waren und die Straßen staubig. Man erfährt es aus dem Reisebericht an Christiane:

> Zuvörderst muss ich die charmante Person loben, welche mich das Fahrhäuschen [die geschlossene Kutsche] zu betreten bewog, bei der großen Hitze, dem Staub und dergleichen wäre ich sonst vergangen.

Einmal aber hatte er solche Hitze und sogar den Staub begeistert begrüßt. Damals, bei seinem Aufbruch nach Italien, nach einem entsetzlichen Regensommer, der ihn zusätzlich veranlasst hatte, der »Trübe« des Nordens – diesem »traurigen Himmel« – zu entfliehen und einen fast schon überreif gewordenen Plan endlich auszuführen. Damals schrieb er an Charlotte von Stein in einem Brief aus Trient am 10. September 1786: »Die Sonne scheint heiß, und man glaubt wieder einmal an einen Gott.« Und in demselben Brief:

> Und nun, wenn es Abend wird, bei der milden Luft wenige Wolken an den Bergen ruhen, am Himmel mehr stehen als ziehen, und gleich nach Sonnenuntergang das Geschrille der Heuschrecken laut zu werden anfängt, da fühlt man sich doch einmal in der Welt zu Hause und nicht wie geborgt oder im Exil. Ich lasse mir's gefallen, als wenn ich hier geboren und erzogen wäre und nun von einer Grönlandsfahrt, von einem Walfischfange zurückkäme. Auch der vaterländische Staub, der manchmal den Wagen umwirbelt, von dem ich so lange nichts erfahren habe, wird begrüßt.

Daran mochte sich Goethe erinnern, denn die Arbeit an der *Italienischen Reise* bestand zur Hauptsache aus der Redaktion seiner damaligen Reisebriefe. Und dieser Brief aus Trient konnte zu dem Zeitpunkt bereits in das literarische Vorhaben eingegangen sein. Der italienische und damals ohne weiteres als »vaterländisch« empfundene Staub jedenfalls dürfte ihm wieder nahe gewesen sein und mit dem Staub auch die »lieben« und allerdings verräterisch knarrenden »Pforten«, Sinnbild seiner römischen Liebesnächte, als er am 29. Juli Frankfurt gegen Abend verließ – der Hitze wegen wollte er die letzte Strecke der Reise nach Wiesbaden, wo sein Freund Zelter ihn erwartete, in der Nacht zurücklegen – während sich, laut Tagebuch, »ein Gewitter auftürmte«.

Und da muss – »enthusiastisch« – auf einmal alles zusammengekommen sein: Hafis' östliche Welt, die südliche Italiens, die aufgeladene Atmosphäre eines Gewitters, der Geruch nach warmer, vom Regen erfrischter Erde (das »Gruneln«, Grüneln). Als er, »unterwegs in der Nacht«, dieses Gedicht, später *Allleben* betitelt, buchstäblich aus dem Staub zauberte. Schwung holend für das Eigene im Gespräch mit Hafis, der ebenso oft seinem Fürsten zu Schiras, Mahmud, poetisch huldigend zu Füßen liegt, wie er im Staub vor der Schwelle seines »Liebchens« kniet.

Staub ist eins der Elemente
Das du gar geschickt bezwingest
Hafis, wenn zu Liebchens Ehren,
Du ein zierlich Liedchen singest.

Denn der Staub auf ihrer Schwelle
Ist dem Teppich vorzuziehen,
Dessen goldgewirkte Blumen
Mahmuds Günstlinge beknien.

Treibt der Wind von ihrer Pforte
Wolken Staubs behänd vorüber,
Mehr als Moschus sind die Düfte
Und als Rosenöl dir lieber.

Staub den hab ich längst entbehret
In dem stets umhüllten Norden,
Aber in dem heißen Süden
Ist er mir genugsam worden.

Doch schon lang dass liebe Pforten
Mir auf ihren Angeln schwiegen!

Heile mich Gewitterregen,
Lass mich dass es grunelt riechen!

Wenn jetzt alle Donner rollen
Und der ganze Himmel leuchtet,
Wird der wilde Staub des Windes
Nach dem Boden hingefeuchtet.

Und sogleich entspringt ein Leben
Schwillt ein heilig, heimlich Wirken,
Und es grunelt und es grünet
In den irdischen Bezirken.

Wie weit, zeitlich, räumlich und kulturell, Goethe hier ausholt, um mit dem Wörtchen »jetzt« zuletzt bei der akuten und ewigen Gegenwart eines Naturgeschehens anzukommen!

Ob solches Weitausholen nötig ist, kann man sich fragen, da es den Leser, der von Hafis' Dichtung ja zunächst nichts weiß und den das vertrauliche Du, mit dem der deutsche Dichter hier das Gespräch sucht, zunächst wohl eher befremdet. Und doch wird man sofort finden, dass gerade die west-östliche Bezugsgeste, mit dem »heißen Süden« als Schaltstelle zur persönlichen Erfahrung, den Raum schafft, das Weltklima, in dem das an sich bekannte Naturereignis eines Gewitters, befreit von jeder Gleichgültigkeit, jeder Banalität, zu dem werden kann, was es eigentlich ist: ein grandios-wildes, doch am Ende Leben schaffendes, vom Menschen nur erahnbares, »heilig, heimliches« Geschehen. Wie die Liebe auch.

Und es ist erstaunlich, mit was für einem Bild-, Wort-, Klangzauber das Gedicht vollzieht, wovon es spricht. Und wie das Naturereignis tatsächlich zu einem poetischen wird. Denn die zwei Zeilen »Wird der wilde Staub des Windes / Nach dem Boden hingefeuchtet«, kann man durchaus auch in der Weise lesen: dass die ungebundenen Assoziationen, von denen der Sprecher des Gedichts noch eben heimgesucht war – Hafis' erotische Bildwelt und die Szenerie der römischen Liebesnächte – nach dem Gebetsruf

»Heile mich Gewitterregen, / Lass mich dass es grunelt riechen!« wie wilder Staub nach dem Hier und Jetzt des Gedichts »hingefeuchtet« werden.

Und in diesem Augenblick, wo der Dichter ganz da ist, ganz bei der Natur angekommen, wie ein Naturpriester ihre Wirkkräfte belauschend, beschwörend, geschieht auch das Heilende:

Und sogleich entspringt ein Leben
Schwillt ein heilig, heimlich Wirken,
Und es grunelt und es grünet
In den irdischen Bezirken.

Was für eine Ausbeute an erzbesonderer, wohl auch für ihn selbst überraschend neuartiger Lyrik die fünf in dichterischem Hochgefühl zugebrachten Reisetage ihm beschert hatten, wird Goethe erst in Wiesbaden, in dem geregelten Tageslauf des Badebetriebs richtig bewusst geworden sein. Als er, tätig wie immer, schon am Tag nach der Ankunft die »Gedichte an Hafis« (so hieß das Projekt in dieser Anfangsphase) zu ordnen begann, abends auch Zelter erstmals daraus vorlas. Während der Flow allmählich verebbte. Doch am zweiten Tag nach seiner Ankunft entsteht noch einmal ein Gedicht, das die in den Reisegedichten aufkeimende, anschwellende Liebesthematik zu einem sinnlichen und symbolischen Höhepunkt führt.

Von Italien ist hier nicht direkt die Rede. Und doch denkt man unwillkürlich an jenen Brief aus Verona vom 17. September 1786, welcher dem kultisch begangenen italienischen Nachtwerden ein bezauberndes Denkmal setzt: »… die Glocken läuten, der Rosenkranz wird gebetet, mit brennender Lampe tritt die Magd in das Zimmer und spricht: ›Felicissima notte!‹«

Sagt es niemand, nur den Weisen,
Weil die Menge gleich verhöhnet,
Das Lebend'ge will ich preisen
Das nach Flammentod sich sehnet.

In der Liebesnächte Kühlung,
Die dich zeugte, wo du zeugtest,
Überfällt dich fremde Fühlung
Wenn die stille Kerze leuchtet.

Nicht mehr bleibest du umfangen
In der Finsternis Beschattung,
Und dich reißet neu Verlangen
Auf zu höherer Begattung.

Keine Ferne macht dich schwierig,
Kommst geflogen und gebannt,
Und zuletzt, des Lichts begierig,
Bist du Schmetterling verbrannt,

Und so lang du das nicht hast,
Dieses: Stirb und werde!
Bist du nur ein trüber Gast
Auf der dunklen Erde.

Dass die Art und Weise, wie hier dem »nacketen Amor« höhere Weihen verliehen werden, bei manchen Kritikern, von denen Goethe bekanntlich nicht wenige hatte, hämische Kommentare provozieren könnte (wie hatte man sich doch, trotz Anstands-Lücken, aufgehalten über die »bordellmäßige Nacktheit« in den *Römischen Elegien*), mochte er geahnt haben. Und so begibt er sich von vornherein in die Rolle des Mystagogen, der, hymnischen Tons, in ein der Menge verschlossenes Geheimwissen einführt: »Sagt es niemand, nur den Weisen …« Doch mit der symbolischen Überhöhung sinnlicher Triebkühlung ist Goethe nicht allein. Auch hier war es ein heute allerdings nicht mehr für echt gehaltenes Hafis-Ghasel, das die Anregung für solche Gleichnisse gab. So heißt es in Joseph von Hammers Übersetzung Bd. 2, S. 90 f.:

Wie die Kerze brennt die Seele,
Hell an Liebesflammen
Und mit reinem Sinne hab' ich
Meinen Leib geopfert.
Bis du nicht wie Schmetterlinge
Aus Begier verbrennest,
Kannst du nimmer Rettung finden
Von dem Gram der Liebe.
Du hast in des Flatterhaften
Seele Glut geworfen,
Ob sie gleich längst aus Begierde
Dich zu schauen tanzte.
Sieh' der Chymiker der Liebe
Wird den Staub des Körpers,
Wenn er noch so bleiern wäre,
Doch in Gold verwandeln.
O Hafis! kennt wohl der Pöbel
Großer Perlen Zahlwert?
Gib die köstlichen Juwelen
Nur den Eingeweihten.

Als Goethes Gedicht, das in der Endfassung des *Divan* den Titel *Selige Sehnsucht* trägt, 1817 erstmals in dem bei Cotta erscheinenden *Taschenbuch für Damen* einer größeren Öffentlichkeit vorgestellt wurde, zusammen mit anderen Kostproben aus dem noch unabgeschlossenen Projekt, erhielt es, passend zu der Tatsache, dass es tatsächlich auch den Schluss der kleinen Auswahl bildete, den Titel *Vollendung*. Und die lesenden »Damen« mögen sich gefragt haben, ob sie solche Anwandlungen in ihren Ehenächten auch schon gehabt hätten und was denn nun wieder gemeint sei mit dieser Übersteigerung des wohl öfter lustvollen, jedoch nicht dermaßen aufregenden Beischlafs in Vorstellungen von Tod und Auferstehung? Das haben sich seither allerdings auch unzählige Interpreten gefragt.

Dabei ist die Situation von Goethes Gedicht, im Gegensatz zum Ghasel, zunächst einfach und geschlossen das einer Zeugungsnacht, die jedoch, sinnlich und zugleich nüchtern, wie sie geschildert ist, als eine Art biologischer Gemeinplatz erscheint: ein Akt, mit dem sich der Mensch dem großen Naturgeschehen unter dem poetischen Namen »Liebesnacht« einschreibt. Bis die »fremde Fühlung«, bis der Schmetterling ins Spiel kommt und das Bild in dem Augenblick eine aufregende geistige Dynamik erhält, da der Sprecher sich im Verlangen des Nachtfalters nach dem Licht spiegelt, als der er denn auch wirklich »verbrennt«.

Und wenn er in der nächsten Strophe dennoch mit einem Lebensmotto aufwarten kann, so nur deshalb, weil dieses Verbrennen offenbar kein körperlicher Akt wie der Beischlaf ist und auch kein endgültiges Geschehen wie der Tod, sondern ein quasi mystischer Vorgang, und der Schmetterling ein Symbol für die Seele, die in der Vereinigung mit einem ebenfalls symbolischen Licht zugleich stirbt und neu gezeugt wird. So führt das Gedicht mit einem von der Bildsituation her alltäglichen, inhaltlich jedoch phantastischen Dreh vom Halbdunkel einer Zeugungsnacht in Sphären göttlichen Durchglühtseins.

Und so ist denn auch der Titel *Selige Sehnsucht* zu verstehen: als ein sicher nicht nur der männlichen Existenz innewohnendes »heilig, heimliches« Sehnen, die im Alltag so leicht »trüb« werdende Existenz in einem klaren Element wie dem Licht aufzugeben. Um, derart gereinigt, sich im Leben neuerschaffen wiederzufinden.

Ob man hier das Wort Mystik wirklich gebrauchen soll, weiß man allerdings nicht, da Goethe ihr zwiespältig gegenüberstand. Sowohl in den *Noten und Abhandlungen zu besserem Verständnis des West-östlichen Divans* als auch im *Divan* selbst, wo er die mystische Deutung von Hafis' Dichtung geradewegs abzulehnen scheint. Obschon er andrerseits in dem Gedicht *Offenbar Geheimnis* dessen Mystik als »lauter« und »rein« vor der »unlautern« Lesart islamischer »Wortgelehrter« in Schutz nimmt.

Denn schon in der islamischen Glaubenswelt sind die Meinungen stets gespalten gewesen. Während der orthodoxe Islam die durch den ganzen *Diwan* sich ziehende unverhohlene Erotik nur im übertragenen Sinn gelesen haben wollte, oder auch als unmoralisch verdammte, sahen mystische Bewegungen des Islam, zumal Hafis selbst mindestens eine Zeit lang einem Sufi-Orden angehörte, diese Erotik in genauem Zusammenhang mit jener Gottesliebe – der mystischen Vereinigung mit Gott, seiner Schönheit, seinem Licht –, zu der die enthusiastisch gesuchten und gepriesenen irdischen Liebesnächte, die Sehnsucht nach jener höheren Vereinigung erzeugend, hinführen.

Der Hafis-Übersetzer Joseph von Hammer dagegen interpretierte Hafis' Gedichte eher nach ihrer vordergründigen Erscheinung. So heißt es im Vorwort zu seiner Übersetzung:

> Auch uns scheinen Hafisens Gedichte größtenteils bachantischen und erotischen Inhalts. Außer einigen wenigen mystischen und moralischen Gaselen enthalten die meisten derselben nichts als den Ausbruch taumelnder Begeisterung des Lebensgenusses. Wein und Liebe, Schenken, Mädchen, Rosen und Nachtigallen, Frühling und Jugend, Genuss und Trennung, Frömmler, Verspottung und Klosterhohn, Schönheitspreis und Dichter-Selbstlob sind die Pole, um die sich die Welt Hafisens zwischen Sonnen und Monden, Morgensternen und Plejaden jauchzend herumdreht.

Sicher war es diese schrankenlose Lebensfeier, die auch Goethe an Hafis in erster Linie anzog und begeisterte. Aber doch nicht nur. Denn während ihm die christliche Mystik nicht behagte, weil sie ihm zu sehr in den »Abgrund des Subjekts« ging, so gefiel ihm andrerseits bei Hafis, wie die transzendente Sehnsucht sich im Irdischen verströmt. Und es ist vermutlich dies, was Goethe in dem Gedicht *Offenbar Geheimnis* als das »mystisch Reine« bei Hafis erkennt. So heißt es in den *Maximen und Reflexionen*:

> Die orientalische mystische Poesie hat deswegen den großen Vorzug, dass der Reichtum der Welt, den der Adepte wegweist, ihm doch jederzeit zu Gebote steht. Er befindet sich also noch

immer mitten in der Fülle, die er verlässt, und schwelgt in dem, was er gern los sein möchte.

»Mitten in der Fülle«: Solche Mystik mochte Goethe behagen. Und in diesem Sinn kann man das Gedicht *Selige Sehnsucht* ohne weiteres als ein mystisches lesen: Es ist der göttliche Funke in jedem Menschen, »hell brennend an Liebesflammen«, der sich, im Irdischen »schwelgend«, wie der Schmetterling nach der Kerzenflamme, nach der Vereinigung mit dem göttlichen Licht sehnt.

Wobei hier noch etwas mitklingt, was dem Naturforscher Goethe längst aufgegangen und zum Lebensmotto geworden war: Es ist der allem Lebendigen innewohnende, auch der Entelechie des Einzelnen vorgeschriebene Prozess der Metamorphose, der unablässigen Verwandlung. Von dem es in dem Gedicht *Eins und Alles* heißt:

Und umzuschaffen das Geschaffne,
Damit sich's nicht zum Starren waffne,
Wirkt ewiges, lebendiges Tun.

Im übermäßig schönen Rheingau

Doch genauso bedeutend wie die Metamorphosen war für Goethe das, was er so oft »eine Folge« nennt. Was die »Einheit« in der »Vielfalt«, das war die Folge, die Kontinuität als organische Entwicklung in den Verwandlungen: beides Triebkräfte seiner poetischen Produktion. Weshalb ihm Kriege, Revolutionen so zuwider waren wie der Gedanke einer Erdentstehung durch Vulkanismus. Weshalb ihm auch Weimar und seine Weimarer Häuslichkeit mit allen Möglichkeiten des Tätigseins, sein »Zauberkreis«, sein »kleiner Hexenkreis«, so der alte Goethe, »wo ein Tag vom andern, ein Jahr vom andern lernt«, bei aller oft gefühlten Enge denn doch so lebenswichtig war, dass er sich in der Ferne mitunter nach dem »Koppenfelsischen Giebel« (so nannten sie in der Familiensprache den

Scheunengiebel des Weimarer Nachbars Koppenfels, der Goethe den Blick aus seinem Arbeitszimmer beschränkte) recht zurücksehnen konnte.

Sich der »empirischen Breite« des Lebens zu stellen, wurde für den auf »Stimmung und Sammlung« Bedachten zunehmend schwierig. Worüber er schon im Herbst 1797 in einem Brief an Schiller schreibt, als er auf seiner dritten Schweizerreise in Frankfurt Station machte: fast ängstlich, den vielfältigen Eindrücken nicht mehr gewachsen zu sein und aus der Konzentration aufs Eigene vertrieben zu werden.

Auch die ersten Tage in Wiesbaden durchlebte Goethe mit zwiespältigen Gefühlen, mehr depressiv verstimmt als lustig. Wie er am 1. August Christiane wissen lässt:

> Die Bewegung einer glücklichen Reise, die überwarme Jahreszeit, das erquickliche Schwalbacher Wasser, und die wenigen warmen Bäder wirken schon so gut auf mein ganzes Wesen dass ich mir das Beste verspreche. Solchen Anfang und solche Hoffnungen braucht es aber auch dass ich den hiesigen Aufenthalt erträglich finde, wo alles zusammenkommt was ich hasse und noch darüber. [...] Doch zu Steuer der Wahrheit sei gesagt: eigentlich ist die Schuld mir beizumessen, der ich die Güter und Gaben, die solch eine Gegend, solch ein Zustand darbietet, nicht mehr genießen kann. Denn euch andern lebenslustigen Hasenfüßen wäre hier das köstlichste Gastmahl bereitet. Vier Chausseen, die von Hügeln und Bergen in die Tiefe führen wo der Ort liegt, stieben den ganzen Tag von Zu- und Abfahrenden, von Lust- und Spazierfahrenden. Da soll's nach Mainz, Biebrich, Ellfeld, Schlangenbad Schwalbach und wohin alles. Da liegen für Fußgänger verfallne Schlösser, mit Erfrischungsörtern, im nächsten Gebirg. Da, und so weiter! Zelter, ein furchtbarer Fußwandrer, hat das alles schon durchstrichen, als Liebhaber von allen Sorten von Erheiterung, das alles schon durchfahren, durchtrunken, durchessen und will ich soll das auch tun. Ich hoffe die Lust dazu soll kommen, er muss sich

> meinetwegen nicht binden, einige Stunden des Tags mit ihm sind mir die größte Erquickung, das übrige teilt sich ein.

Und am Ende des Briefs tatsächlich das Heimkehr-, in diesem Moment fast Heimwehbild: »Nun lebt wohl. Führe mich Gott gestärkt dem Koppenfelsischen Giebel entgegen.« Doch zwei Wochen später scheint er am neuen Ort angekommen zu sein – wiederum an Christiane:

> Zuvörderst also wirst du abermals gerühmt, mein liebes Kind, dass du mich in diese Gegend zu gehen bewogen. Erde, Himmel und Menschen sind anders, alles hat einen heitern Charakter und wird mir täglich wohltätiger.

Zu großen Fußwanderungen konnte Zelter den Freund kaum bewegen. Eine über den Winter stets schlimmer werdende Hüftarthrose, weswegen Goethe nach seiner Ankunft in Frankfurt auf seinen Diener Carl gestützt durch die zu Ehren des Königs von Preußen festlich illuminierte Stadt ging, auch an dem in andere Hände übergegangenen Elternhaus vorbei, wo drinnen noch die alte Haus-Uhr schlug (»es war ein sehr bekannter Ton«), verhinderte größere Unternehmungen dieser Art. Doch auf Spaziergänge lockte Zelter den Freund sehr wohl, und bald auch zu Ausflügen in die weitere Gegend, so dass sich Goethe zunehmend offener, freier, lebenslustiger fühlte.

Ob dazu auch die erste Begegnung mit Marianne Willemer, da noch »Demoiselle Jung«, beitrug? Zwar spricht Goethe in Tagebuch und Brief nur lakonisch davon. Und doch muss es ein freudiger Moment gewesen sein, als Johann Jakob Willemer, mit Goethe seit Jugendtagen bekannt, ebenso mit Goethes Mutter und schon seit einigen Jahren auch mit Goethes Frau und Sohn, den lange nicht mehr gesehenen Freund, von Frankfurt herüberkommend, am 4. August für ein paar Stunden besuchte: zusammen mit seiner Pflegetochter, zu diesem Zeitpunkt allerdings schon seit längerem Lebensgefährtin, die zwei Monate später in einem eilig vollzogenen Trauakt Frau Geheimrätin Willemer werden wird.

Jedenfalls trifft die erste kurze Begegnung mit Marianne in eine Phase, in der sich Goethe selbst jung fühlte wie lang nicht mehr. Denn schon bald ging es ihm wie den im ersten Augenblick beinah angewidert beschriebenen Lust- und Spazierfahrenden. Nun besucht er die »Erfrischungsörter«, fährt mit Zelter nach Mainz zur Feier des Geburtstags des Königs von Preußen, ist zu Gast auf Schloss Biebrich beim Herzogspaar von Nassau, besucht alte Bekannte und wird von ihnen besucht, fährt nach Winkel auf das herrliche Landgut Franz Brentanos und seiner Frau Antonia, lässt es sich wohl sein auf Ausflügen, bei lebhaften Gesprächen. Und überall findet er »treffliche Tafel und köstliche Weine«.

Einmal besucht ihn, auf dem Rückweg von London, wohin er sich nach der Eroberung von Paris begeben hatte, »Serenissimo«, sein Herzog Carl August. Eine intensive Begegnung, wie es scheint. Es mochte sich dabei auch eine Spannung in ihrem Verhältnis, die während der Kriegsjahre durch Goethes eigensinnige Napoleon-Verehrung entstanden war (während der Herzog stets ein entschiedener Gegner des französischen Kaisers war), besänftigt haben. Die Gespräche zwischen den beiden gehen mehrfach bis tief in die Nacht.

Und selbstverständlich wird am 28. August Goethes Geburtstag mit Einladungen und ankommenden Freundschaftsgaben in froher Stimmung gefeiert.

Doch ebenso wichtig war, was die Landschaft für Geist und Seele bereit hielt. Es war dieses »übermäßig schöne Rheingau«, welches ihm das Herz weit machte und in einem Maße offen für deutsche Kultur und Kunst, und sogar für den Katholizismus, dem er als Protestant nicht viel abgewinnen konnte, wie seit seiner Studentenzeit in Straßburg nie mehr, wo ihn die »deutsche Baukunst« des Münsters geradezu ekstatisch begeisterte. Dahinter stand allerdings auch ein Name. Es war Sulpiz Boisserée, der bedeutende Sammler altdeutscher und altniederländischer Kunst, zu diesem Zeitpunkt einunddreißig Jahre alt und seit 1811, als er den Dichter in Weimar besuchte, um ihm seinen leidenschaftlich verfolgten Plan einer Vollendung des Kölner Doms nahezubringen, Goethes Freund. Und es war nicht zuletzt die Aussicht, auf dem Rückweg von Wiesbaden die Gemäldesammlung der beiden Brüder in Heidelberg zu sehen, die Goethe bewogen hatte, die südlichere Heimatgegend aufzusuchen. So schrieb er schon im Februar 1814 an Boisserée:

> Unter meine liebsten Wünsche gehört es, dieses Jahr die Bäder am Rhein, die Freunde und ihre Sammlung zu besuchen, und ob ich gleich an der Gewährung zweifle; so will ich mich doch einstweilen an der Hoffnung ergetzen.

Boisserée hätte ihn gern auch nach Köln gelockt, um das, was er ihm in Briefen und Plänen über das Frühjahr schon erläutert hatte, an Ort und Stelle zu zeigen. So weit kam es dann in diesem ersten Wiesbadener Sommer nicht. Doch Boisserée und die mit ihm verbundene Offenheit Goethes für deutsche Kunst und frommes deutsches Wesen, Boisserée selbst war ein gläubiger Katholik, darf man durchaus als treibende Kraft sehen hinter einer kleineren Reise an einen vergleichsweise bescheidenen Ort, die Goethe zu einem außergewöhnlich schönen Text veranlasste. Obschon die unmittelbare Anregung wohl wiederum von dem stets neugierigen und unternehmungslustigen Freund Zelter stammte.

Mit ihm und Oberbergrat Cramer, dem Geologen aus Wiesbaden, dessen bedeutendes Mineralienkabinett Goethe fast täglich in den Nachmittag- oder Abendstunden beschäftigte, unternahm er jedenfalls am 15. August nach Tisch die wenige Stunden dauernde Fahrt nach Rüdesheim, von wo sie sich am nächsten Tag nach Bingen übersetzen ließen, um das St. Rochus-Fest in einer dem Heiligen geweihten, im Krieg zerstörten, jedoch bereits wieder neu aufgebauten Wallfahrtskapelle, zu besuchen. Und von Anfang an mischt sich denn auch in das Erlebnis der Landschaft, der naturwissenschaftlichen Erkundungen (ein Bergmannshämmerchen für Gesteinsproben hatte Goethe immer dabei) die volkstümliche Frömmigkeit.

> Damit wir aber sogleich erführen, dass wir uns in ein frommes Land bewegten, entgegnete uns vor Mosbach ein italienischer Gipsgießer, auf dem Haupte sein wohlbeladenes Brett gar kühnlich im Gleichgewichte schwenkend. Die darauf schwebenden Figuren aber waren nicht etwa, wie man sie nordwärts antrifft, farblose Götter- und Heldenbilder, sondern, der frohen und heitern Gegend gemäß, bunt angemalte Heilige. Die Mutter Gottes thronte über allen; aus den vierzehn Nothelfern waren die vorzüglichsten auserlesen; der heilige Rochus, in schwarzer Pilgerkleidung, stand voran, neben ihm sein brottragendes Hündlein.

Die Geschichte von dem Heiligen und seinem Hündlein erfährt Goethe am nächsten Tag ausführlich von Festbesuchern. Allerdings mit unzähligen kleinen Varianten, wie es die mündliche Überlieferung mit sich bringt: Ein Hund soll es gewesen sein, der dem Heiligen einst, nachdem er sich, von reiner Liebe beseelt, um die Pestkranken gekümmert hatte, selber pestkrank, einsam und zum Sterben bereit in einem Wald lag, das Leben rettete. Indem er anfing, vom Tisch seines Herrn, des auf einem nahen Schloss residierenden Landesherrn, Brot zu stehlen, und, obschon abgestraft, auch am nächsten und übernächsten Tag. Bis man bemerkte, dass er das Brot in den Wald trug, wo man den demütig sein Ende Erwartenden dann auch fand.

Geschätzte zehntausend bis zwölftausend Besucher wollten diesem liebenswerten Heiligen an dem Sonntagmorgen die Ehre erweisen, und Prozessionen aus der ganzen Umgebung bewegten sich zu der Wallfahrtskapelle. Es war ein regelrechtes Bad in der Menge, doch an einem freien Platz mit herrlicher Aussicht in die Landschaft und bei schönstem Wetter. Der schon am nächsten Morgen schematisierte Text mit dem Titel *St. Rochus-Fest zu Bingen* ist denn auch eine Hommage an alles zusammen. An die Menge der festlich frommen Menschen, die mit der Wiederaufnahme des althergebrachten frommen Brauchs eine unterbrochene »Folge« wieder herstellen und einen Zusammenhalt verkörpern, der Goethe weit sympathischer und tragender erscheint als alles übersteigerte Nationalgefühl. An den schon mit Sonnenaufgang begrüßten Tag. Insbesondere an die bis ins Detail wahrgenommene Landschaft, mit ihrer an dem Festtag nicht zu kurz genossenen Gabe: dem Wein.

Und doch ist Goethe Realist genug, um eine hässliche Szene dieses Tages nicht zu verschweigen und die wohlwollend mitschwingende Stimmung mit einem ernüchternden Gedanken über das menschliche Wesen zu unterbrechen.

> An dem Hügel rückwärts entsteht ein seltsames Rufen; es sind nicht Töne des Haders, des Schreckens, der Wut, aber doch wild genug. Zwischen Gestein und Busch und Gestrüpp irrt eine aufgeregte, hin und wider laufende Menge [...] mit hastigem Ungetüm, als jagend und verfolgend. Doch gerade in dem Augenblick, als der Bischof mit dem hochwürdigen Zug die Höhe erreicht, wird das Rätsel gelöst.
>
> Ein flinker, derber Bursche läuft hervor, einen blutenden Dachs behaglich vorzuweisen. Das arme schuldlose Tier, durch die Bewegung der andringenden frommen Menge aufgeschreckt, abgeschnitten von seinem Bau, wird, am schonungsreichsten Feste, von den immer unbarmherzigen Menschen im segenvollsten Augenblick getötet.

Das »Gleichgewicht«, das Goethe wohl selbst einen Augenblick verloren hatte, wird im Text alsbald wieder durch die Aufmerksamkeit auf die weiteren frommen und geselligen Ereignisse hergestellt. Und doch zeigt die bloße Erwähnung der Szene, wie skeptisch der Blick des Dichters auf die Menschheit im Grunde war, für wie »erbärmlich en masse« er sie hielt, und als wie nötig er jenes Liebewerk betrachtete, das der hl. Rochus mit seinem Leben in der Christus-Nachfolge verkörperte.

Dieser Heilige scheint es Goethe überhaupt angetan zu haben. So schrieb er nicht nur den Aufsatz über das *St. Rochus-Fest zu Bingen.* Er stiftete, als Protestant immerhin, im Jahr 1816 sogar ein von Luise Seidler, der Weimarer Künstlerin, gemaltes Altarbild für die

Kapelle, zu dem Heinrich Meyer nach einer Skizze Goethes den Entwurf geliefert hatte. Das Bild zeigt den Heiligen ganz nach Goethes Sinn: in klassisch-südländischem Ambiente, wie er als anmutiger Jüngling das wohlhabende Elternhaus verlässt und jugendlich beschwingt seinen wohltätigen Weg in die Welt antritt. Goethe selbst hat das Bild in einem Brief an Antonia Brentano am 19. Oktober 1816 so beschrieben:

> Der heilige Rochus, in Pilgerkleidung, verlässt den schon von Dienern und Freunden völlig verlassenen Palast. Zu seiner Rechten sitzt ein Kind auf der Stufe, sich am Geschenk des silbernen Geräts und Perlengeschmiedes, das ihm zu Teil geworden, erfreuend. Zu seiner Linken steht ein zu spät gekommenes um eine Gabe. Der Heilige schüttelt freundlich die letzten Goldstücke aus dem Beutel, ja man erwartet dass er den Beutel selbst hingebe. Unten zu seiner Rechten springt ein frohes Hündchen, ihn zu begleiten. Es kann hier nicht jener wundersam-hülfreiche Hund verstanden werden, der den Heiligen zu späterer Zeit speiste, man will nur hier seine Sanftmut und Wohltätigkeit auch gegen Tiere andeuten, wodurch er in der Folgezeit auch wiederum von solchen Geschöpfen nach Gottes Willen erquickt wurde.

Nein, Goethe selbst hat nicht das Leben eines Heiligen, gar eines mit Kranken beschäftigten, geführt. Doch eine »Gemeinschaft von Heiligen«, weltlichen allerdings, stellte er sich, eher insgeheim, wohl öfter vor: eine notwendig »kleinste Schar« in der Majorität verstreuter, guter und weiser Menschen, denen es »um den wahren Fortschritt der Menschheit zu tun ist«, wie er in den Vorarbeiten und Bruchstücken zu den späten Studien zur Weltliteratur einmal schreibt. Als ein »Liebewerk« jedenfalls betrachtete er auch die Arbeit des Dichters. So heißt es in dem ebenfalls späten, 1829 entstandenen Gedicht *Vermächtnis*:

Und wie von alters her, im Stillen,
Ein Liebewerk nach eignem Willen,
Der Philosoph, der Dichter schuf;
So wirst du schönste Gunst erzielen:
Denn edlen Seelen vorzufühlen
Ist wünschenswertester Beruf.

Zwiegespräch

Ein solches »Liebewerk«, eigenwillig genug, ist ohne Zweifel auch der *West-östliche Divan.* Nicht nur weil die Liebe darin ein Hauptthema ist. Er ist es insbesondere in dem Versuch, mit dem Vertreter einer zu Goethes Zeiten in der Regel verständnislos, wenn nicht argwöhnisch beäugten, verbunden mit der militärischen Macht des Osmanischen Reichs auch als bedrohlich empfundenen Religion in ein Zwiegespräch zu kommen. Solche Versuche gab es natürlich bereits: bei Lessing zum Beispiel, Johann Gottfried Herder und bei Goethe selbst, der schon in seiner Straßburger Zeit, 1771, den Koran las, sich Exzerpte machte und das Leben des Propheten Mohammed studierte, später auch einmal an ein Mohammed-Drama dachte.

Tatsächlich war Hafis, bei aller skeptischen und lebenslustigen Distanz zu strengen religiösen Doktrinen, vom Islam geprägt – und Goethe, bei vergleichbarer Distanz, und obschon er gern damit kokettierte, »ein Heide« zu sein, vom Christentum. Und von Christus selbst als einer »göttlichen Offenbarung des höchsten Prinzips der Sittlichkeit«, wie er im letzten Gespräch mit Eckermann, kurz vor seinem Tod, und früher schon ganz ähnlich in *Dichtung und Wahrheit* bekennt. Von Anfang an war es Goethe wichtig, mit Hafis auch auf dieser Ebene in eine genaue Verbindung zu treten.

So schrieb er als eines der ersten *Divan*-Gedichte, am 26. Juni, noch in Bad Berka, das Gedicht *Zwiegeschpräch* (sic). Als wollte er diese Gretchenfrage für sich noch klären, ehe er richtig einsteigen konnte in den poetischen Wettstreit. Bei der späteren Zusammenstellung in einzelne Bücher wählte Goethe dann den Titel *Beiname*, der sich auf den Dichternamen Hafis bezieht, welcher eigentlich ein Ehrentitel für einen Korangelehrten ist und wörtlich »der (den Koran im Gedächtnis) Bewahrende« heißt. Das Gedicht ist aber in einem weiteren Sinn bedeutungsvoll, weil es als erstes mit dem dialogischen Prinzip, das den *West-östlichen Divan* seiner ganzen Intention nach prägt, auch formal arbeitet.

DICHTER

Mohamed Schemseddin sage,
Warum hat dein Volk, das hehre,
Hafis dich genannt?

HAFIS

Ich ehre,
Ich erwidre deine Frage.
Weil in glücklichem Gedächtnis,
Des Korans geweiht Vermächtnis
Unverändert ich verwahre,
Und damit so fromm gebare
Dass gemeinen Tages Schlechtnis
Weder mich noch die berühret
Die Prophetenwort und Samen
Schätzen wie es sich gebühret,
Darum gab man mir den Namen.

DICHTER

Hafis, drum, so will mir scheinen,
Möcht' ich dir nicht gerne weichen:
Denn wenn wir wie andre meinen,
Werden wir den andern gleichen.
Und so gleich ich dir vollkommen
Der ich unsrer heil'gen Bücher

Herrlich Bild an mich genommen,
Wie auf jenes Tuch der Tücher
Sich des Herren Bildnis drückte,
Mich in stiller Brust erquickte,
Trotz Verneinung, Hindrung, Raubens,
Mit dem heitren Bild des Glaubens.

Zwei unterschiedliche Glaubenspositionen, die hier gegeneinander gestellt sind. Freundlich jedoch. Nicht das Trennende, sondern das Übereinstimmende, das Verbindende suchend. In diesem Fall das, was aus Koran und Bibel als ethischer Kern (Goethe braucht dafür noch durchweg das Wort »sittlich«) herausspringt: ein schlicht frommes, redliches, die Schöpfung ehrendes, menschenfreundliches Denken und Handeln. Ein Schutz vor »gemeinen Tages Schlechtnis«.

Wie wichtig für Goethe seit seiner Kindheit die Bibel war, schreibt er im 7. Buch von *Dichtung und Wahrheit*, zwei Jahre vor Entstehung des Gedichts:

> Engländer, Franzosen, Deutsche hatten die Bibel mit mehr oder weniger Heftigkeit, Scharfsinn, Frechheit, Mutwillen angegriffen. [...] Ich für meine Person hatte sie lieb und wert: denn fast ihr allein war ich meine sittliche Bildung schuldig, und die Begebenheiten, die Lehren, die Symbole, die Gleichnisse, alles hatte sich tief bei mir eingedrückt und war auf eine oder andere Weise wirksam gewesen. Mir missfielen daher die ungerechten, spöttlichen und verdrehenden Angriffe.

Wenn er aber in Analogie zum »Buch der Bücher« im Gedicht das »Tuch der Tücher« nennt, so ist das eine Anspielung auf das Schweißtuch der hl. Veronika: eine der wichtigsten Reliquien der Christenheit, auf dem sich das sogenannte *Vera icon*, das wahre Bildnis Christi, abgedruckt haben soll. Ob Goethe das berühmte Bild aus der Sammlung der Brüder Boisserée da schon kannte, ist ungewiss. Jedenfalls ist das Bild, das die Bibel in dem Dichter hinterlassen hat –

ganz im Gegensatz zu jenem Bildnis des Leidenden, Dornengekrönten –, ein heiteres, »herrliches«. Eines, das sich Goethe, eigenwillig, wie er auch in Glaubensdingen war, weder durch eine auf Sünde und Kreuzestod fixierte Kirchenfrömmigkeit, noch durch Glaubensverächter und spitzfindige Exegeten nehmen lassen wollte.

So, als »heiterer« Christ, möchte er dem als heiter empfundenen persischen Sänger und Korangelehrten begegnen: im »Zwiegespräch«.

Minnesänger

Indessen hatte das Wetteifern mit dem Sänger, dem »Minnesänger«, wie Goethe einmal notiert, denn doch Priorität. Ihm verdankte der Dichter – nach einer langen Zeit, in der ihm nichts Poetisches mehr gelingen wollte, da ihm das fehlte, was er »Stimmung« und »Sammlung« nennt – jenen Zustand, den er Schiller gegenüber in einem Brief vom 23. Dezember 1795 als den bestmöglichen bezeichnete: »Ich wünsche [...], dass ich Sie wohl und poetisch tätig antreffen möge, denn das ist nun einmal der beste Zustand, den Gott den Menschen hat gönnen wollen.«

»Die du mir Jugend / Und Freud und Mut / Zu neuen Liedern / Und Tänzen gibst!«, hieß es einst im *Maifest*. Auch Schiller hatte ihm zur Zeit der Freundschaft diesen Mut gegeben. Nun, da ihm dieser Weggefährte seit zehn Jahren fehlte, erreichte ihn aus großer Ferne noch einmal ein solcher Zuspruch. Vielmehr ergreift er ihn spontan als einen solchen. Und es ist erstaunlich, wie wörtlich sich Goethe gelegentlich an Hafis anlehnt, um aus solcher Initialzündung ein eigenes Gedicht zu formen. Das wirft auch ein Licht auf seine Vorstellung von Originalität in dieser Epoche seines poetischen Schaffens. Eine Originalität, die nicht den strengen Rückzug auf ein wie immer Authentisches, aus den Gründen subjektiven Erlebens Geschaffenes verlangt – was es so rein ohnehin nicht gibt, ohne Anregungen, von wo auch immer, kommt kein Gedicht aus –, sondern eben jenen »geistigen Handelsverehr« im Sinn hat, den

Goethe später im Zusammenhang mit seinem Begriff von »Weltliteratur« propagiert.

Ein dialogisches Verfahren, bei dem das Eigene nicht verdrängt wird, sich jedoch entfaltet, fast wie in einem geselligen Spiel, mitunter ganz direkt aus etwas Vorgegebenem, einem wörtlichen Zitat. Was der Leser allerdings nicht unbedingt wissen muss und in den Fällen, in denen Goethe nicht selbst die Verbindung thematisiert, erst ein kritischer Kommentar zutage fördert. Wobei der intertextuelle Bezug oft leichter nachzuweisen ist als der zu den »Gelegenheiten« im realen Leben. Gut möglich, dass Goethe beides als ein »Herabziehen« der »Poesie zur Prose« empfunden hätte. Die Hintergründe eines Gedichts, seien sie nun intertextuell oder biographisch, waren ja aufgehoben und verwandelt in seiner Gestalt und Gegenwart. Und es ist der immanente Sinn, Goethe nennt es den »inneren, höhern, fasslicheren«, das, was dem Leser sich als Allgemeineres, auch ihm Erfahrbares mitteilt, auf den es eigentlich ankommt.

Dennoch ist die Mit- und Nachwelt hier meist neugieriger, als der Dichter sich das vorstellt oder gern hätte. So entstanden kurz vor Ende des Wiesbadener Aufenthalts, am 31. August, nochmals zwei Gedichte – im *Divan* stehen sie dann im *Buch der Liebe*, dem, im Vergleich zum *Buch Suleika*, allgemeiner dem zärtlichen Thema gewidmeten –, die von einem »Liebchen« flunkern, das die Goethe-Forschung zu gern identifiziert hätte.

Sollte er an Caroline Ulrich gedacht haben, mit der zusammen er in Bad Berka tatsächlich einer Schafschur beiwohnte, vielleicht an Christiane, die er in den Anfängen ihrer Liebe öfter besorgt mahnte, »mit den Äugelchen« nicht »zu verschwenderisch umzugehen«, also nicht zu viel zu flirten. Vielleicht doch schon an Marianne Jung, die sich aufs »Äugeln« womöglich auch verstand? Oder gar an die junge österreichische Kaiserin Maria Ludovica, die Goethe seit den gemeinsamen Tagen in Karlsbad und Teplitz (1810 und 1812) liebend verehrte? Wobei er in dem Fall die eifersüchtige Christiane zu beruhigen suchte mit der Bemerkung: »Von Äugelchen hat sich noch gar nichts gefunden.«

Oder stand, was einen am wahrscheinlichsten dünkt, eine zum poetischen »Liebchen« verschmolzene Vielfalt zärtlicher Gefühle im Hintergrund, die ins Lied und als gesungene hinauf und zum Himmel drängten?

Sicherer zu identifizieren sind jedenfalls in beiden Gedichten die Anlehnungen an Hafis. »Wer kann wohl gebieten den Vögeln / Still zu sein auf der Flur«, lautet nach Joseph von Hammers Übersetzung mitten in einem längeren Ghasel ein Hafis-Vers. Daraus schlüpft wie der Vogel aus dem Ei ein Drei-Strophen-Gedicht Goethes, das später den Titel *Unvermeidlich* trägt.

Wer kann gebieten den Vögeln
Still zu sein auf der Flur?
Und wer verbieten zu zappeln
Den Schafen unter der Schur?

Stell' ich mich wohl ungebärdig
Wenn mir die Wolle kraust?
Nein! Die Ungebärden erzwingt mir
Der Scherer der mich zerzaust.

Wer will mir wehren zu singen
Nach Lust zum Himmel hinan?
Den Wolken zu vertrauen
Wie lieb sie mir's angetan.

Und ganz ähnlich scheint das nächste Gedicht mit dem Titel *Geheimes* entstanden zu sein. So lauten die ersten Verse eines Ghasels bei Hafis: »Über meines Liebchens Äugeln / Staunen alle Unerfahrne, / Ich bin so wie ich erscheine, / Während sie es anders wissen.« Und dies wird bei Goethe daraus:

Über meines Liebchens Äugeln
Stehn verwundert alle Leute,
Ich, der Wissende, dagegen
Weiß recht gut was es bedeute.

Denn es heißt: Ich liebe diesen,
Und nicht etwa den und jenen,
Lasset nur ihr guten Leute
Euer Wundern, euer Sehnen.

Ja, mit ungeheuren Mächten
Blicket sie wohl in die Runde;
Doch sie sucht nur zu verkünden
Ihm die nächste süße Stunde.

So liebesgewiss also kann der »muntre Greis« des Reisebeginns nun wieder dichten. So viel hatte dieser erste Wiesbadener Sommer vermocht, der auch den Gesellschaftsmenschen verwandelte. Augenzeugen muss das sehr auffallend gewesen sein. Er habe, so der österreichische Politiker und Geschichtsschreiber Franz Bernhard von Bucholz in einem Brief, nichts mehr von diesem »Weggewendeten, Scheuen, Fremden« gehabt, das früher oft in seinem »schönen Gesichte anfangs oder abwechselnd spielte«.

»Die Sache ist«, schrieb Goethe einst zu Beginn der Italienreise in jenem Brief aus Trient am 11. September 1786, »dass ich wieder Interesse an der Welt nehme [...] und prüfe [...], ob mein Auge licht rein und hell ist [...], und ob die Falten, die sich in mein Gemüt geschlagen und gedrückt haben, wieder auszutilgen sind.« Damals war Goethe 37 Jahre alt. Noch ganz andere Falten dürften sich bei dem Fünfundsechzigjährigen gebildet haben. Und einige mindestens müssen ausgetilgt worden sein in diesem glücklichen Sommer.

Der nun allerdings zu Ende ging. Am 29. August war Zelter abgereist, rheinabwärts. »Den werde ich sehr vermissen«, so an Christiane. Zwei Wochen später kehrte auch Goethe zurück, vorerst nach Frankfurt, nun mit dem sicheren Plan, von dort aus Heidelberg und die Sammlung der Brüder Boisserée zu besuchen.

Zu Gast in Frankfurt, wo es mit einer Messe, wie man sie »seit dreißig Jahren nicht gesehen hatte«, hoch herging – auch hier liebte Goethe zeitweise das Bad in der Menge –, war er dieses Mal noch nicht bei den Willemers, sondern bei seinen Freunden, über die Heirat seiner Schwester Cornelia auch Verwandten, den Schlossers. Genauer bei Frau Schöff Rebecca Schlosser, der Mutter seiner Freunde, Christian und Friedrich.

Doch der Einladung Willemers auf sein von der Stadt gepachtetes Landgut, die Gerbermühle bei Oberrad, auf der linken Mainseite, folgte Goethe schon am dritten Tag. Und wiederum drei Tage später trifft er dort nicht nur Marianne, sondern auch deren zwei Jahre ältere, früh verwitwete Schwester Rosina Städel, Rosette genannt. Die, was beiden Frauen kurios vorgekommen sein mochte, einen Monat später, nachdem Marianne nun »in forma« mit Willemer verheiratet war, zu ihrer »Stieftochter« werden sollte. Was an dem guten Verhältnis der beiden nichts änderte. Rosette blieb, später auch mit ihrem zweiten Mann, dem Frankfurter Senator Johann Gerhard Thomas, und ihren Kindern zusammen, Mariannes vertrauteste Freundin.

Von ihr stammt denn auch ein Tagebucheintrag, der zeigt, welche Wirkung die Erscheinung Goethes auf ein zwar empfängliches, jedoch nüchternes, selbstbewusstes, seine Dichtung zwar liebendes, aber nicht ohne weiteres zur Verehrung geneigtes Frauengemüt haben konnte:

> Den 18. September 1814. Tag mit Goethe auf der Gerbermühle. Welch ein Mann und welche Gefühle bewegen mich. Erst den Mann gesehen, den ich mir als einen schroffen, unzugänglichen Tyrannen gedacht, und in ihm ein liebenswürdiges, jedem Eindruck offenes Gemüt gefunden, einen Mann, den man kindlich lieben muss, dem man sich ganz vertrauen möchte. Es ist eine gewiss einzige Natur. Diese Empfänglichkeit, diese Fähigkeit und zugleich würdige Ruhe. Die ganze Natur, jeder Grashalm,

> Ton, Wort und Blick redet zu ihm und gestaltet sich zum Gefühl und Bild in seiner Seele. Und so lebendig vermag er es wiederzugeben. Darum wohl muss jede Zeile seiner Schriften so in die Seele reden, so wundervoll reich sein, weil sie aus einem so wundervoll reichen Gemüte kommt. Und wie wenig imponiert seine Nähe, wie wohltätig freundlich kann man neben ihm stehen. Er ist ein glücklich von der Natur mit Gaben überschüttetes Wesen, das sie schön von sich strahlt und nicht stolz darauf ist, das Gefäß für solchen Inhalt zu sein. So gab er sich heute, so will ich mir ihn denken, mögen andere sagen, was sie wollen.

Was Marianne bei dieser ersten längeren Begegnung empfand, ist nicht überliefert. Doch wird man bei ihr Ähnliches vermuten dürfen. Goethe seinerseits hat ganz offensichtlich beide Freundinnen spontan ins Herz geschlossen.

Der Sonnenuntergang jedenfalls, den er an diesem Tag erlebte, muss ihn bezaubert haben – so umgeben von reinem Entgegenkommen und der Atmosphäre dieses romantischen, zwischen Bäumen verborgenen Idylls am Mainufer, von dem man dennoch eine einzigartige Sicht hatte: auf den belebten Main, die Kulisse von Frankfurt und zu dem »weiten herrlichen Horizont« entfernter Höhen. Und als er sich vom 24. September bis zum 9. Oktober in Heidelberg eingehend der Kunstbetrachtung widmete, blieb er mit dem Kreis der »Mühle« insofern verbunden, als Sulpiz Boisserée ebenfalls ein Freund der Willemers war, einen Moment lang wohl auch mit dem Gedanken einer Heirat mit Rosette.

In Heidelberg aber ging Goethe noch einmal eine neue Welt auf. Eine Kunstwelt, eine spätmittelalterliche nördliche und christliche, die er kaum gekannt hatte und vor der er – dem Italien, die Kunst etwa eines Raffael, und die griechisch-römische Antike das Höchste bedeutete – lange instinktiv zurückscheute. Es war, nach der Begegnung mit der Musik Johann Sebastian Bachs und der Begegnung mit den Gesängen des persischen Dichters, die dritte künstlerische Begegnung dieses besonderen, von so vielen neuen Impulsen belebten Jahres 1814.

Diesmal war es kein »Duftmorgen«, sondern ein klassischer Septembermorgen, als er, begleitet von Christian Schlosser und seinem Diener Carl, Frankfurt »bei einem frischen Nebel, der den Fluss und sodann auch aufsteigend und sich verbreitend die Gegend einhüllte«, Richtung Heidelberg verließ.

> Wir kamen so nach Darmstadt, der Himmel heiterte sich völlig auf, so dass wir die Bergstraße in ihrem ganzen Glanze genossen. Die Nüsse wurden eben abgeschlagen, die Birnen erwarteten ihre Reife. So ging es von Station zu Station ohne Aufenthalt, bis endlich Weinheim und zuletzt Heidelberg erreicht ward. Den Sonnenuntergang sahen wir noch von der Brücke. Bei Boisserée fand ich das lieblichste Quartier, ein großes Zimmer neben der Gemäldesammlung. August [der in Heidelberg studiert hatte] wird sich des Sickingischen Hauses erinnern auf dem großen Platze, dem Schloss gegenüber. Hinter welchem der Mond bald heraufkam und zu einem freundlichen Abendessen leuchtete. (An Christiane, am 28. September)

Schon am nächsten Morgen dann begann

> die Betrachtung der alten Meisterwerke des Niederlandes und da muss man bekennen dass sie wohl eine Wallfahrt wert sind. Ich wünschte dass alle Freunde sie sähen; besonders habe ich mir Freund Meyer, zu seinem eigenen und der Sache Besten, an die Seite gewünscht. Ich darf nicht anfangen davon zu reden; so viel sage ich nur dass die beiden Boisserées [die Brüder Melchior und Sulpiz], mit ihrem Freunde Bertram [Johann Christoph], das große Verdienst des Sammelns und Erhaltens dieser Kostbarkeiten durch genießbare Aufstellung und einsichtige Unterhaltung erhöhen. [...] Gegen Abend erstiegen wir das Schloss, das Tal erschien in aller seiner Pracht und die

Sonne ging herrlich unter. Der Schein hinter den Vogesen her glühte bis in die Nacht.

So wenig Goethe je das erhabene Naturschauspiel des Sonnenuntergangs versäumte in diesen schönen, nachmittags noch immer warmen Heidelberger Tagen, während er bereits in der Morgenfrühe durch den »hübsch und reinlich angelegten« Schlosspark zu gehen pflegte, dessen romantische Verbindung mit der Schlossruine und den »Epheumauern« ihn entzückte, so ausschließlich waren die Stunden von acht Uhr bis zur Mittagszeit den Bildern, der stillen Betrachtung und dem Austausch der Gedanken gewidmet. Was Goethe in diesem privaten Rahmen sah – er ließ sich meist jedes Bild einzeln auf die Staffelei stellen, um es besser betrachten zu können –, bildet heute den Kernbestand der altdeutschen und altniederländischen Kunst in der Münchner Alten Pinakothek. Zwar waren einige Glanzstücke noch nicht korrekt zugeschrieben. So galten das Altartryptichon mit der *Anbetung der Könige* und auch das Bild *Lukas, die säugende Madonna malend*, die heute Rogier van der Weyden zugeschrieben sind, damals noch als Werke Jan van Eycks.

Wiederholte Betrachtung der Bilder des Schoréel. In Gesellschaft von Joh. v. Eycks, Hemskercks und Albrecht Dürers Werken. Sodann ward der große van Eyck, die Anbetung der Könige, mit seinen beiden Flügeln, der Verkündigung und Darstellung im Tempel zusammen aufgestellt, wozu sie schöne Vorrichtungen haben. Diese Drei streiten mit einem vierten um den Vorzug, Lukas der die säugende Mutter Gottes malt. Selbst wenn man sie oft gesehen hat, hält man diese Bilder nicht für möglich. (An Christiane, am 28. September)

Wobei Goethe nicht nur der kunstgeschichtliche Schwellenmoment besonders interessiert, wo der »gleichgültige« Goldgrund aufbricht und über der Landschaft der natürliche Himmel aufgeht, sich also auch diese fromme Kunst der Natur und irdischen Gegenwart öffnet. Es interessiert ihn ebenso die von Jan van Eyck erfundene

Farbentechnik, das Schichtenverfahren (wobei er, wie gesagt, Werke Rogier van der Weydens für van Eycks hielt), das er nach dem zweiten Besuch in Heidelberg in der 1815 verfassten Schrift *Kunst und Altertum an Rhein und Main und Neckar* so beschreibt:

> Hiezu kam noch, dass er eines höheren, ja des höchsten technischen Vorteils in der Malerei gewahrte; denn es mag mit der Erfindung der Ölmalerei beschaffen sein wie es will, so möchten wir nicht in Zweifel ziehen, dass Eyck der erste gewesen, der ölige Substanzen, die man sonst über die fertigen Bilder zog, unter die Farben selbst gemischt, aus den Ölen, die am leichtesten trocknenden, aus den Farben die klärsten, die am wenigsten deckenden ausgesucht habe, um beim Auftragen derselben das Licht des weißen Grundes und Farbe durch Farbe nach Belieben durchscheinen zu lassen. Weil nun die ganze Kraft der Farbe, welche an sich ein Dunkles ist, nicht dadurch erregt wird, dass Licht davon zurückscheint, sondern dass es durch sie durchscheint, so ward durch diese Entdeckung und Behandlung zugleich die höchste physische und artistische Forderung befriedigt. Das Gefühl aber für Farbe hatte ihm als einem Niederländer die Natur verliehen. Die Macht der Farbe war ihm wie seinen Zeitgenossen bekannt, und so brachte er es dahin, dass er, um nur von Gewändern und Teppichen zu reden, den Schein der Tafel weit über die Erscheinung der Wirklichkeit erhob. Ein solches muss denn freilich die echte Kunst leisten, denn das wirkliche Sehen ist, sowohl in dem Auge als an den Gegenständen, durch unendliche Zufälligkeiten bedingt; dahingegen der Maler nach Gesetzen malt, wie die Gegenstände, durch Licht, Schatten und Farbe voneinander abgesondert, in ihrer vollkommensten Sehbarkeit von einem frischen Auge geschaut werden sollen.

Ob man Letzteres nicht auch als Anweisung für den Lyriker lesen könnte? Und ob der *West-östliche Divan* nicht auch auf einer Art Schichtentechnik beruht? Sind nicht auch da die »Farben«, die westliche, die östliche, derart transparent, dass die eine durch die andere hindurchscheint und ein heiteres Weltlicht, vom Grunde reflektierend, sie zum Leuchten bringt?

Mit »Östlichem« jedenfalls war Goethe in diesen Heidelberger Tagen ebenfalls beschäftigt. Nicht nur den Homer-Übersetzer Johann Heinrich Voss traf er mehrfach, sondern auch den Orientalisten Heinrich Eberhard Paulus. Dessen Sohn, »ein munter neckischer Junge«, so Goethe an Christiane, ihm Vorbild wurde für die Figur des »guten Schenken«, wie er im *Schenkenbuch* des *Divan* dann heißt. Dieser Junge, »klein für sein Alter«, wird sehr früh sterben, bereits mit siebzehn Jahren. Und hat jedenfalls in dem Gedicht *Sommernacht* ein bezauberndes Denkmal.

Dass es aber gerade die parallele Beschäftigung mit Homers griechischer Welt einerseits und der orientalischen von Hafis' Dichtung andererseits war, die Goethes Begegnung mit der eigenen Kultur in den spätmittelalterlichen Bildern zu einer so einschneidenden machte, ist durchaus denkbar. Jedenfalls erlebten die drei Sammler und Besitzer dieser Meisterwerke sein inspiriertes Eingehen und seinen erfahrenen Blick als äußerst beglückend. Hatten sie sich doch genau dies von dem prominentesten Vertreter der deutschen Klassik erhofft.

> Es war vor dem Bilde der Anbetung der Heiligen drei Könige [...] da sagte er: »Das ist lautre Wahrheit und Natur; man kann von der Ruine zum Bilde und umgekehrt vom Bilde zur Schlossruine wandern und fände sich hier wie dort gleich ernster Art angeregt und gehoben.« »Da hat man nun«, äußerte er ein andermal, »auf seine alten Tage sich mühsam von der Jugend, welche das Alter zu stürzen kommt, seines eigenen Bestehens wegen abgesperrt, und hat sich, um sich gleichmäßig zu erhalten, vor allen Eindrücken neuer und störender Art zu hüten gesucht, und nun tritt da mit einem Male vor mich hin eine ganz neue und bisher mir unbekannte Welt von Farben und Gestalten, die mich aus dem alten Gleise meiner Anschauungen und Empfindungen herauszwingt [...].«

So in *J. C. Bertrams Unterhaltungen*. Und auch Boisserée triumphiert nach dem vierzehntägigen Besuch Goethes: »Seitdem nun selbst der alte Heidenkönig dem deutschen Christkind hat huldigen müssen, sind wir gar voll des süßen Übermuts.« So in einem Brief an Amalie von Helwig vom 23. Oktober 1814. Goethe verspricht in seiner Begeisterung auch jene Schrift, in der er das Unternehmen der Brüder und ihre Sammlung würdigend zu propagieren gedachte.

Und nur »Ur-Freund« Knebel gesteht er, zurück in Weimar am 9. November 1814, mit leisem Trotz, es habe ihn doch das, was er an Gipsabgüssen antiker Plastiken auf der Rückreise von Heidelberg nach Frankfurt im Museum in Darmstadt sah, am meisten berührt, ja, er habe für seine Person »nichts gemäßer gefunden, als die breite und tiefe immer lebendige Natur, die Werke der griechischen Dichter und Bildner. Das Höchste, was mir zu Teil geworden, sind einige Basreliefs von der Zelle des Parthenons, die Pallas Velletri, der unendlich schöne Rumpf einer Venus; sodann der Kopf eines Venetianischen Pferdes. Von köstlichen Gemmen kann ich Abdrücke vorweisen; von der hohen italienischen Schule habe ich köstliche Gemälde, Zeichnungen und Kupfer gesehen.«

Also doch wieder die klassische Antike, doch wieder Italien als das höchste der Gefühle? Im Nachhinein vielleicht, als der unmittelbare Eindruck der Heidelberger Tage zu verblassen begann, als Freund Meyer mit seinem »grimmigen Rigorism«, so Goethe 1797 in einem Brief an Schiller, wieder das Orakel in Kunstdingen war und die Arbeit an der *Italienischen Reise* zum Hauptgeschäft wurde. Wobei ihm zwar, was die Kunstbetrachtung betraf, nun manche Einseitigkeit auffiel, die er aber doch gern als Teil seiner Individualität entschuldigte. Während er sich gleichzeitig zu einer Konzilianz veranlasst sah, die ihm damals noch fremd war. So in einem Brief an Sulpiz Boisserée vom 19. November 1814:

> Nicht weniger gibt mir die Absicht, die Papiere, meine erste italienische Reise betreffend, zu ordnen und zu redigieren, einen Blick in meine frühere Kunstbildung, wo ich, glücklicherweise, wenig Falsches zu bedauern, nur manches Einseitige zu belä-

cheln habe. Doch wir kommen ja, als Individuen, niemals ganz von einer Seite los, und es ist daher unsere Pflicht die andern auf der ihrigen zu betrachten, zu erkennen und zu lieben.

Solches »Erkennen und Lieben« fiel ihm bei Boisserée nicht schwer. Und ihre teilweise doch sehr unterschiedlichen Ansichten über Kunst und Religion änderten nichts an der Herzlichkeit ihres Umgangs, der schlicht und unbeirrbar auf menschlicher Sympathie und Vertrauen beruhte. Was aber die romantische Kunstrichtung betraf, war der Widerwillen Goethes für eine wirklich konziliante Haltung denn doch meistenteils zu groß.

Süße Hoffnung

Zurück in Frankfurt meldet Goethe gleich am nächsten Tag, es war der 12. Oktober, an Christiane: »Abend zu Frau Geheimrätin Willemer: denn dieser unser würdiger Freund ist nunmehr *in forma* verheiratet. Sie ist so freundlich und gut wie vormals. Er war nicht zu Hause.«

Möglich, dass bei diesem ersten Zusammensein zu zweit sich das anbahnte, was Marianne später einmal in einem Brief die »herzlichste Neigung« nennt. Jedenfalls war ihnen das Datum stets wichtig als eine Art Geburtstag ihrer Beziehung, die Ehemann Willemer ihnen jedoch mit beachtenswerter Großzügigkeit – »gern und edel«, wie Goethe einmal schreibt – gönnte.

Ja, fast könnte es einem vorkommen, Goethe, verehrt und geliebt von Willemer wie von Marianne, sei der eigentliche Stifter dieser Ehe gewesen. Da es, so der Eindruck, seine Nähe war und vielleicht auch die Tatsache, dass Goethe selbst seine Verbindung mit Christiane erst spät und beiläufig in eine rechtmäßige Ehe verwandelt hatte, die dem zögerlichen Willemer den Mut gab, ein Verhältnis zu legalisieren, an dem sich nicht nur die Frankfurter Gesellschaft, auch Willemers Töchter und Schwiegersöhne längst gestoßen hatten. Auch Clemens Brentano, mit dem Hause Willemer freundschaftlich verbunden und eine Zeit lang Marianne im Gitarrenspiel unterrichtend, mit zärtlichen Gefühlen, wie es scheint. Er, der von Willemer wegen einer verletzenden Äußerung des Hauses verwiesen wurde, brauchte dafür einmal das unfreundliche Wort »Mätresse«.

Ob auch Marianne selbst sich gegen eine Ehe mit ihrem Pflegevater längere Zeit sträubte? Leicht vorstellbar jedenfalls, dass sie die Gefühle einer Pflegetochter nicht ohne weiteres in eheliche Liebe verwandeln konnte oder wollte. Zumal Johann Jakob Willemer, vierundzwanzig Jahre älter als sie, ganz offensichtlich kein einfacher Mensch war. Großherzig zwar, von humanistischen Idealen getragen, unkonventionell denkend, an der Kultur, speziell dem Theater höchst interessiert. Eine wichtige Figur im Geschäfts- und Kulturleben Frankfurts, erfolgreicher Bankier und in dieser Rolle auch Vertrauter des Königs von Preußen, zeitweise Frankfurter Senator. Dazu groß, schlank, sportlich.

Doch ein »strebender, unruhiger Geist«, so nennt ihn Goethe einmal, »liebenswürdig und konfus« Boisserée. Etwas Ungefestigtes muss an ihm gewesen sein und eine Unzufriedenheit ihn umgetrieben haben, wohl in erster Linie mit sich selbst, da ihn über das Bankgeschäft hinaus, das ihm nicht geistig genug erschien, ein fast krankhafter Ehrgeiz antrieb, gesellschaftlich zu wirken. Goethe betont jedoch die ungewöhnliche »Macht des sittlichen Prinzips bei diesem Mann«, und dass man sich gelegentliche »Herbigkeit und Schroffheit« deswegen schon gefallen lassen müsse. Doch war Willemer gerade damit sehr oft isoliert in der Öffentlichkeit, wo er gern die Rolle des Querulanten spielte und dazu allerdings auch den Mut hatte.

Willemers Lebensgang war kein einfacher. Sein Vater starb früh, so dass er gezwungen war, sehr jung in dessen Bankgeschäft einzusteigen. Seine überaus geliebte erste Frau, die vier Töchter geboren hatte, starb im Kindbett, als ihr Mann, damals Mitglied des Frankfurter Senats, von den Franzosen als Geisel genommen wurde. Seine zweite Frau, die er kurz darauf heiratete, um den verwaisten Kindern wieder eine Mutter zu geben, gebar ihm den einzigen

Sohn, starb jedoch bei der Geburt des zweiten Kindes, das ebenfalls nicht überlebte. Auch seine Tochter Käte, an der er besonders hing, vielleicht weil sie ihrer Mutter am ähnlichsten war, und die ihrerseits dem Vater offenbar am nächsten stand, starb bereits mit siebzehn Jahren.

Als es dann in den politischen Wirren während der Befreiungskriege auch mit den Bankgeschäften schwierig wurde, zog er sich aus dieser öffentlichen Wirksamkeit zurück und begann, in seinen besten Jahren schon privatisierend, mit Leidenschaft der Schriftstellerei zu frönen. Ein paar Schauspiele entstanden, vor allem aber philanthropisch-pädagogische, ethisch-religiöse Schriften und über Jahre mehrere Bände eines Werks mit dem Titel *Bruchstücke zur Menschheits- und Erziehungskunde*. Ein Interesse, das ihn in enge Verbindung mit den Ideen des Schweizer Pädagogen Pestalozzi brachte.

Seinen Sohn Abraham, Brami genannt, und dessen Erzieher Johann Elias Mieg, über einen Kreis von Frankfurter Hauslehrern, die sich mit pädagogischen Fragen beschäftigten, auch mit Friedrich Hölderlin bekannt und im Hause Willemer eine wichtige Integrationsfigur, begleitete er 1807 nach Yverdon, wo Abraham als Zögling und Mieg als Lehrer in Pestalozzis Erziehungsinstitut eintraten. Anlässlich einer zweiten Schweizer Reise im selben Jahr besuchte er Pestalozzi dann auch mit Marianne zusammen, welche die versammelten Zöglinge und Lehrer, desgleichen das Ehepaar Pestalozzi mit ihrem Gesang und einnehmenden Temperament zu bezaubern wusste: »[…] die höchsten erhabendsten Gefühle unter Kindern und Lehrern anregend« – wie der Schweizer Lehrer Johannes von Muralt ihr in einem verehrenden Dankesbrief schrieb.

Begeistert von ihrem Gesang und Gitarrenspiel zeigte sich aber schon zuvor die Kaiserin Joséphine von Frankreich, zu deren Ehren Marianne zusammen mit ihrem Gitarrenlehrer Scheidler, einem bekannten Virtuosen auf diesem Instrument, im Frühjahr 1807 in Mainz ein Konzert gab. Ein Auftritt, der im *Journal des Luxus und der Moden* in den höchsten Tönen gelobt wurde: »Demoiselle Jung, welche vorzüglich singt und in ihrem Spiel auf der Gitarre [dem

Lieblingsinstrument der Kaiserin] was Fertigkeit, Ausdruck und Geschmack betrifft nicht leicht ihresgleichen findet.«

Ob Marianne jemals bedauerte, dem Schauspielerleben als Halbwüchsige entführt worden zu sein, weiß man nicht, in ihren Briefen hat sie sich dazu nie geäußert. Und selbstverständlich auch darüber nicht, ob ihr Willemers hübscher Sohn, Brami, allenfalls nähergestanden hatte als der Vater. Was sie aber einmal, in einem Brief an Eckermann, kurz nach Goethes Tod, als schwierige Mitgift ihrer Existenz bezeichnet, ist die Tatsache, dass in ihrer Kindheit kein Grund für eine ruhige Lebenssicherheit gelegt worden sei und dass sie sich selbst habe »durchs Leben drängen« müssen. Letztlich wird sie also die radikale Veränderung, die der fürsorgliche Eigensinn Willemers in ihr Leben brachte, bestimmt nicht bedauert haben. Und als Pflegevater ließ er es ja, was ihre Ausbildung, insbesondere die musikalische betraf, an nichts fehlen. Auch gewann sie mit der zweijährigen Italienreise, die er 1810/11 mit ihr und Rosette, seinem Sohn Brami und dem Erzieher Mieg zusammen unternahm – sie führte über Rom bis nach Neapel –, eine kulturelle Erfahrung, die zwar in besseren Kreisen zu einer erweiterten Bildung gehörte, aber doch nichts Gewöhnliches war, vor allem nicht für eine junge Frau.

Dass Willemer für Marianne das Beste wollte, ist wohl fraglos. Doch ebenso fraglos ist, dass er sie, mindestens von einem gewissen Moment an, gern als seine Lebensgefährtin gesehen hätte. Was Marianne leicht in einen unglücklichen Zwiespalt geführt haben mag. Zugleich war sie mit dem Kreis ihrer »Geschwister«, nach allem, was man weiß, so familiär und liebevoll verbunden, dass sie sich in die Rolle einer Lebenspartnerin und schließlich Ehefrau wohl irgendwann finden konnte.

Und es scheint, sie habe mit ihrem »guten, natürlichen« Wesen (so Sulpiz Boisserée), ihrer Heiterkeit, ihrem Witz, mitunter Vorwitz auch – selber schalt sie sich gelegentlich als »vorlaut« –, ihrer unverstellten, doch nie verletzenden Art, besser als irgendjemand verstanden, mit dem schwierigen Mann umzugehen. Besser jedenfalls als ihre Schwester Rosette, die ein überaus kritisches Verhältnis zu ihrem Vater hatte. Der denn doch in den Höhen, Tiefen und Enttäuschungen seines Lebens Haltung bewahrte und ein bemerkenswert kultiviertes, wohldenkendes Haus durch alle Stürme zu führen wusste.

Indessen gab es für eine Ehe auch noch ein Hindernis in Mariannes Biographie. Böswillige Frankfurter Zungen sprachen davon, dass Willemer die fünfzehnjährige Marianne ihrer Mutter »abgekauft« habe. Das Wort unterstellt aber etwas, was so direkt nicht stimmt. Tatsächlich verdiente sich Mariannes Mutter, Elisabeth Jung, geborene Pirngruber, selber einst Schauspielerin, nach dem Tod ihres Mannes, der vermutlich Instrumentenmacher oder Schauspieldirektor war, sichere Dokumente diesbezüglich gibt es keine, mit ihrer begabten Tochter den Lebensunterhalt. Sie reiste mit ihr von Bühne zu Bühne – meist kleinen, unbedeutenden Provinzbühnen –, bis sie zuletzt ein längeres Engagement am Frankfurter Nationaltheater für sie fand, wo die Vierzehnjährige das Publikum einhellig begeisterte: als Schauspielerin, Opernsängerin, Tänzerin, ihrem jugendlichen Alter entsprechend öfter auch in Hosenrollen. Goethes Mutter sah sie, mit Clemens Brentano zusammen, in der Rolle eines Harlekins und war von ihr entzückt – ebenso und in höchstem Maße offenbar Johann Jakob Willemer, ein leidenschaftlicher Theatergänger, außerdem Aktionär des Frankfurter National-Theaters und im Jahr 1800 in die Oberdirektion gewählt.

Die Verhältnisse auf dem Theater – auch die schwierigen, sozial ungesicherten und unsoliden – so wie sie Goethe in *Wilhelm Meister* schildert, dürften sie ungefähr gewesen sein – kannte Willemer also gut. Und die halbwüchsige Marianne schien ihm ganz offensichtlich zu schade für ein solches Leben. Wie deren Mutter dieses Schauspielerleben beurteilte, weiß man nicht. Doch scheint es, sie habe ungezwungen eingewilligt, als Willemer ihr das Angebot machte, Marianne in sein wohlhabendes Haus aufzunehmen und mit seinen Töchtern und seinem jüngsten Sohn zusammen zu erziehen. Ihr, der Mutter, jedoch, neben einer Abfindung eine lebenslängliche Rente auszurichten. Ein Geldhandel war also dabei. Aber offenbar einer, der niemanden kränkte. Jedenfalls war das Verhältnis Mariannes zu ihrer Mutter, die sie später mehrfach mit Willemer zusammen in Linz besuchte, stets ein liebevolles.

Als Schwierigkeit aber erwies sich die Tatsache, dass Mariannes Herkunft, was den Vater betraf, ungesichert war. Zwar nannte sie sich Jung nach dem verstorbenen Mann ihrer Mutter. Doch alle, Marianne, deren Mutter und auch Willemer wussten, dass dies nicht ihr rechtmäßiger Name war, da dieser ungewisse Vater namens Jung weder ihr leiblicher Vater noch ihr Adoptivvater war. Neuere Forschungen haben ergeben, dass sie das Kind aus einer Beziehung ihrer damals noch ledigen Mutter mit einem aus den Niederlanden gebürtigen Tanzmeister war, einem Herrn van Gangelt, der sich in Linz niedergelassen hatte. Marianne, scheint es, hat von diesem Vater gewusst, von ihm wohl auch ihre Begabung für Musik und Tanz geerbt. Doch in der Öffentlichkeit beharrten sowohl sie wie Willemer stets auf dem Namen Jung. Dass dafür keine Dokumente vorhanden waren, hätte eine Eheschließung unter Umständen schwierig machen können.

Und nur mit dem Versprechen, die noch fehlenden Dokumente demnächst einzuholen, konnte Willemer, dem sein Ansehen in Frankfurt sicher zugutekam, den städtischen Beamten dazu bewegen, die Ehe ohne Frist und Aufgebot für gültig zu erklären. Die Tatsache, dass diese Dokumente später niemals nachgeliefert wurden, verhinderte dann allerdings, dass Marianne jemals Frankfurter Bürgerin werden konnte. Also diesbezüglich doch Zeit ihres Lebens, obschon sie gewandt und auch überall geschätzt in der besseren Gesellschaft verkehrte, eine Art »Unbürgerliche« blieb, in deren Person manche noch »unverkennbare Spuren des Künstlerstandes« zu erkennen glaubten. Goethe gegenüber spricht sie in Briefen gelegentlich von ihrer unkonventionellen Herkunft und dass sie im Gesellschaftsleben manchmal gegen ein nicht angemessenes Gefühl der »Demut« ankämpfen müsse.

So hätte diese Eheschließung für die Beteiligten unter schwierigen Vorzeichen gestanden, wäre da nicht Goethe gewesen, der ihr mit seiner Anwesenheit den alles überstrahlenden Glanz verlieh. Willemer bewunderte Goethe seit langem – an jenen Abenden, wenn im geselligen Kreis, etwa bei Goethes Mutter, Bühnenstücke ihres berühmten Sohnes mit verteilten Rollen gelesen wurden, war Willemer mit Begeisterung dabei. Ebenso muss Marianne Goethes Werk schon vor der ersten Begegnung bestens gekannt haben, als Kind bereits *Das Römische Carneval*, 1789 prachtvoll illustriert erschienen, wo insbesondere die Abbildungen der Kostüme und Masken sie faszinierten. So kann man sich leicht vorstellen, es habe die gemeinsame Liebe zu Goethe und das Vertrauen, auf seine Freundschaft bauen zu können, ja von ihm geliebt zu sein, das Paar in diesem Moment seiner Gegenwart recht eigentlich erst verbunden.

Nicht nur bei Marianne mag das die Hoffnung genährt haben, diese Ehe werde immer eine in der Nähe Goethes bleiben. Dass sich dies als Illusion herausstellte, ist das eine. Das andere jedoch, dass, neben Mariannes spezieller Sehnsucht, die gemeinsame liebevolle Anhänglichkeit das Paar auch über die künftigen Jahre beseelte. Und »treu angehörig«, so oft am Ende seiner Briefe, blieb auch Goethe – wenn auch aus der Ferne.

In diesen schönen Oktobertagen von 1814 aber war er noch da, als jemand, der dem Leben eine solche Höhe und zugleich guten Boden zu geben wusste. Mit Goethe wird die frisch geschlossene Ehe in heiterer Stimmung gefeiert, auf der Gerbermühle, im kleinsten Kreis. So Goethe am 14. Oktober an Christiane:

> Zu Herrn von Schellersheim, um die Gemmen und Münzen weiter zu betrachten. Er hat ganz köstliche Dinge, wovon wir Abdrücke genommen. Dann zu Geh. R. Willemer. Nur Frau Städel war bei Tische, Schlosser, ich und das junge Ehepaar. Wir waren sehr lustig und blieben lange beisammen, so dass ich von diesem Tage keine weiteren Begebenheiten zu erzählen habe.

»Ich und das junge Ehepaar« – das ist wahrscheinlich ganz dem Verhältnis entsprechend gesagt. Zusammen verbrachte man dann auch den Abend des 18. Oktobers, als erstmals der Jahrestag des Sieges über Napoleon in der Völkerschlacht bei Leipzig gefeiert wurde: mit

»tausend und aber tausend Feuern« auf allen umliegenden Höhen, die gut zu sehen waren von dem Mühlberg aus, einem Hügel, nah bei der Gerbermühle, wo in Gestalt eines kleinen Turms ein Weinberghäuschen stand, das Willemer gekauft hatte. Auf dem »Türmchen« versammelt, ließ man das festliche Schauspiel auf sich wirken. Was die Nation zeichenhaft vereinte, verband auf seine Weise den kleinen geselligen Kreis. Marianne hat später auf einem Plan der Landschaft für Goethe all die Flämmchen eingezeichnet, die wie Liebesfeuerchen, pfingstlich geradezu, über den Höhen flackern.

Und wie Goethe vierunddreißig Jahre zuvor, am 6. September 1780, das Gedicht »Über allen Gipfeln / Ist Ruh' [...]« an die Wand der Jagdhütte auf dem Kickelhahn geschrieben hatte, damals jedoch in gesuchter Einsamkeit und im Verlangen nach Besänftigung verworrener Liebesgefühle, so hinterließ er auf dem Mühlberger Türmchen, hier jedoch den Freunden und wohl Marianne speziell, eine poetische Spur. Indem er zwei Zeilen aus einer von Knebel übersetzten Elegie des persischen Dichters Abu Ismail Tograi – am Nationalfeiertag etwas Orientalisches zum Ausgleich? – auf einen Fensterpfosten schrieb:

Ich besänft'ge mein Herz, mit süßer Hoffnung ihm
schmeichelnd.
Eng ist das Leben fürwahr, aber die Hoffnung ist weit.

II Fundgruben des Orients

Der alte Fasanentraum

Zwei Tag später verließ Goethe Frankfurt Richtung Weimar, wo ihn wieder der »Koppenfelsische Giebel«, seine Familie, sein ausgedehntes Hauswesen am Frauenplan, die Verpflichtungen bei Hofe und, als Geheimrat, die Theaterleitung in Weimar und die Oberaufsicht über die Universität in Jena erwarteten. »Es ist der Außenwelt nun genug, wir wollen es wieder im Innern versuchen.« So am 20. Oktober an Christiane. Wenn aber Schiller im Jahr 1800, und damals nicht ganz zu Unrecht, über seinen Freund an Iffland geschrieben hatte: »Goethe hat einmal den Glauben, dass er winters nichts Poetisches arbeiten könne, und weil er es glaubt, ist es bis jetzt auch wirklich der Fall gewesen ...« – für diesen Winter 1814/15 traf das ganz und gar nicht zu. Das »neue Licht fröhlicher Wirksamkeit«, das ihm an Rhein und Main aufgegangen war, erhellte ihm diesmal den Weimarer Winter. Und was ihn durch den Sommer getragen hatte – die Arbeit an der *Italienischen Reise* und die poetische Spur seiner *Divan*-Dichtung, begleitete ihn nun auch durch die ungeliebte Jahreszeit.

»Venedig« heißt es jetzt öfter im Tagebuch und immer wieder fällt das Stichwort: »Italienische Reise«. Dann, am 27. Dezember, berichtet Goethe seinem Freund Zelter:

> Von meiner italienischen Reise habe ich die vorhandenen Tagebücher von Carlsbad bis Rom redigiert. Dieses Büchlein erhält dadurch einen eigenen Charakter, dass Papiere zum Grunde liegen die im Augenblick geschrieben worden. Ich hüte mich, so wenig als möglich daran zu ändern, ich lösche das Unbedeutende des Tages nur weg, so wie manche Wiederholung; auch lässt sich vieles, ohne dem Ganzen die Naivetät zu nehmen, besser ordnen und ausführlicher darstellen.

Vielleicht war er also noch vor Weihnachten, »redigierend« und »diktierend«, am Ziel seiner Reise angelangt, von dem er damals am Vorabend noch geschrieben hatte:

> Morgen Abend also in Rom. Ich glaube es noch jetzt kaum, und wenn dieser Wunsch erfüllt ist, was soll ich mir nachher wünschen? Ich wüsste nichts, als dass ich mit meinem Fasanenkahn glücklich zu Hause landen und meine Freunde gesund, froh und wohlwollend antreffen möge.

Um am nächsten Tag, dem 1. November 1786, dann glücklich zu melden:

> Ja, ich bin endlich in dieser Hauptstadt der Welt angelangt! [...] Lasst mich nun auch sagen, dass ich tausendmal, ja beständig eurer gedenke in der Nähe der Gegenstände, die ich allein zu sehen niemals glaubte. Nur da ich jedermann mit Leib und Seele in Norden gefesselt, alle Anmutung nach diesen Gegenden verschwunden sah, konnte ich mich entschließen, einen langen, einsamen Weg zu machen und den Mittelpunkt zu suchen, nach dem mich ein unwiderstehliches Bedürfnis hinzog. Ja, die letzten Jahre wurde es eine Art von Krankheit, von der mich nur der Anblick und die Gegenwart heilen konnte.

Lang nicht eigentlich, aber einsam war auch der Weg in Hafis' Orient. Auf ganz andere Weise einsam als der Weg nach Italien, das immerhin eine schon für Goethes Vater geläufige Destination war: Ziel so mancher deutschen Bildungsreise. Aufenthalt so mancher Künstler seit Dürers Aufbruch nach Venedig, um dort die italienische Kunst zu studieren.

Zwar war Goethe in seiner Zeit keineswegs allein mit seinem Interesse für den Orient. Eine Form dessen, was man heute »Orientalismus« nennt, gab es auch in Deutschland längst, im 18. Jahrhundert vorwiegend in Form der Chinoiserie, im 19. Jahrhundert dann bevorzugt mit »Alla turca«-Reminiszenzen in Musik, Oper, Mode und Möbelstücken. Ernsthafter war seit längerem schon die Bibelwissenschaft mit dem Orient, insbesondere des Alten Testaments, beschäftigt. Außerdem gab es das Fach Orientalistik bereits an mehreren deutschen Universitäten, etwa in Heidelberg und Jena, wo Goethe selbst für die Berufung zuständig war. Auch die Literatur nahm ihren Stoff des Öfteren aus morgenländischen Gegenden. Und nach Formen des Ursprünglichen suchten da speziell auch die Romantiker. Geradezu etwas Urromantisches sahen die Brüder Schlegel, Wilhelm und Friedrich, speziell in der Kultur und Literatur Indiens.

Doch bei all dem war Goethes Weg zu Hafis und in die Welt, der seine Dichtung entsprang, ein solitärer. Begleitet zwar von einer ansehnlichen Menge ihm zur Verfügung stehender Orientliteratur, konnte er seine Faszination letztlich nur im subjektiven künstlerischen Austausch für sich poetisch fruchtbar machen. Und es ist bestimmt kein Zufall, dass gerade er, wie kein anderer deutscher Dichter seiner Zeit, von der erotischen Kraft und Lebensbreite von Hafis' Dichtung spontan und leidenschaftlich affiziert war. »Auf ihrem höchsten Gipfel scheint die Poesie ganz äußerlich«, wie es einmal in den Maximen und Reflexionen heißt. Etwas in dieser Richtung empfand er wohl auch bei Hafis.

Indessen muss ihn auch hier die Vorstellung begleitet haben, in einem Moment, da er »jedermann mit Leib und Seele in Norden gefesselt sah«, das heißt: in nördlichen, deutsch-nationalen Gefühlen, in einer persönlich eroberten Gegenwelt – tatsächlich ist die Reisemetapher für den *Divan* zentral – Weite zu gewinnen, Luft zu atmen, Welt aufzunehmen. Jedoch nicht um dort zu bleiben, sondern um mit seinem »Fasanenkahn« am Ende glücklich und zur allgemeinen Bereicherung wieder zu Hause landen zu können: das Eigene aufmischend mit Schätzen aus einer anderen Kultur.

Den Traum vom Fasanenkahn hat Goethe ungefähr ein Jahr vor seinem Aufbruch nach Italien geträumt. Er war für ihn offenbar überaus wichtig, eine Art Schlüsselbild für seine – fast könnte man sagen – »Mission« als Dichter. Seinen Weimarer Freunden, insbesondere Charlotte von Stein, hatte er davon erzählt. Und in seinen Briefen aus Italien spielt er mehrfach darauf an. So notierte er am 19. Oktober 1786 abends in Bologna: »Der Fasanentraum fängt an, in Erfüllung zu gehen. Denn wahrlich, was ich auflade, kann ich wohl mit dem köstlichsten Geflügel vergleichen, und die Entwicklung ahnd' ich auch.«

Doch erst 1814, bei der Redaktion der *Italienischen Reise*, hat Goethe den Traum literarisch ausgeführt. Möglicherweise unmittelbar nach seiner Ankunft in Wiesbaden am 29. Juli. Denn schon am 27. Juli notierte er im Reisetagebuch, während ihn die gerade neu entstehende *Divan*-Dichtung in Atem hielt: »Des alten Fasanentraums gedacht.« In der *Italienischen Reise* steht er in dem oben genannten Brief aus Bologna.

> Indem ich mich nun in dem Drang einer solchen Überfüllung des Guten und Wünschenswerten geängstigt fühle, so muss ich meine Freunde an einen Traum erinnern, der mir, es wird eben ein Jahr sein, bedeutend genug schien. Es träumte mir nämlich, ich landete mit einem ziemlich großen Kahn an einer fruchtbaren, reich bewachsenen Insel, von der mir bewusst war, dass daselbst die schönsten Fasanen zu haben seien. Auch handelte ich sogleich mit den Einwohnern um solches Gefieder, welches sie auch sogleich häufig, getötet, herbeibrachten. Es waren wohl Fasanen, wie aber der Traum alles umzubilden pflegt, so erblickte man lange, farbig beaugte Schweife, wie von Pfauen oder seltsamen Paradiesvögeln. Diese brachte man mir schockweise ins Schiff, legte sie mit den Köpfen nach innen, so zierlich gehäuft, dass die langen, bunten Federschweife, nach außen hängend, im Sonnenglanz den herrlichsten Schober bildeten, den man sich denken kann, und zwar so reich, dass für den Steuernden und die Rudernden kaum hinten und vorn geringe Räume verblieben. So durchschnitten wir die ruhige Flut, und ich nannte mir indessen schon die Freunde, denen ich von diesen bunten Schätzen mitteilen wollte. Zuletzt in einem großen Hafen landend, verlor ich mich zwischen ungeheuer bemasteten Schiffen, wo ich von Verdeck auf Verdeck stieg, um meinem kleinen Kahn einen sichern Landungsplatz zu suchen.

Aus heutiger Perspektive kann man sich an dem »getötet« stören. Wäre es nicht weit schöner, wenn sie den Reisenden lebend begleiteten? Indessen hat Goethe den Traum eben genau so geträumt. Und tatsächlich pflegte man damals, heute schwer vorstellbar, sich gelegentlich Fasanen als Delikatesse zum Geschenk zu machen. Aber um solche Delikatessen geht es hier nicht. Es geht, wie auf alten Stillleben, um die Pracht des Gefieders, das neu lebendig wird im »Sonnenglanz« und, wie von »Pfauen oder seltsamen Paradiesvögeln« wirkend, zu »bunten Schätzen« wird, die der Reisende mit sich führt im Gedanken an die Freunde. Denen er ja sicher nichts Totes mitbringen will, sondern etwas poetisch Verwandeltes, auf andere Weise Lebendig-Schönes. Und es ist ganz interessant, dass Goethe in dem Traum nicht selbst als Jäger erscheint, sondern als Händler. Die Beute, die er heimbringt, ist also eine erhandelte, nicht erjagte. Doch das ist vielleicht weniger wichtig, als das Bild selbst, das Goethe auf seiner Italienreise, sinnstiftend offenbar, begleitete: nämlich das individuell Wahrgenommene als einen Schatz anzusehen und mitzubringen für die zu Hause gebliebenen Freunde, Leser, Landsleute.

Das »Mitteilen« (auch wörtlich: in Form des Erzählens) und also Teilen, bedrängt von einer Überfülle, ist nicht nur auf der Italienreise ein für Goethe bezeichnendes Bedürfnis. Und wenn Schauen, Denken und Dichten auch einsame, radikal individuelle Erfahrungen sind und der »Isolation« bedürfen, so stehen sie doch im Rahmen einer Vorstellung von Geselligkeit, die Goethe genauso wichtig war wie die »Abgeschiedenheit«. Im Grunde bedeutet sie die Umkehrform des »Genusses«. Während der Genuss die Teilhabe eines welterschlossenen Ichs am Weltganzen ist, liegt im Mitteilen der Drang, andere, Nahestehende, den ganzen Lebenskreis und irgendwann auch die Leserinnen und Leser teilhaben zu lassen an der erfahrenen Fülle, die womöglich unerträglich würde, könnte sie nicht in Erzählung und Dichtung weitergegeben werden. Was allerdings nicht nur eine Not ist, sondern ganz offensichtlich auch eine große Lust.

So hat man insbesondere bei den Berichten von der Italienreise gelegentlich das Gefühl, die Vorstellung des Mitteilens habe die

Lust und Intensität des Sehens und Erfahrens noch gesteigert, wenn nicht sogar erzeugt. Jedenfalls ergreift einen bei jeder Lektüre der *Italienischen Reise* von neuem nicht nur der Enthusiasmus des Sehens und die leidenschaftliche Genauigkeit des Sehenden, sondern auch eine Mitteilungsfreude, die den Leser auf eine seltene Weise in das Abenteuer des Sehens einbezieht. Etwa wenn der Reisende am Lido von Venedig die »Wirtschaft« der kleinen Meerestiere beobachtet, das Kommen und Gehen der »Seeschnecken, Patellen und Taschenkrebse« mit Ebbe und Flut. Um nach dem ersten enthusiastischen Ausruf – »Was ist doch ein Lebendiges für ein köstliches, herrliches Ding! Wie abgemessen zu seinem Zustande, wie wahr, wie seiend! Wieviel nützt mir nicht mein bisschen Studium der Natur, und wie freue ich mich, es fortzusetzen!« – den Freunden zu Hause auch die lebendige Anschauung in allen Einzelheiten »mitzuteilen«.

Dass er mit den Schätzen, die er von seiner »Orientreise« nach Hause brachte, sehr viel schwerer würde anlanden können als mit seinen italienischen, war Goethe in der ersten Begeisterung wohl nicht klar. Wirkten doch seine Erzählungen von Italien, nicht unmittelbar nach seiner Rückkehr und kaum bei Charlotte von Stein, die ihm den heimlichen Aufbruch und seine italienische Entfremdung noch längere Zeit übel nahm, aber doch später bei vielen Freunden und Freundinnen wie ein »Zauberstäbchen«, mit dem er sie nur anzurühren brauchte.

Über die *Italienische Reise* selbst, als sie 1816 erschien, waren die Ansichten dann allerdings geteilt. Die Romantiker, namentlich die deutschen Künstler in Rom, Cornelius, Overbeck und ihre Freunde, reagierten enttäuscht, und sahen darin hauptsächlich ein Dokument beschränkten Kunstgeschmacks.

Tatsächlich hatte Goethe selbst schon 1805 gegen eine romantische Kunstauffassung, welche die Ansicht vertrat, die höchste Vollendung der Kunst sei nicht in der Antike erreicht worden, sondern erst unter dem Einfluss einer anderen, göttlicheren, geheimnisvolleren Religion, scharf polemisiert: mit Worten wie »neukatholische

Sentimentalität«, »herzbruderisierend« und »sternbaldisierend« (anspielend auf Wackenroders *Herzensergießungen eines kunstliebenden Klosterbruders* und Tiecks *Franz Sternbalds Wanderungen*). So war die *Italienische Reise*, mindestens auch, ein Manifest in diesem Kunststreit, in dem Goethe noch einmal klar seine klassische Haltung, die Grundlage seines Lebenswerks, darlegte. Und wenn er auch, mit Rücksicht auf seinen Freund Boisserée, darauf verzichtete, sich explizit gegen die mittelalterliche Kunst zu äußern, so macht seine Hingabe etwa an Palladio doch deutlich genug, wo seine Präferenzen lagen.

Ein solches Manifest ist der *West-östliche Divan* nicht. Aber doch mit seinem kosmopolitischen Poesiekonzept eine deutliche Abwendung von einer Kunst, die in den mythischen Gründen einer christlich-deutschen Vergangenheit ihre Antriebskräfte suchte. Eine Kunstauffassung, gegen die Goethes Freund und Kunstberater Heinrich Meyer, ein unbeugsamer Anhänger Winckelmanns, dann im Frühling 1817, von Goethe kräftig unterstützt, noch einmal eine Salve losfeuerte: in seinem Aufsatz über *Neu-deutsche religios-patriotische Kunst*, in dem er alles kritisierte, was »mit Gewalt zur alten Deutschheit« zurückkehren wollte. Ein Rundumschlag, der zum endgültigen Bruch mit den Romantikern führte.

Dabei war Goethe in vielem den Romantikern vorausgegangen, und mit einem Mann wie Boisserée war und blieb er bis an sein Lebensende befreundet. Als abstoßend, ja zutiefst beunruhigend empfand er an der romantischen Kunst und Dichtung letztlich die Gesinnung, auf der sie beruhte. Und das war nicht nur die Introspektion, nicht nur die Projektion der Stimmungen und Gefühle aus den Tiefen der Subjektivität auf die Außenwelt, während er selbst sich gerade draußen in der Welt, in der Gesellschaft, ja als Teil einer Kultur der Geselligkeit erkannte. Es war insbesondere auch die »Mengerei« aus »altertümelndem Kunstgeschmack«, »neukatholischer« Religiosität und deutsch-nationalem Enthusiasmus, in die er gern wie ein reinigender Besen hineingefahren wäre.

Mit der Zustimmung der Romantiker zu seinem *Divan* wird Goethe also nicht gerechnet haben. Tatsächlich reagierten die literarischen Zeitgenossen weitgehend verständnislos bis ablehnend, sieht man einmal von Friedrich Rückert und August von Platen ab, beide überaus interessiert an orientalischer Dichtung. Namentlich Friedrich Schlegel ärgerte sich, und aus seiner Sicht zu Recht, dass der Verfasser der *Noten und Abhandlungen* »unverständig und wie ein Rohrsperling auf alles Indische schimpft«. Ob Goethe, der die »Weisheit« in den indischen Texten sonst hoch verehrte (so einmal im Gespräch mit Boisserée), in den *Noten und Abhandlungen* wirklich gegen Schlegel polemisierte, in dessen Favorisierung der indischen Religion er einen Krypto-Katholizismus witterte, weiß man nicht genau. Jedenfalls ist sein Anliegen unverkennbar, von dem indischen Kult mit »Götzenbildern« den reinen, bilderlosen altpersischen Sonnenkult als Ideal einer Naturreligion dezidiert abzuheben.

Immerhin nahm die literarische Welt den *Divan* wenigstens wahr. Doch auf das Interesse eines größeren Publikums hoffte Goethe vergeblich. Schon das Echo auf die ersten Vorabdrucke in Cottas *Morgenblatt für gebildete Stände* war enttäuschend. Und die Vorstellung, der historisch und kulturgeschichtlich weit ausholende Prosateil der *Noten und Abhandlungen* könne das Ganze attraktiver machen, erwies sich am Ende als Fehleinschätzung. In einem Moment, wo Deutschland so sehr auf der Suche nach sich selbst war, man außerdem den Freiheitskampf der Griechen gegen das Osmanische Reich zum Teil mit heftiger Parteinahme für die Ersteren, also mit dem, was man Philhellenismus nennt, verfolgte, konnte er auch kaum damit rechnen, dass er das lesende Publikum mit seiner Orientbegeisterung und einer durchaus provokanten Sympathie für den Islam würde anstecken können. Abgesehen davon, dass der *Divan* als Ganzes ein schwer zugängliches Buch war und es bis heute ist. Darin mindestens gleicht es den beiden anderen großen Alterswerken: den *Wanderjahren* und dem zweiten Teil des *Faust*. Letzteren hatte Goethe bekanntlich schon gar nicht mehr publiziert, im Bewusstsein, dass er damit fremd in seiner Zeit stand.

Goethes Verhältnis zu seinen »lieben Deutschen« war oft schwierig. Und umgekehrt. Die *Römischen Elegien* (1795) verursachten geradezu einen Literaturskandal. Mit *Hermann und Doro-*

thea (1797) konnte er es dem Publikum dagegen wieder recht machen. Und als nach dem Sieg über Napoleon in der Völkerschlacht bei Leipzig eine Neuausgabe als Taschenbuch herauskam, wurde auch diese zu einem Verkaufserfolg. Mit dem *Divan* jedoch befremdete er das Publikum 1819 erneut. Zwar gab es ein paar durchaus freundliche Rezensionen, welche das Buch als kulturelle Vermittlungsarbeit würdigten, darunter eine sehr eingehende von dem Jenaer Orientalisten Johann Gottfried Kosegarten, den Goethe schon während der Arbeit am *Divan* öfter um Rat gefragt hatte.

Das Publikum nahm jedoch so wenig Notiz davon, dass der *West-östliche Divan* noch bis zum Ersten Weltkrieg in seiner ersten Auflage von 2000 Exemplaren im Handel war. Und was der Rezensent in seiner Besprechung im *Literaturblatt auf das Jahr 1820*, einer Beilage des *Morgenblatts für gebildete Stände*, allerdings karikierend, als öffentliche Meinung wiedergibt, dürfte dieser so ziemlich entsprochen haben: »[...] das Buch ist eines der wunderlichsten, die Goethe jemals geschrieben hat, es ist sozusagen ein Rätsel ohne Schlüssel, und da wir Leser sind, welche bequem unterrichtet und vergnügt sein wollen, so geht das Geschmacksurteil dahin, dass der West-Östliche Divan durchaus nicht nach unserem Geschmack ist.«

Nur einer, Heinrich Heine, sonst mit Goethe nicht immer glücklich, aber doch einig mit ihm in der dezidierten Ablehnung der sich breitmachenden »neu-deutschen, religios-patriotischen« Gesinnung, pries den *West-östlichen Divan* in den höchsten Tönen:

> Den berauschendsten Lebensgenuss hat hier Goethe in Verse gebracht, und diese sind so leicht, so glücklich, so hingehaucht, so ätherisch, dass man sich wundert wie dergleichen in deutscher Sprache möglich war. Dabei gibt er auch in Prosa die allerschönsten Erklärungen über Sitten und Treiben im Morgenlande, über das patriarchalische Leben der Araber; und da ist Goethe immer ruhig lächelnd, und harmlos wie ein Kind, und weisheitsvoll wie ein Greis. Diese Prosa ist so durchsichtig wie das grüne Meer, wenn heller Sommernachmittag und Windstil-

> le, und man ganz klar hinabschauen kann in die Tiefe, wo die versunkenen Städte mit ihren verschollenen Herrlichkeiten sichtbar werden; – manchmal ist aber auch jene Prosa so magisch, so ahnungsvoll wie der Himmel, wenn die Abenddämmerung heraufgezogen; und die großen Goetheschen Gedanken treten dann hervor, fein und golden, wie die Sterne.

So Heine in seiner 1833 erschienenen *Geschichte der neueren schönen Literatur in Deutschland* – eine Hommage, die den Dichter nicht mehr erreichte.

Wie unverstanden sich Goethe als öffentliche Person, als Dichter und auch als Naturforschender oft fühlte, macht ein Gespräch mit Eckermann über den *West-östlichen Divan* vom 4. Januar 1824 deutlich:

> Hernach sprachen wir über den ›Divan‹, besonders über das ›Buch des Unmuts‹, worin manches ausgeschüttet, was er gegen seine Feinde auf dem Herzen hatte.
>
> »Ich habe mich übrigens sehr mäßig gehalten«, fügte er hinzu; »wenn ich alles hätte aussprechen wollen, was mich wurmte und mir zu schaffen machte, so hätten die wenigen Seiten wohl zu einem ganzen Bande anwachsen können. Man war im Grunde nie mit mir zufrieden und wollte mich immer anders als es Gott gefallen hatte mich zu machen. Auch war man selten mit dem zufrieden, was ich hervorbrachte. […] In religiösen Dingen, in wissenschaftlichen und politischen, überall machte es mir zu schaffen, dass ich nicht heuchelte, und dass ich den Mut hatte, mich auszusprechen wie ich empfand.
>
> Ich glaubte an Gott und die Natur und an den Sieg des Edlen über das Schlechte; aber das war den frommen Seelen nicht genug, ich sollte auch glauben, dass Drei Eins sei und Eins Drei; das aber widerstrebte dem Wahrheitsgefühl meiner Seele; auch sah ich nicht ein, dass mir damit auch nur im mindesten wäre geholfen gewesen.

Ferner bekam es mir schlecht, dass ich einsah, die Newtonische Lehre vom Licht und der Farbe sei ein Irrtum, und dass ich den Mut hatte, dem allgemeinen Credo zu widersprechen. Ich erkannte das Licht in seiner Reinheit und Wahrheit, und ich hielt es meines Amtes, dafür zu streiten. Jene Partei aber trachtete in allem Ernst das Licht zu verfinstern, denn sie behauptete: *das Schattige sei ein Teil des Lichtes.* Es klingt absurd, wenn ich es so ausspreche, aber doch ist es so. Denn man sagte: *die Farben*, welche doch ein Schattiges und Durchschattetes sind, *seien das Licht selber*, oder, was auf eins hinauskommt, *sie seien des Lichtes bald so und bald so gebrochene Strahlen.* [...] Und nun gar in politischen Dingen! Was ich da für Not und was ich da zu leiden gehabt, mag ich gar nicht sagen.

Harmonisch also war die Beziehung zu seinen Landsleuten in keinem Fall. Und resigniert klingt auch, was er gegenüber Eckermann am 3. Mai 1827 äußerte:

Von meinen eigenen Liedern, was lebt denn? Es wird wohl eins und das andere einmal von einem hübschen Mädchen am Klavier gesungen, allein im eigentlichen Volke ist alles still. Mit welchen Empfindungen muss ich der Zeit gedenken, wo italienische Schiffer mir Stellen des ›Tasso‹ sangen!

Da hätte er allerdings auch an Hafis denken können, der in Persien stets ein höchst populärer Dichter war – und es in Iran bis heute ist.

Doch einmal muss ihn eine schöne Illusion von Nähe und Vertrauen beseelt haben, als er, wohl bereits im Dezember 1814, das Gedicht *Gute Nacht!* schrieb. Also sehr früh schon das Schlussgedicht nicht nur vom *Buch des Paradieses*, sondern des ganzen *Divan*, das anschließt an die sowohl im islamischen wie im christlichen Kontext bekannte, von Goethe in poetische Form gebrachte Siebenschläferlegende: Wo der treue Hund, der den langen, vom Erzengel Gabriel wunderbar behüteten Schlaf in der Felsenhöhle mitgeschlafen hatte, mit seinen »Herren« zusammen ins Paradies

Eingang findet. Das Gedicht hat die Form einer Widmung. Mehr noch eines Sich-Anbefehlens. Und obwohl Goethe das Wort »Volk« sonst eher vermied – hier schien es ihm einmal angemessen.

Doch er verlangt viel von »seinem Volke«. Nicht nur eine geistige Beweglichkeit zwischen Ost und West, Erde und Himmel. Er verlangt auch den Sinn für eine »liebliche Verschlingung« von »Scherz und Ernst«, für den heiteren Kontrast zwischen den »Heroen« und dem »Hündlein«, und dass der Dichter nicht zögert, sich zu den Siebenschläfern als glücklicher Achter zu gesellen: Als Neunter vielmehr, denn der Achte ist ja »Das Hündlein das den Siebenschlaf / So treulich mitgeschlafen«, wie es im Gedicht *Begünstigte Tiere* heißt. Um in solcher Gesellschaft ein herrlich weltoffenes Paradies zu »durchschreiten« – »im Genusse«. Das Zentralwort des ganzen *Divan* – hier erscheint es noch einmal, irdische und himmlische Sphäre verbindend. Und ein Zeichen dafür, dass im Lebensgenuss das Paradies nie sehr weit weg war.

Nun so legt euch liebe Lieder
An den Busen meinem Volke
Und in einer Moschus-Wolke
Hüte Gabriel die Glieder
Des Ermüdeten gefällig;
Dass er frisch und wohlerhalten,
Froh wie immer, gern gesellig,
Möge Felsenklüfte spalten,
Um des Paradieses Weiten,
Mit Heroen aller Zeiten,
Im Genusse zu durchschreiten;
Wo das Schöne, stets das Neue,
Immer wächst nach allen Seiten,
Dass die Unzahl sich erfreue.
Ja, das Hündlein gar, das treue,
Darf die Herren hinbegleiten.

Goethes Reisekutsche, heute noch zu sehen in Weimar, im Hof seines ehemaligen Wohnhauses am Frauenplan

Marianne von Willemer (zu diesem Zeitpunkt allerdings noch Marianne Jung). Pastellbild von Johann Jacob de Lose, 1809

Johann Jakob Willemer. Miniatur von Joseph Nicolaus Peroux, 1793

Johann Wolfgang Goethe. Ölgemälde von Carl Joseph Raabe, 1814

Johann Wolfgang Goethe. Pastellzeichnung von Louise Seidler, 1812

Blick auf Frankfurt von der Gerbermühle aus. Federzeichnung von Rosette Städel, geb. Willemer. Mit Versen Goethes, die an seinen dort gefeierten Geburtstag im August 1815 erinnern.

Die Gerbermühle mit Goethe, Boisserée und Marianne als Suleika, Laute spielend, mit Wiedehopf. Scherzzeichnung von Sulpiz Boisserée für Marianne Willemers Stammbuch, 1817

Mariannes neapolitanische Gitarre

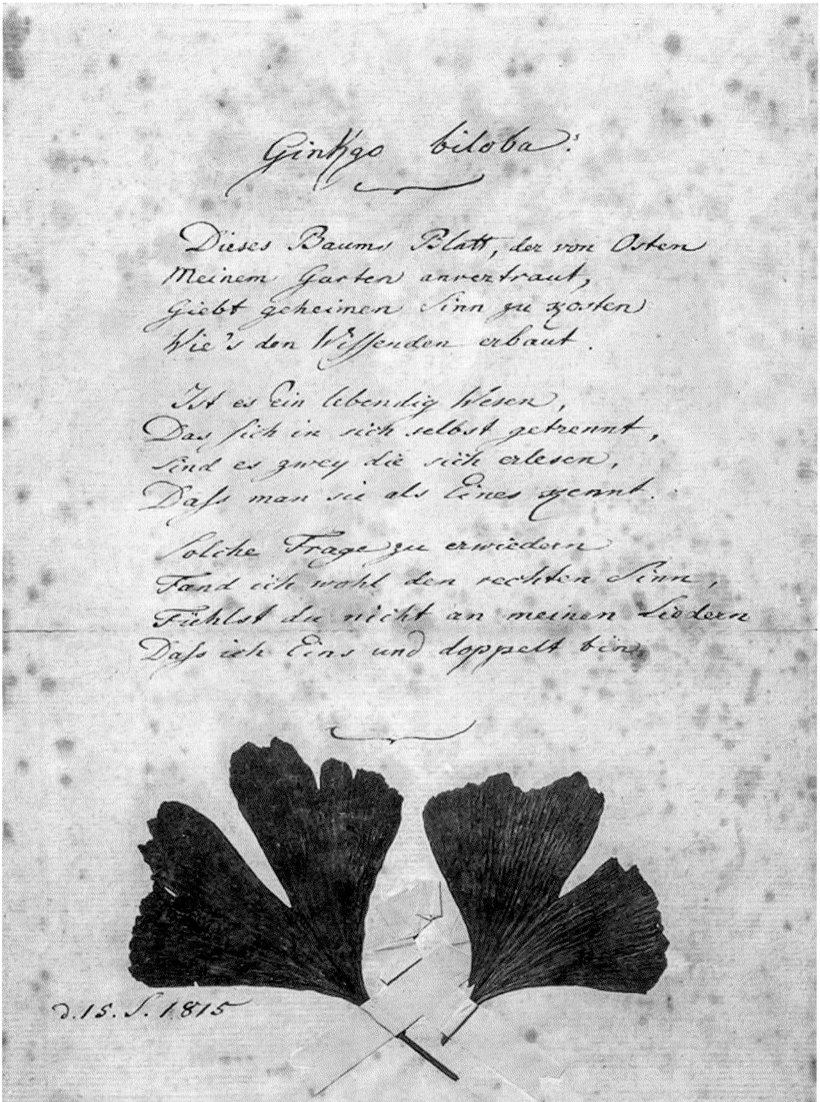

Ginkgo biloba.

Dieses Baums Blatt, der von Osten
Meinem Garten anvertraut,
Giebt geheimen Sinn zu kosten
Wie's den Wissenden erbaut.

Ist es Ein lebendig Wesen,
Das sich in sich selbst getrennt,
Sind es zwey die sich erlesen,
Dass man sie als Eines kennt.

Solche Frage zu erwiedern
Fand ich wohl den rechten Sinn,
Fühlst du nicht an meinen Liedern
Dass ich Eins und doppelt bin.

d. 15. S. 1815

Reinschrift Goethes mit aufgeklebten Ginkgo-Blättern

Anbetung der Könige. Mitteltafel von Rogier van der Weydens Dreikönigsaltar (»Der grosse van Eyck«), um 1455

Heidelberger Schlossterrasse, Tuschfederzeichnung von Goethe

Erstausgabe des *West-östlichen Divan*, 1819: Titelblatt mit farbigem Titelkupfer

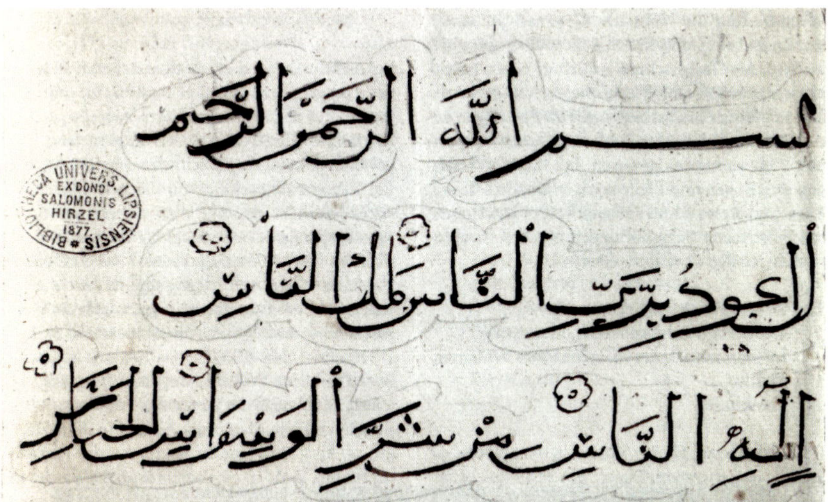

Eigenhändige Abschrift Goethes der 114. Sure des Korans in arabischer Schrift

Schachtel mit Wiedehopf (»Hudhud«).
Geschenk Goethes an Marianne

Schon die Umsetzung der Siebenschläferlegende macht deutlich, dass Goethes Beschäftigung mit dem Orient – seine »Orientalia«, wie es summarisch im Tagebuch heißt – längst über die spezielle mit Hafis' Dichtung hinausging. *Fundgruben des Orients:* so lautete der programmatische Titel einer von Joseph von Hammer, dem Hafis-Übersetzer, mit anderen Orientalisten zusammen herausgegebenen Zeitschrift. Goethe beschaffte sich alle bereits erschienenen Bände. Doch solche Fundgruben taten sich jetzt überall auf: in Reisebeschreibungen, Studien von Orientkennern, Übersetzungen aus dem Persischen. Und in seinen eigenen *Divan*-Gedichten gab es einen sich zunehmend weitenden Raum, in dem all das Gelesene fruchtbar werden konnte.

Das geschah mitunter erstaunlich direkt. So ist das am 11. Dezember bei einem Aufenthalt in Jena entstandene Gedicht *Der Winter und Timur* die teilweise wörtliche poetische Umschrift eines Textes, den er in William Jones' *Poeseos Asiaticae commentarium libri sex* fand. Ein Werk, das er sich am 8. Dezember aus der Weimarer Hofbibliothek – wo es bereits eine ansehnliche Orientliteratur gab, auch ein paar kalligraphische Kostbarkeiten in arabischer Schrift – ausgeliehen hatte. Dabei war Jones' lateinischer Text seinerseits die Umschrift einer Passage aus der berühmten arabischen Timur-Biographie von Ibn 'Arabšah (1392–1450).

Nun muss der Mongolenfürst und Gewaltherrscher Timur Leng (1336–1405), der in grausamen, unendlich verlustreichen Feldzügen ganz Mittelasien bis weit nach Russland und Arabien eroberte, bis er schließlich bei einem großen Winterfeldzug nach China starb, zu Goethes Zeit eine bekannte Figur gewesen sein. Der Dichter konnte also damit rechnen, dass der Name in gebildeten Kreisen ein geläufiger war. Auch pflegte man in gewaltig großen Bögen den historischen Vergleich zu Napoleons gescheitertem Russlandfeldzug im Jahr 1812/13 zu ziehen. Und Goethe scheint bei der Lektüre von Jones' Werk plötzlich die Möglichkeit aufgegangen zu sein, über die Figur Timurs, dessen Tyrannei Hafis' Alter überschattete, einen aktuellen politischen Bezug und gleichzeitig einen historischen in den *Divan* hineinzubringen.

Zumal ihn auch beeindruckt haben dürfte, wie Joseph von Hammer im Vorwort seiner Hafis-Übersetzung den Kontrast zwischen Hafis' stürmischem Jahrhundert und seiner davon gänzlich unberührten Poesie herausstreicht:

> Dynastien, die sich hassten und bekämpften, eine auf den Trümmern der andern sich erhoben, und dann wieder über einander stürzten, unterhielten immerfort den Brand des Krieges, bis dass durch Timurs alles verheerenden Eroberungsbrand ganz Asien aufflammte, eine weite schreckliche Feuersbrunst. [...] Die Gräuel politischer Stürme, welche damals den Orient erschütterten, bilden einen merkwürdigen Kontrast mit der ungetrübten Heiterkeit des Dichters, der, während rund um ihn her Reiche zusammenstürzten, und Usurpatoren donnernd empor schossen, mit ungestörtem Frohsinn von Nachtigall und Rosen, von Wein und Liebe sang.

Tatsächlich ist *Der Winter und Timur* das finsterste Gedicht des ganzen *West-östlichen Divan*. Tod und Eiseskälte beherrschen es ganz. Von Liebe nicht die geringste Spur. Dass Goethe es mitten im Winter schrieb, wundert nicht. Hier konnte er einmal mit der ihm so verhassten Jahreszeit gehörig abrechnen. Ob aber auch mit Napoleon und dessen unersättlicher Kriegslust?

Offenbar. Denn wenn Goethe Napoleon, unter dessen Regie er sich womöglich sogar ein vereintes Europa hätte vorstellen können, etwas vorwarf, so war es seine Unfähigkeit zum Frieden. Etwas Furchterregendes, das er offenbar auf das zurückführte, was er das »Dämonische« nennt: ein Phänomen, das Goethe interessierte. Im 20. Buch von *Dichtung und Wahrheit* sieht er darin geradezu eine die »moralische Weltordnung durchkreuzende Macht, so dass man die eine für den Zettel, die andere für den Einschlag könnte gelten lassen«. Dergestalt verwebt erscheint das Dämonische denn auch in der Natur und, mehr oder weniger, in jedem Menschen. Und da kann es sich auch durchaus positiv als Energie, als »Tatkraft« äußern, die Ungewöhnliches zustande bringt.

Doch wo es nicht im Gleichgewicht steht mit anderen Kräften und vom Sittlichen gezügelt ist, wird es zerstörerisch:

> Am furchtbarsten aber erscheint dieses Dämonische, wenn es in irgendeinem Menschen überwiegend hervortritt. Während meines Lebensganges habe ich mehrere teils in der Nähe, teils in der Ferne beobachten können. Es sind nicht immer die vorzüglichsten Menschen, weder an Geist noch an Talent, selten durch Herzensgüte sich empfehlend; aber eine ungeheure Kraft geht von ihnen aus, und sie üben eine unglaubliche Gewalt über alle Geschöpfe, ja sogar über die Elemente, und wer kann sagen, wie weit sich eine solche Wirkung erstrecken wird? Alle vereinten sittlichen Kräfte vermögen nichts gegen sie; vergebens, dass der hellere Teil der Menschen sie als Betrogene oder Betrüger verdächtig machen will, die Masse wird von ihnen angezogen. Selten oder nie finden sich Gleichzeitige ihresgleichen, und sie sind durch nichts zu überwinden, als durch das Universum selbst, mit dem sie den Kampf begonnen.

Mochte Goethe vom Phänomen des Dämonischen in gewisser Weise auch fasziniert sein – der Friede war ihm denn doch jederzeit das Wichtigste: höchstes Ziel menschlichen Zusammenlebens. Man denke an das Gedicht *Liebliches* und die dort von neuem blühenden Blumenfelder. So ist *Der Winter und Timur* eben doch eine Abrechnung nicht nur mit dem Krieg generell, sondern auch mit Napoleon. Was Sulpiz Boisserée, nach einem Vorlesen des Gedichts am 8. August 1815, im Tagebuch lakonisch vermerkt: »Timurs Winter-Feldzug – Parallel-Stück zu Napoleons Moskowitischem Feldzug.«

> So umgab sie nun der Winter
> Mit gewalt'gem Grimme. Streuend
> Seinen Eishauch zwischen alle,

Hetzt er die verschiednen Winde
Widerwärtig auf sie ein.
Über sie gab er Gewaltkraft
Seinen frostgespitzten Stürmen,
Stieg in Timurs Rat hernieder,
Schrie ihn drohend an und sprach so:
Leise, langsam, Unglück'selger!
Wandle du Tyrann des Unrechts;
Sollen länger noch die Herzen
Sengen, brennen deinen Flammen?
Bist du der verdammten Geister
Einer, wohl! ich bin der andre.
Du bist Greis, ich auch, erstarren
Machen wir so Land als Menschen.
Mars! Du bist's! ich bin Saturnus,
Übeltätige Gestirne,
Im Verein die Schrecklichsten.
Tödest du die Seele, kältest
Du den Luftkreis; meine Lüfte
Sind noch kälter als du sein kannst.
Quälen deine wilden Heere
Gläubige mit tausend Martern;
Wohl, in meinen Tagen soll sich,
Geb es Gott! was Schlimmres finden.
Und bei Gott! Dir schenk' ich nichts
Hör' es Gott was ich dir biete!
Ja bei Gott! von Todeskälte
Nicht, o Greis, verteidgen soll dich
Breite Kohlenglut vom Herde
Keine Flamme des Dezembers.

Hier ist es denn wieder: das Erstarren. Grausige Gegenmacht zu allem Lebendigen.

Doch, als ob Goethe es hierbei nicht ausgehalten hätte, entsteht vier Tage später, am 15./16. Dezember, ebenfalls in Jena, ein polar entgegengesetztes Gedicht, das vielleicht leichteste, zauberhafteste des ganzen *Divan* mit dem Titel *Sommernacht.* Schluss und Höhepunkt des späteren *Schenkenbuchs.* Es ist das zärtliche Verhältnis zwischen dem alten, viel wissenden, mit der Natur und ihren Phänomenen innig verbundenen Dichter und dem schülerhaft beflissenen, doch schon etwas verschlafen das Gelernte nachsprechenden, kindlichen Schenken, bei dem Goethe den Sohn des Orientalisten Paulus in Heidelberg vor Augen gehabt haben mochte. Und es ist möglich, dass auch das lang andauernde »Glänzen« im Westen eine Reminiszenz ist an jenen in Heidelberg am 25. September mit Boisserée zusammen erlebten »Schein hinter den Vogesen«, der »glühte bis tief in die Nacht«.

Allerdings ist die Jahreszeit im Gedicht eine andere: eine Frühsommernacht – das meint die »Zeit der Flora«. Es ist jener magische Moment der Sommersonnenwende, wo es nur flüchtig Nacht wird und dem Abendschein und -stern im Westen bald schon die Morgenröte im Osten folgt. Wo der Garten duftet wie nie sonst, und wo die Nachtigall die ganze Nacht singt. In Deutschland zu Goethes Zeit noch genauso wie zu Lebzeiten Hafis' in Schiras. Nur sang sie dort als Bulbul: so der arabisch-persische Name. Hier und dort aber ist sie, wenn sie singt, Inbegriff der Poesie, und die Liebenden begleitet sie gern.

Ob Goethe im Mai 1815, bei seinem zweiten Aufenthalt in Wiesbaden, das Gedicht noch einmal etwas überarbeitete, ist nicht ganz gewiss. Möglich wäre es. Denn Anfang Juni schreibt er an seinen Sohn August: »Die Rosen blühen vollkommen, die Nachtigallen singen wie man nur wünscht und so ist es keine Kunst sich nach Schiras zu versetzen.«

Doch am 15./16. Dezember 1814 gelang ihm dies auch in Jena, mitten im Winter – dieses Mal ganz ohne die entsprechende »Gelegenheit«. Mitten im Winter ein so berückender Vers wie dieser: »Einer sitzt wohl auch gestängelt / Auf den Ästen der Zypresse, / Wo der laue Wind ihn gängelt / Bis zu Taues luft'ger Nässe.« Und es muss ihm eine Lust gewesen sein nach dem bitterbösen *Timur*-Gedicht, das aus einem einzigen Fluch des monologisierenden Winters besteht, nun dieses lieblichste aller Zwiegespräche einer gottbeseelten Sommernatur zu entlocken. Auch scheint er mit diesem Gedicht im Orient wirklich angekommen zu sein.

Dass ohne die Erläuterungen eines Kommentars dem Leser manches merkwürdig oder rätselhaft bleibt – was ist des »Nordgestirnes Zwillings-Wendung«, was heißt »gestängelt«, was heißt »kauzen«, was heißt »betagen«, was hat es mit der »Strohwitwe« Aurora und dem von ihr mit einem »Liebe-Schnaufen« verfolgten Hesperus (dem Abendstern) auf sich?, – tut im Grunde nichts zur Sache. Und wissen muss man auch nicht, welche Anregungen aus Goethes Beschäftigung mit all den »Orientalia« in das Gedicht eingeflossen sind. Denn gerade aus dem leicht Merkwürdigen, Fremdartigen, daraus, dass der kindliche Schenke das Entfernteste im All, den Sternenreigen, und das Nächste im sommerlichen Garten, die schlafenden Vögel, zusammendenkt und überdies der Dichter mit einem griechischen Mythos aufwartet, entsteht ein unbegrenzter, dem Alltagsverstand und auch der Geschichte entzogener Raum: in dem alles Einzelne aufgeht in luftiger, zart ironischer Weltpoesie.

DICHTER

Niedergangen ist die Sonne,
Doch im Westen glänzt es immer,
Wissen möcht' ich wohl, wie lange
Dauert noch der goldne Schimmer?

SCHENKE

Willst du, Herr, so will ich bleiben,
Warten außer diesen Zelten,
Ist die Nacht des Schimmers Herrin,
Komm' ich gleich es dir zu melden.

Denn ich weiß du liebst das Droben,
Das Unendliche zu schauen,
Wenn sie sich einander loben
Jene Feuer in dem Blauen.

Und das hellste will nur sagen:
Jetzo glänz' ich meiner Stelle,
Wollte Gott euch mehr betagen,
Glänztet ihr wie ich so helle.

Denn vor Gott ist alles herrlich,
Eben weil er ist der beste,
Und so schläft nun aller Vogel
In dem groß und kleinen Neste.

Einer sitzt wohl auch gestängelt
Auf den Ästen der Zypresse,
Wo der laue Wind ihn gängelt
Bis zu Taues luft'ger Nässe.

Solches hast du mich gelehret,
Oder etwas auch dergleichen,
Was ich je dir abgehöret
Wird dem Herzen nicht entweichen.

Eule will ich, deinetwegen,
Kauzen hier auf der Terrasse,
Bis ich erst des Nordgestirnes
Zwillings-Wendung wohl erpasse.

Und da wird es Mitternacht sein,
Wo du oft zu früh ermunterst,
Und dann wird es eine Pracht sein,
Wenn das All mit mir bewunderst.

Zwar in diesem Duft und Garten
Tönet Bulbul ganze Nächte
Doch du könntest lange warten
Bis die Nacht so viel vermöchte.

Denn in dieser Zeit der Flora.
Wie das Griechen-Volk sie nennet,
Die Strohwitwe, die Aurora
Ist in Hesperus entbrennet.

Sieh dich um! sie kommt! wie schnelle!
Über Blumenfelds Gelänge! –
Hüben hell und drüben helle,
Ja die Nacht kommt ins Gedränge.

Und auf roten leichten Sohlen,
Ihn, der mit der Sonn' entlaufen,
Eilt sie irrig einzuholen;
Fühlst du nicht ein Liebe-Schnaufen?

Geh nur, lieblichster der Söhne,
Tief ins Innre schließ die Türen;
Denn sie möchte deine Schöne
Als den Hesperus entführen.

Raum einer Poesie

Dass der »alte Heidenkönig« bei seinem Besuch in Heidelberg wirklich zum »deutschen Christkind« bekehrt wurde, wie Sulpiz Boisserée so triumphierend schrieb, darf man bezweifeln. Zwar hatte ihn, das ist keine Frage, diese religiöse Kunst und namentlich das Altarbild Jan van Eycks (Rogier van der Weydens) *Die Anbetung der*

Könige tief beeindruckt: Scheinbar konnte er stundenlang schweigend davor sitzen. Doch was das Christliche – in einem engeren, kirchlichen Sinn – und insbesondere das »Deutsche« betrifft, bleibt Goethe unberechenbar. Denn ausgerechnet an Heiligabend schreibt er jenes programmatische Gedicht, das später den *West-östlichen Divan* einleiten wird. Es ist das Gedicht mit dem Titel *Hegire* – Flucht.

Nord und West und Süd zersplittern,
Throne bersten, Reiche zittern,
Flüchte du, im reinen Osten
Patriarchenluft zu kosten,
Unter Lieben, Trinken, Singen,
Soll dich Chisers Quell verjüngen.

Dort, im Reinen und im Rechten,
Will ich menschlichen Geschlechten
In des Ursprungs Tiefe dringen,
Wo sie noch von Gott empfingen
Himmelslehr' in Erdesprachen,
Und sich nicht den Kopf zerbrachen.

Wo sie Väter hoch verehrten,
Jeden fremden Dienst verwehrten;
Will mich freun der Jugendschranke:
Glaube weit, eng der Gedanke,
Wie das Wort so wichtig dort war,
Weil es ein gesprochen Wort war.

Will mich unter Hirten mischen,
An Oasen mich erfrischen,
Wenn mit Karawanen wandle,
Schal, Kaffee und Moschus handle.
Jeden Pfad will ich betreten
Von der Wüste zu den Städten.

Bösen Feldweg auf und nieder
Trösten Hafis deine Lieder,
Wenn der Führer mit Entzücken,
Von des Maultiers hohem Rücken,
Singt die Sterne zu erwecken,
Und die Räuber zu erschrecken.

Will in Bädern und in Schenken
Heil'ger Hafis dein gedenken,
Wenn den Schleier Liebchen lüftet,
Schüttelnd Ambralocken düftet.
Ja des Dichters Liebeflüstern
Mache selbst die Huris lüstern.

Wolltet ihr ihm dies beneiden,
Oder etwa gar verleiden;
Wisset nur, dass Dichterworte
Um des Paradieses Pforte
Immer leise klopfend schweben,
Sich erbittend ew'ges Leben.

Gleich in der ersten Strophe und auf engstem Raum wird hier benannt, was den Dichter veranlasst, aus seiner Gegenwart zu flüchten. Es ist die im Grunde noch immer anhaltende, Goethe so verhasste Revolution, das Zusammenstürzen gewachsener Ordnungen, die Napoleon durch seine Herrschaft letztlich nicht gebannt, sondern durch seine Eroberungsfeldzüge und schließlich durch sein Scheitern ins weltgeschichtlich Große gesteigert hatte.

Doch wenn man daran denkt, in was für einer unruhigen, von Timurs Gewaltherrschaft überschatteten Zeit Hafis gelebt hatte, so konnte Goethe mit seiner »Flucht« jedenfalls nicht jene historische Welt im Sinn haben. Eher scheint er sich, da von »Gedenken« die Rede ist, eine unbestimmte Zeit nach Hafis' Tod vorzustellen, in der seine Lieder aber so populär sind, das jeder Karawanenführer sie kennt. Während mit des »Ursprungs Tiefe« offensichtlich an eine Epoche lang vor Hafis gedacht ist. Was Goethe mit der poetischen Formel eines »reinen Ostens« entwirft, ist also kein real existierender Ort, weder historisch, noch topographisch, sondern eine – allerdings aus Realien zusammenkomponierte – »ideelle Welt«, wie er in den Annalen schreibt. Eine Welt, in die alles einfloss, was ihm an Orientalischem im Lauf seines Lebens anregend begegnet war, etwa auch die vorislamische arabische Beduinendichtung der Moallakat, die er aus dem Englischen nachübersetzt hatte. Was aus dieser bis dahin keineswegs systematisch erarbeiteten Orientkenntnis entstand, die nun aber zunehmend reicher, auch konkreter wurde und sich von geschichtlichen Ereignissen, den literarischen Epochen, den »religiösen Gesinnungen, Sitten und Gebräuchen« bis auf die Gesteinskunde ausdehnte, war eine Sehnsuchtswelt: »Meine Sehnsucht in diese Regionen ist unaussprechlich«, so im Dezember 1815 in einem Brief an Boisserée.

Nun war auch Italien einst eine solche Sehnsuchtswelt gewesen. Doch mit der Italienreise hatte sie sich in eine ruhig erlebte verwandelt. Wie froh Goethe über diese Verwandlung war, schreibt er bei seiner Einfahrt in die Lagune von Venedig:

> So ist denn auch, Gott sei Dank, Venedig mir kein bloßes Wort mehr, kein hohler Name, der mich so oft, mich, den Todfeind von Wortschällen, geängstigt hat.

Solche »Wortschälle« scheinen ihn in Bezug auf die orientalische Szenerie allerdings nicht geängstigt zu haben. Im Gegenteil. Ohne die Lust an ihnen und dem, was sie in der Vorstellung an Bildern auslösen, wären weder das Gedicht *Hegire* noch der *West-östliche Divan* als Ganzes, noch jede Menge anderer Dichtung entstanden, die gerade vom Zauber der Namen, der Bilder, der Anspielungen lebt. So lässt sich denn vom schriftstellerischen Ansatz her fast kein größerer Gegensatz als der zwischen Goethes *Italienischer Reise* und seiner poetischen Orientreise im *West-östlichen Divan* denken.

Erstere beginnt mit einer genauen Orts- und Zeitangabe: »Den 3. September 1786. Früh drei Uhr stahl ich mich aus Karlsbad, weil man mich sonst nicht fortgelassen hätte. [...] Ich warf mich ganz allein, nur einen Mantelsack und Dachsranzen aufpackend, in eine Postchaise und gelangte halb acht Uhr nach Zwota, an einem schönen stillen Nebelmorgen.« Letztere dagegen setzt mit einer enthusiastischen Vision einer besseren Welt ein, wie sie tatsächlich fast nur ein Flüchtling haben kann: »Flüchte du im reinen Osten Patriarchenluft zu kosten.« »Paradieses Luft« hieß es sogar noch in der ersten Fassung.

Dort der Widerstand der Wirklichkeit, Meilen, die überwunden werden mussten, Kutschenstunde für Kutschenstunde, zuletzt, als die »Hauptstadt der Welt« endlich in Reichweite kam, mit wachsender Ungeduld. Hier eine grenzenlose Beweglichkeit, ein ungehindertes Schweifen durch Zeit und Raum, mit dem fliegenden Teppich der Imagination. Was für Goethes Credo von der »gutmütigen, ins Reale verliebten Beschränktheit« des Dichters denn doch nicht ganz unproblematisch sein konnte.

Brauchte er also womöglich den Realismus seiner *Italienischen Reise* und seine Arbeit daran, diesen »Grund und Boden« der »Wirklichkeit«, um mit dem *West-östlichen Divan* umso poetischer abheben – oder reisen – zu können? Die Vermutung liegt mindestens nahe, da sich beide Werke so auffallend parallel entwickelten.

Und wenn Goethe in einem späteren *Divan*-Gedicht, das er allerdings nicht in die Sammlung aufnahm, den Zweifel, ob er sich als deutscher Dichter denn tatsächlich mit Hafis messen könne (»Hafis dir sich gleich zu stellen, / Welch ein Wahn!«), am Ende damit beruhigt, dass er immerhin auch einmal im »sonnenhellen Land gelebt, geliebt« habe, so zeigt dieses eigentlich nicht logische Argument, wie eng in Goethes Empfindung die *Italienische Reise* und die *Divan*-Welt verbunden waren. Und wie sehr er die Italienerfahrung als eine Art »Feuerprobe« empfand, die ihn befähigte, der orientalischen Glut von Hafis' Poesie standzuhalten. Und es ist ganz interessant, zu wissen, dass Goethe im Frühling 1787 auch deshalb unbedingt noch nach Sizilien reisen wollte, weil es ihm wichtig war, einmal auf dem Punkt zu stehen, wo seiner Ansicht nach die Radien von Asien und Afrika zusammenliefen. So heißt es in einem Brief aus Neapel vom 26. März:

> Für meine Sinnesart ist diese Reise heilsam, ja notwendig. Sizilien deutet mir nach Asien und Afrika, und auf dem wundersamen Punkte, wohin so viele Radien der Weltgeschichte gerichtet sind, selbst zu stehen, ist keine Kleinigkeit.

Was aber meint denn dieser »reine Osten«, der doch im Gedicht als ein ganz gemischter erscheint, da er die Anfänge der Religion, Patriarchen und Propheten ebenso umfasst wie die Hirtenstämme des Alten Testaments und die nomadisierenden der arabischen Beduinen, die orientalische Handelskultur der Karawanen genauso wie Hafis' persische Stadtkultur mit ihren »Bädern« und »Schenken«? Um die Frage zu beantworten, sollte man vielleicht erst einmal zurückblenden in Goethes Kindheit, wo eine solche östliche Gegenwelt bereits eine bedeutende Rolle spielte. Damals jedoch verband sie sich noch ausschließlich mit den Geschichten des Alten Testaments. Goethe erzählt davon im 4. Buch von *Dichtung und Wahrheit*.

> Vielleicht möchte jemand fragen, warum ich diese allgemein bekannten, so oft wiederholten und ausgelegten Geschichten hier abermals umständlich vortrage. Diesem dürfte zur Antwort dienen, dass ich auf keine andere Weise darzustellen wüsste, wie ich bei meinem zerstreuten Leben, bei meinem zerstückelten Lernen dennoch meinen Geist, meine Gefühle auf einen Punkt zu einer stillen Wirkung versammelte; weil ich auf keine andere Weise den Frieden zu schildern vermöchte, der mich umgab, wenn es draußen noch so wild und wunderlich herging. Wenn eine stets geschäftige Einbildungskraft [...] mich bald da- bald dorthin führte, wenn das Gemisch von Fabel und Geschichte, Mythologie und Religion mich zu verwirren drohte, so flüchtete ich gern nach jenen morgenländischen Gegenden, ich versenkte

> mich in die ersten Bücher Mosis und fand mich dort unter den ausgebreiteten Hirtenstämmen zugleich in der größten Einsamkeit und in der größten Gesellschaft.

Etwas von dem »Frieden«, den das Kind bei seinen biblischen Orientreisen erfuhr, etwas von jener wohltätigen Konzentration der Einbildungskraft auf einen auch zeitlich weit entfernten, kulturgeschichtlich jedoch bedeutsamen Raum erlebte Goethe ganz offensichtlich auch in dieser sehr viel späteren Epoche seines Lebens, als ihm Hafis diese »morgenländischen Gegenden« noch einmal neu erschloss. Während es »draußen« ebenfalls »wild und wunderlich« herging. Und die Kindheitserfahrung bleibt in dieser »Flucht« des Fünfundsechzigjährigen denn auch als leuchtende Erinnerung enthalten. Gleich das Wort »Patriarchenluft«, das zu dem so eindeutig auf Hafis' Dichtung zielenden »Lieben, Trinken, Singen« im Grunde gar nicht passt – die »Paradieses Luft« der ersten Fassung wäre an dieser Stelle tatsächlich passender gewesen – macht deutlich, wie sehr für Goethe die früh gesuchte Welt des Alten Testaments in der Vorstellung eines »reinen Ostens« eingeschlossen war.

Von diesem »jugendlichen Palästina« spricht er auch in einem Brief an Christian Schlosser vom 23. Januar 1815:

> Was mich aber jetzo beinahe ausschließlich beschäftigt, gesteh ich Ihnen am liebsten, da ich dabei mit Freude Ihrer gedenken kann. Ich habe mich nämlich, mit aller Gewalt und allem Vermögen, nach dem Orient geworfen, dem Lande des Glaubens, der Offenbarungen, der Weissagungen und Verheißungen. [...]
>
> Ich habe mich gleich in Gesellschaft der persischen Dichter begeben, ihren Scherz und Ernst nachgebildet. Schiras, als den poetischen Mittelpunkt, habe ich mir zum Aufenthalte gewählt, von da ich meine Streifzüge, (nach Art jener kleinen Dynasten, nur unschuldiger wie sie) nach allen Seiten ausdehne.
>
> China und Japan hatte ich vor einem Jahre fleißig durchreist, und mich mit jenem Riesenstaat ziemlich bekannt gemacht.

Nun will ich mich innerhalb der Grenzlinie der Eroberungen Timurs halten, weil ich dadurch an einem abermaligen Besuch im jugendlichen Palästina nicht gehindert werde.

Wenig fehlt, dass ich noch arabisch lerne, wenigstens soviel will ich mich in den Schreibzügen üben, dass ich Amulette, Talismane, Abraxas und Siegel in der Urschrift nachbilden kann.

In keiner Sprache ist vielleicht Geist, Wort und Schrift so uranfänglich zusammengekörpert.

Um ein »Uranfängliches« aber geht es bei diesem »reinen Osten«, der dann noch einmal deutlicher als ein »Reines und Rechtes« bezeichnet ist, ganz grundsätzlich. Und zwar durchaus in einem religiösen Sinn, wenn Goethe vom »Lande des Glaubens, der Offenbarungen, der Weissagungen und Verheißungen« spricht. Doch dazu tritt als machtvolles poetisches Pendant die »Gesellschaft der persischen Dichter«.

Und so verbindet sich in dem Gedicht *Hegire* die Suche nach einer poetischen »Verjüngung« des deutschen Dichters in der persischen Dichtkunst – denn für diese steht »Chisers Quell«, da auch Hafis von der persischen Legendenfigur Chiser, der den Quell des Lebens hütet, seine Dichtergabe empfangen haben will – mit einer genauso ernstzunehmenden religiösen Sehnsucht: nach einer noch nicht von Rationalismus und Intellektualismus einer Spätzeit zergliederten ursprünglichen »Himmelslehr in Erdesprachen«. Nach einem »reinen und rechten« Anfang, nach einem Ursprungsmoment (aber keinem deutsch-christlichen, insofern ist auch dies eine dezidierte Gegenposition gegen die Romantik), in dem das Gespräch zwischen Gott und Menschen noch ein direktes war.

Welche »Himmelslehr« er meint, sagt Goethe, sicher mit Absicht, nicht genau. Es können die Bücher Moses des Alten Testaments ebenso gemeint sein wie der Koran oder die Evangelien des Neuen Testaments. Oder auch speziell, warum nicht, da es sich ja doch gewissermaßen um ein »Weihnachtsgedicht« handelt: die Verkündigung des Engels in jener Nacht, wo, nach dem Evangelisten Lukas (und nach Luthers Übersetzung), die »Klarheit des Herrn« um die erschrockenen Hirten »leuchtete«. Goethe hat das christliche Weihnachtsfest, da ihm Christus stets eine wichtige Gestalt war, bestimmt ernst genommen – als die Enkel dann größer wurden mit der speziellen Freude eines Großvaters. Während er als Dichter des *Divan* auch daran dachte, »ehrfurchtsvoll jene heilige Nacht zu feiern, wo der Koran vollständig dem Propheten von obenher gebracht ward«. So in den *Noten und Abhandlungen*.

Doch abgesehen von diesem religiös konnotierten »Reinen und Rechten« wird man in diesem »reinen Osten« auch einen von der europäischen Tagespolitik dezidiert befreiten Raum sehen dürfen. Dass es gleichzeitig einer ist, der Goethe zwar mit Namen, Erzählungen, Berichten, Beschreibungen und zumeist imaginativen Bildern durchaus konkreter präsent war, jedoch frei von empirischer Erfahrung, macht ihn wohl ebenfalls zu einem »reinen«: nämlich poetisch ungebundenen.

Denn alles in dem Gedicht – das so oft wiederholte Wörtchen »will« macht es überdeutlich – ist ja Vorstellung, ist noch ersehntes Ziel einer erst propagierten »Flucht«. Und so darf der Sprecher des Gedichts denn auch ohne weiteres mit Versatzstücken arbeiten. Darf wie ein pubertierender Abenteurer von der Wüste, von Oasen, Karawanen, Bädern, Schenken fabulieren. Und nicht zuletzt sich auch noch ein erotisches Abenteuer ausdenken: »Wenn den Schleier Liebchen lüftet, / Schüttelnd Ambralocken düftet.« Doch dann treibt ihn der Übermut noch zu einer besonders pikanten Vorstellung: »Ja des Dichters Liebeflüstern / Mache selbst die Huris lüstern.« Zur Erläuterung: Die »Huris« sind die schwarzäugigen, dem Moslem versprochenen paradiesischen Jungfrauen.

In diesem Augenblick aber scheinen dem Dichter nun doch leise Bedenken zu kommen. Nicht etwa im Gefühl, zu weit gegangen zu sein. Sondern weil er sich das indignierte Stirnrunzeln seiner Landsleute schon vorstellen kann. Im Gedanken an sie ist die letzte Strophe zugleich hochfahrend und zart fromm gesprochen:

Wolltet ihr ihm dies beneiden,
Oder etwa gar verleiden;
Wisset nur, dass Dichterworte
Um des Paradieses Pforte
Immer leise klopfend schweben,
Sich erbittend ew'ges Leben.

So endet das Gedicht *Hegire*, das mit einer poetischen Verjüngung und sehr irdisch mit »Lieben, Trinken, Singen« beginnt, an des »Paradieses Pforte«. Und hier erkennt man auch, was Goethe an dieser orientalischen Poesie und speziell auch an Hafis besonders angezogen haben muss. Es ist das selbstverständliche Pulsieren zwischen einer unbedenklichen Hingabe ans Irdische, an die Natur wie an die farbige Breite des täglichen Lebens, und dem heiteren Bewusstsein einer himmlischen, einer paradiesischen Welt, an welche die Dichtkunst auf ihre zugleich sinnliche und spirituelle Weise heranreicht. So wie sie auch an die Sterne reicht, an das »Sternenall«, mit dem sie sich innig verbunden weiß.

Diesen weitesten und lustvoll genutzten poetischen Spielraum lernte Goethe hier erst kennen. Und nutzte ihn sogleich selbst. Nicht nur in einzelnen Gedichten. Auch in der Komposition des ganzen *Divan*, der mit dem *Buch des Sängers* beginnt und mit dem *Buch des Paradieses* endet. In das der Dichter mit dem letzten Gedicht *Gute Nacht!* dann auch tatsächlich Eingang findet. So bereitet das Eingangsgedicht *Hegire* mit des »Paradieses Pforten« schon auf den Schluss des *Divan* vor.

Dass Goethe dieses Schweben »zwischen Oben, zwischen Unten«, wie es in dem späteren Gedicht »Schwebender Genius über der Erdkugel« heißt, so zusagte, mochte mit seinem Alter zu tun haben. Jedenfalls redete er sich auf den »Großpapa« heraus, als er am 11. Mai 1820 – da war der *Divan* bereits erschienen und Goethe tatsächlich seit zwei Jahren Großvater – an Freund Zelter schrieb:

Indessen sammeln sich neue Gedichte zum ›Divan‹. Diese Mohammedanische Religion, Mythologie, Sitte geben Raum einer Poesie, wie sie meinen Jahren ziemt. Unbedingtes Ergeben in den unergründlichen Willen Gottes, heiterer Überblick des beweglichen, immer kreis- und spiralartig wiederkehrenden Erdetreibens, Liebe Neigung zwischen zwei Welten schwebend, alles Reale geläutert, sich symbolisch auflösend – Was will der Großpapa weiter?

Die Briefstelle hat immer wieder zu der Frage geführt, wie weit sich Goethe denn nun wirklich während seiner *Divan*-Zeit der »mohammedanischen Religion« angenähert habe. Mit Bestimmtheit lässt sie sich nicht beantworten, da seine Haltung dem Islam gegenüber in den *Noten und Abhandlungen* eine deutlich skeptischere ist als in den Gedichten, wo er öfter die Rolle eines Orientreisenden spielt, der sich den »Sitten und Gebräuchen« so weitgehend anpasst, dass er auch als ein mohammedanisch Gläubiger spricht. Sicher weiß man, was Goethe selbst zum Ausdruck gebracht hat: Für seinen Privatgebrauch fand er in dieser Religion, die er aus vielfältiger Lektüre, jedoch nicht als eine Alltagsreligion aus eigener Erfahrung kannte, einen herrlich atemreichen Raum für seine Poesie. Einen Raum, der ihm bei seiner Beschäftigung mit der heidnischen Antike jedenfalls nicht aufgegangen war, der sich ihm erst bei der Lektüre der persischen Dichter eröffnete und der ihn während der *Divan*-Jahre, so scheint es, schlicht glücklich machte.

Denn man darf nicht übersehen, dass dieses »Weltkind« oder »Natur-Kind«, wie Goethe sich selbst gern sah, noch eine andere Seite hatte. So heißt es in *Dichtung und Wahrheit* (unmittelbar nach jenen bekannten Versen, die auf der Rheinreise mit den beiden Theologen Lavater und Basedow im Jahr 1774 entstanden: »[…] Prophete rechts, Prophete links, / Das Weltkind in der Mitten.«): »Glücklicherweise hatte dieses Weltkind auch eine Seite, die nach dem Himmlischen deutete.«

Doch dieses »Himmlische« hatte sich Goethe immer schon auf seine eigene Weise zurechtlegen wollen. Und auch müssen. Zum einen, weil er seinem innersten Wesen nach so sehr auf die Natur ausgerichtet war. Die Natur hatte sich ihm in »ihrer Herrlichkeit« gezeigt, wie es in *Dichtung und Wahrheit* heißt. Davon kam er nicht mehr los, und dem Halbwüchsigen schien das »Wechselgespräch mit der Natur in unserem Busen« die schönste »Gottesverehrung«. Doch andrerseits war ihm die Bibel seit seiner Kindheit nahe. Das Alte Testament eher als ein Zufluchtsort für die kindliche Phantasie, das Neue mit der Gestalt und sittlichen Lehre Christi. Aber gerade da merkte er, dass er nirgendwo recht hineinpasste: Weder in die offizielle Kirche noch in die Brüdergemeinde, zu der er sich eine Zeit lang hingezogen fühlte.

Das begriff eine äußerst fromme und ebenso kluge Person aus seinem Umfeld sehr gut: die Pietistin Susanna Katharina von Klettenberg, eine Base und Freundin seiner Mutter. Im Kapitel *Bekenntnisse einer schönen Seele* in *Wilhelm Meisters Lehrjahren* hat Goethe ihr ein Denkmal gesetzt. »Fräulein von Klettenberg« wurde nach der Rückkehr des Studenten aus Leipzig und während der schwierigen Phase von Goethes Krankheit eine wichtige Begleiterin seiner spirituellen Entwicklung. Und diese in ihrem Glauben vollkommen sichere Gesprächspartnerin erschrak denn auch nicht, wenn er mit seinen unorthodoxen Ansichten herausrückte und etwa in Ludwig Arnolds *Kirchen- und Ketzergeschichte* gerade bei manchen Ketzern etwas mit seiner eigenen Empfindung Übereinstimmendes fand, das ihn stärkte. Oder wenn er ihr Missionsberichte vorlas, die sie gern hörte, doch anschließend die Meinung vertrat, man hätte besser getan, die Menschen in ihrem angestammten Zustand zu belassen, statt ihnen einen neuen Glauben aufzudrängen. Seine Versuche, sich eine streng christliche Gesinnung zuzulegen, fand sie aufgesetzt. Es war ihr lieber, wenn er sich auf sein eigenes Inneres und auf die Frömmigkeit, die er da fand, besann. »Sie blieb immer gleich freundlich und sanft, und schien meiner und meines Heils wegen nicht in der mindesten Sorge zu sein.« So Goethe in *Dichtung und Wahrheit*, wo er auch von seiner »überfreien Gesinnung« spricht.

Eine Freiheit, die Johann Kaspar Lavater, der Zürcher Theologe, den Goethe seines reinen christlichen Glaubens wegen zunächst sehr liebte, nicht gelten lassen konnte und in immer neuen Anläufen auf das, was er selbst als das Seligmachende empfand, einzuschränken trachtete. Weshalb es denn auch zum Bruch kam, als Goethe die Bekehrungsversuche zu lästig wurden. So schrieb er am 26. April 1774 an Lavater und an Johann Konrad Pfenninger:

> Und dass du mich immer mit Zeugnissen packen willst! Wozu die? Brauch ich Zeugnis dass ich bin? Zeugnis dass ich fühle? – Nur so schätz, lieb, bet ich die Zeugnisse an, die mir darlegen, wie tausende oder einer vor mir eben das gefühlt haben, das mich kräftiget und stärket.
>
> Und so ist das Wort der Menschen mir Wort Gottes es mögen's Pfaffen oder Huren gesammelt und zum Kanon gerollt oder als Fragmente hingestreut haben. Und mit inniger Seele fall ich dem Bruder um den Hals Moses! Prophet! Evangelist! Apostel, Spinoza oder Machiavell. Darf aber auch zu jedem sagen, lieber Freund geht dir's doch wie mir! Im einzelnen sentierst du kräftig und herrlich, das Ganze ging in euren Kopf so wenig als in meinen.«

Das ist noch Geniestil und mit beachtenswertem Selbstbewusstsein gesagt. So ungestüm ging es bei Goethe später nicht mehr zu. Aber doch ketzerisch genug, wenn er den von der offiziellen Kirche als Atheist gebrandmarkten niederländisch-jüdischen Philosophen Baruch de Spinoza früh schon zu seinem geliebtesten Denker machte: zu *dem* Gewährsmann für die Vorstellung eines in der Natur wirkenden, ja mit der Natur identischen Gottes (»*deus sive natura*«). Also für das, was man Pantheismus nennt. Heine bezeichnete Goethe denn auch geradezu als den »Spinoza der Poesie«. Spinozas *Ethik* führte Goethe immer mit sich. Wie man von Sulpiz Boisserée weiß, machte er diesbezüglich auf seinen zwei Reisen nach Wiesbaden keine Ausnahme. Doch behielt er sich auch hier noch vor, als Dichter und Künstler »Polytheist« zu sein, und außerdem als »sittlicher Mensch« mit einem persönlichen Gott ein Gespräch zu führen.

So schrieb er am 6. Januar 1813 an Friedrich Heinrich Jacobi, den stets schwierigen Freund, über dessen jüngste Schrift *Von den göttlichen Dingen und ihrer Offenbarung* sich Goethe erst gewaltig geärgert hatte, weil sie geradezu gegen seine eigene Vorstellung eines in der Natur noch jederzeit wirkenden und in seinen Manifestationen wahrnehmbaren Gottes verfasst schien, dann in einem zwar ruhigen Ton, doch die eigene Position klar behauptend:

> Ich für mich kann, bei den mannigfaltigen Richtungen meines Wesens, nicht an einer Denkweise genug haben; als Dichter und Künstler bin ich Polytheist, Pantheist hingegen als Naturforscher, und eins so entschieden als das andere. Bedarf ich eines Gottes für meine Persönlichkeit, als sittlicher Mensch, so ist dafür auch schon gesorgt. Die himmlischen und irdischen Dinge sind ein so weites Reich, dass die Organe aller Wesen zusammen es nur erfassen mögen.

»There are more things in heaven and earth, Horatio, / Than are dreamt of in your philosophy.« (»Es gibt mehr Ding' im Himmel und auf Erden, / Als Eure Schulweisheit sich träumt, Horatio.«) Das wusste schon Hamlet. Goethe wusste es seinerseits, und was die Natur betraf noch viel genauer. Dennoch gab es vielleicht auch bei Goethe eine Sehnsucht nach einer Wahrheit, die sich nicht in »die Organe aller Wesen« zerstreute, sondern als einfache, ursprüngliche, »reine und rechte« unbedingte Autorität beanspruchen konnte. Eine Sehnsucht also nach einer »Himmelslehr in Erdesprachen«.

Eine religiöse Vision, an Heiligabend von 1814 im Gedicht aufscheinend, die sich im Weimarer Alltag des Dichters dann doch rasch wieder auflöste in ein spätes »buntes« Nebeneinander relativer menschlicher Wahrheiten. Wäre Sulpiz Boisserée, der gläubige Katholik und Anbeter des »deutschen Christkinds«, nicht ein so großzügiger Verehrer und verständnisvoller Freund Goethes gewesen, hätte er jedenfalls befremdet sein können über das heitere »Mulitkulti« des Dichters, als ihm dieser zum Neujahr am 2. Januar 1815 schrieb:

Indessen muss ich manchmal lächeln, wenn in meiner heidnisch-mahometanischen Umgebung, *vera icon* [eines der berühmtesten Bilder aus Boisserées Sammlung, dem Goethe bei seinem Besuch besondere Beachtung schenkte] auch als Panier weht. Täglich wird eine Perikope aus dem Homer und dem Hafis gelesen, wie denn die persischen Dichter gegenwärtig an der Tagesordnung sind. Erscheint denn dazwischen der Moscowitische Bilder-Kalender [ein von Boisserée empfohlenes Buch mit Heiligenbildern und -legenden], so nimmt sich's freilich bunt genug aus, und es bleibt nichts übrig als zu rufen:

Gottes ist der Orient!
Gottes ist der Okzident!
Nord- und südliches Gelände
Ruht im Frieden seiner Hände.

Und so will ich denn mit dieser frommen Betrachtung und mit dem herzlichen Wunsche schließen, dass wir uns dieses Jahr gesund und froh wiederfinden mögen.

unwandelbar teilnehmend Goethe

Ähnlich ungebunden konnte es Goethe auch bei Hafis finden. Denn wie er sich selbst streng kirchlichen Glaubensvorstellungen stets entzog, so suchte auch Hafis immer wieder die Fesseln eines in Dogmen erstarrten religiösen Umfelds in seinen Gedichten zu sprengen. Zwar sieht er sich selbst durchaus als gläubigen Muslim – »Durch den Koran hab' ich alles, / Was mir je gelang, gemacht«, Goethe zitiert diesen Vers in den *Noten und Abhandlungen* –, doch ist er es in seinen Gedichten auf eine widerborstige Weise, die Goethe »skeptische Beweglichkeit« nennt. So sucht der »Bewahrer des Korans« denn auch immer wieder Zuflucht bei den Magiern, den weisen Anhängern des altpersischen, des zoroastrischen Glaubens, die noch die göttliche Gabe des Weins zu pflegen und zu kredenzen wissen. Das setzt allerdings eine Haltung voraus, die Hafis in seinen Gedichten bewusst einnimmt und auch thematisiert: die eines Außenseiters. Eine Rolle, die er offenbar auch im wirklichen Leben spielte, soweit das jedenfalls für einen auf Fürstengunst Angewiesenen möglich war.

Auch in dieser Rolle musste er Goethe nahe sein. Und wenn Hafis in seinen Versen höchst selbstbewusst gegen die heuchlerischen Frömmler zu Felde zieht, so spart Goethe im *Divan* seinerseits nicht mit Spitzen gegen die Tugendwächter, die »Mönchlein ohne Kapp' und Kutt'«: Die »dummen Eingeengten«, die gern eine Gesellschaft erzeugt hätten, die mit jenem Weit- und Weltsinn, den die Poesie zugleich braucht und erzeugt, so sehr im Widerspruch steht.

Dass Hafis aber auch der Natur so froh zugeneigt war und dass die persische Poesie, insbesondere auch die Rumis, den Goethe in den *Noten und Abhandlungen* in einem eigenen kleinen Kapitel erwähnt, ihm wieder deutlich vor Augen führt, dass der »eigentliche Dichter« dazu berufen sei, »die Herrlichkeit der Welt in sich aufzunehmen« und von da zur »Verherrlichung Gottes« zu gelangen – dies war es wohl im Innersten, was Goethe unbedingtes Vertrauen gab in diese zwischen Weltfrömmigkeit und Mystik spielende, dem »Überschwänglichen zustrebende« Dichtkunst.

Wofür hier stellvertretend ein Hafis-Gedicht stehen mag, das den Frühling feiert. Und wenn der Dichter zum Schluss auch noch ein Loblied auf seinen Fürsten (Mahmud, ein bedeutender Förderer der Kultur), anstimmt, so war Goethe ein solches Herrscherlob mindestens nicht fremd. Auch wenn ihm die Unterwürfigkeit der persischen Dichter im Ganzen zu weit ging. Das Gedicht ist hier jedoch nicht in Joseph von Hammers spröder Übersetzung zitiert, die Goethe allerdings sehr schätzte – vielleicht gelang es ihm, die fremdartige Schönheit des persischen Originals darin zu erahnen –, sondern in einer etwas geschmeidigeren, späteren. Sie steht in dem von Johann Christoph Bürgel herausgegebenen Auswahlband *Hafis. Gedichte aus dem Diwan* in Reclams Universalbibliothek und stammt von Friedrich von Bodenstedt (1819–1892), bekannt geworden durch seine *Lieder des Mirza Schaffy*. Mit den sich reimenden Strophenenden ist die persische Gedichtform des Ghasels nachgebildet.

Jetzt, da die Rose aus dem Nichts
ins Dasein tritt, zum Schmuck der Auen,
In Demut kaum das Veilchen wagt
zur Herrlichen emporzuschauen –

Sollst Du am Morgenwein Dich freun
bei Paukenschall und Harfenklange,
Bei Flötenhauch und Feuerkuss
an junger Schönheit Dich erbauen.

Genieß des Lebens Rosenzeit
bei Spiel und Sang, im Glück der Liebe.
Nicht über eine Woche Frist
kannst Du der Herrlichen vertrauen!

Von Blumen glänzt die Erde nun,
gleichwie der Himmel glänzt von Sternen,
Drum kann ich gute Zeiten nur
auf Erden wie am Himmel schauen.

Lasst uns im Land den Feuerdienst
erneu'n des alten Zoroasters,
Jetzt, da das Feuer Nimrods selbst
aus Tulpen schlägt in allen Gauen.

Trink Wein, kredenzt von schöner Hand,
der neu belebt wie Jesu Odem,
Denk nicht an Ad und an Thamud,
die Gott verstieß in ewiges Grauen.

Durch Lilienglanz und Rosenglut
ward nun die Welt zum Paradiese,
doch über solcher Herrlichkeit
nie lange will der Himmel blauen.

Die Rose reitet auf dem Wind
wie weiland Salomo, der König,
Und – gleichwie David – Psalmen singt
die Nachtigall, voll Gottvertrauen.

Leer' den Pokal auf Mahmuds Wohl,
des wahren Glaubens starke Säule,
Den neuen Assaf Salomos –
nie zucke Gram um seine Brauen.

Nichts, Hafis, mangelt deinem Glück
in seiner Gnade Schirm und Schatten,
Drum bitte Gott, du mögest nie
ein Ende seiner Herrschaft schauen.

Bringt Wein her! Hafis, hoff auf Den,
der stets Erbarmen dir erwiesen,
Und voll Erbarmen immerdar
wird Segen auf dich niederschauen.

Erschütterungen

Der Orient war nicht die einzige Weltgegend, in der sich Goethe gern und Zuflucht suchend aufhielt in diesem Winter 1814/15, der auch mit allerlei Schwierigem aufwartete. Neben dem »südlichen Gelände« seiner *Italienischen Reise* gab es auch das nur wenig südlicher liegende seiner letzten Sommerreise, an das er wohl öfter dachte – zumal es ihm von den Freunden durchaus absichtsvoll in Erinnerung gehalten wurde. Zweimal erreichte ihn vom Ehepaar Willemer eine hoch willkommene Sendung des berühmten 1811er Weins.

Und am 12. Dezember erhält er Mariannes Eintrag in sein Stammbuch, um den er sie gebeten hatte. Es ist ein auf den 12. Oktober zurückdatiertes, schalkhaft werbendes Gelegenheitsgedicht. Angespielt ist darin auf eine von Goethe offenbar gern gebrauchte

Redewendung, etwas sei »so lang wie breit«, und auf die Tatsache, dass er die nicht groß gewachsene Marianne bei ihren Begegnungen »liebe Kleine« zu nennen pflegte.

Zu den Kleinen zähl ich mich,
Liebe Kleine nennst Du mich.
Willst Du immer so mich heißen,
Werd ich stets mich glücklich preisen,
Bleibe gern mein Leben lang
Lang wie breit und breit wie lang.

Als den Größten kennt man Dich,
Als den Besten ehrt man Dich,
Sieht man Dich, muss man Dich lieben,
Wärst Du nur bei uns geblieben,
Ohne Dich wird uns die Zeit
Breit wie lang und lang wie breit.

Ins Gedächtnis prägt' ich Dich,
In dem Herzen trag ich Dich,
Nun möchte ich der Gnade Gaben
Auch noch gern im Stammbuch haben,
Wär's auch nur den alten Sang:
Lang wie breit und breit wie lang.

Doch in Demut schweige ich,
Des Gedichts erbarme Dich,
Geh o Herr nicht ins Gerichte
Mit dem ungereimten Wichte,
Find es aus Barmherzigkeit
Breit wie lang und lang wie breit.

Dazu schrieb Willemer einen ebenfalls erstaunlich werbenden Nachtrag: »Meine Frau, die sich so wie ich, Ihrer Gemahlin und dem klugen August empfiehlt, will, seitdem sie von Ihnen die Kleine genannt worden, durchaus nicht mehr wachsen, es wäre denn in Ihrem Herzen.«

Goethe wird seinerseits mit dem erbetenen Stammbuchblatt antworten. Doch erst im April 1815. Denn der Jahresbeginn war nicht dazu angetan, launig-liebevolle Verse zu verfassen. Am 9. Januar erlitt Christiane bei einer Spazierfahrt mit ihrem Mann einen Schlaganfall, von dem sie sich zwar noch einmal erholte, der jedoch für Körper und Gemüt nicht ohne Folgen blieb. Goethe, besorgt und verschreckt von dem »Unfall«, und wie immer in solchen Fällen einigermaßen hilflos, vielleicht auch ängstlich, eine Kranke täglich um sich zu haben, rät ihr nach Jena zu gehen, sich bei den dortigen Freunden abzulenken, zu erheitern. Später werden ihr die Ärzte eine Sommerkur in Karlsbad empfehlen. Was Goethe am 8. März zu einer Bitte an Christian Schlosser in Frankfurt veranlasste:

> Meine gute Frau, die sich von einer schweren Krankheit wieder erholt, grüßt mit mir Ihre verehrte Frau Mutter auf das herzlichste. Sie [Christiane] soll nach Karlsbad gehen, und ich wünschte ihr mit ein paar neuen Kleidern eine kleine Freude zu machen. Zwei Muster liegen bei, das seidene zeigt nur den Stoff an nicht die Farbe, welche nach beliebiger Einsicht gewählt werden könnte; von jedem bittet man um 14 Ellen.

Doch war auch Goethe selbst keineswegs gesund in diesem Winter. So schrieb er am 3. April 1815 an Willemer:

> Ich habe viel gelitten, meine gute Frau war zwei Querfinger vom Tode. Jetzt ist sie wieder auf den Beinen, da mich der schrecklichste Katarrh seit vier Wochen heimsucht.
>
> Werde ich denn wohl das alles, bei einem schönen Oberrader Sonnenuntergang, hinter mich werfen und vergessen?

Er wird. Aber noch ist es nicht so weit. Denn in der europäischen Politik braute sich in diesem Frühjahr von neuem Ungeheures zusammen. Am 1. März war Napoleon von seinem Exil auf Elba nach

Frankreich zurückgekehrt. Die Truppen, die ihn hätten aufhalten sollen, liefen zu ihm über. Bald gelang es ihm, erneut ein größeres Heer auf die Beine zu stellen, so dass die Alliierten, die noch immer in Wien tagten, sich veranlasst sahen, ihren Bund rasch zu erneuern. Wieder drohte das Gespenst von Truppenmärschen, von Einquartierungen, von Verwüstungen und verlustreichen Schlachten.

»Ein unübersehbares Unglück scheint sich wieder zu entfalten«, schreibt Goethe am 22. März, fünf Tage, nachdem die Nachricht von Napoleons Rückkehr bis Weimar gedrungen war, an seinen Ministerkollegen und Vertrauten Christian Gottlob Voigt. Und ebenfalls an Voigt: »Bald kann man den Traum vom Leben nicht unterscheiden. Wäre nicht noch das Losungswort: Liebe und Anhänglichkeit.«

»Throne bersten, Reiche zittern!« Was er an Heiligabend gedichtet hatte – nun wurde es erneut politische Gegenwart. Dabei bewährte sich mehr denn je seine »Flucht« in einen fremden Kulturraum, der freilich, je mehr er sich mit ihm beschäftigt, einem Meer zu gleichen beginnt, und er selbst einem spielenden Kind, »das mit einer Muschel den Ozean in ein Grübchen schöpfen will«. So an Freund Knebel. Und ebenfalls an Knebel:

> Meine Schatzkammer füllt sich täglich mehr mit Reichtümern aus dem Osten; wie ich sie ordnen und aufstutzen kann, muss die Zeit lehren. Ich segne meinen Entschluss zu dieser Hegire, denn ich bin dadurch der Zeit und dem lieben Mittel-Europa entrückt, welches für eine große Gunst des Himmels anzusehen ist, die nicht einem jeden widerfährt.

Sonnenanbeter

Im Einklang mit dem kosmischen Phänomen der »wieder heranwachsenden Sonne«, die Goethe nach jedem Winter mit »erneuerten Hoffnungen« begrüßte, wandte er sich in diesem Frühling dann speziell der vorislamischen Religion Persiens, dem Parsismus, zu. Die spürbare Sympathie, mit der er später in den *Noten und Abhand-*

lungen die altpersische Religion behandelt, könnte einen sogar vermuten lassen, Goethe habe in dieser »auf das Anschauen der Natur« gegründeten »Gottes-Verehrung«, dieser Anbetung des Schöpfers in der »aufgehenden Sonne, als der auffallend herrlichsten Erscheinung«, eine ihm besonders nahestehende Frömmigkeit gesehen.

So entstand am 13. März das große Gedicht *Vermächtnis alt persischen Glaubens*, es ist das längste des ganzen *Divan*. Zusammen mit einem einzigen weiteren, eher beiläufigen Gedicht – darin vergleichbar dem *Buch des Timur* – wird es später das *Buch des Parsen* bilden. Der hier seine Frömmigkeit noch einmal hymnisch darlegt – es ist ein alter weiser Parse, der sich, sterbend, zu den Seinen wendet –, spricht zwar als gläubiger Vertreter eines vorislamischen Persiens. Doch in der Art und Weise, wie er spricht, deutlich auch im Namen Goethes. So könnten die ersten Strophen des Gedichts an den Beginn vom zweiten Teil des *Faust* erinnern, an die Verse Ariels, mit denen er kurz vor Sonnenaufgang beim Anblick des schlafenden Faust den Chor der Elfen anweist: »Vollbringt der Elfen schönste Pflicht, / Gebt ihn zurück dem heiligen Licht.«

Die Parsen gelten als Feueranbeter. Doch das Feuer ist nur Stellvertreter und Sinnbild jenes »heiligen Lichts«, das mit der Sonne jeden Morgen aufgeht. Hier im Gedicht über den Gipfeln »Darnawends«. Gemeint ist vermutlich Demavand, der höchste Gipfel des Elbursgebirges im Südosten von Isfahan, in dem Awesta, dem Glaubensbuch der Parsen, ein heiliger Berg.

Welch Vermächtnis, Brüder, sollt' euch kommen
Von dem Scheidenden, dem armen Frommen,
Den ihr Jüngeren geduldig nährtet,
Seine letzten Tage pflegend ehrtet?

Wenn wir oft gesehn den König reiten,
Gold an ihm und Gold an allen Seiten,
Edelstein auf ihn und seinen Großen
Ausgesät wie dichte Hagelschlossen.

Habt ihr jemals ihn darum beneidet?
Und nicht herrlicher den Blick geweidet,
Wenn die Sonne sich auf Morgenflügeln
Darnawends unzähligen Gipfelhügeln

Bogenhaft hervorhob. Wer enthielte
Sich des Blicks dahin? Ich fühlte, fühlte
Tausendmal in so viel Lebenstagen
Mich mit ihr, der kommenden getragen.

Gott auf seinem Throne zu erkennen,
Ihn den Herrn des Lebensquells zu nennen,
Jenes hohen Anblicks wert zu handeln
Und in seinem Lichte fortzuwandeln.

Aber stieg der Feuerkreis vollendet,
Stand ich als in Finsternis geblendet,
Schlug den Busen, die erfrischten Glieder
Warf ich, Stirn voran, zur Erde nieder.

Und nun sei ein heiliges Vermächtnis
Brüderlichem Wollen und Gedächtnis:
Schwerer Dienste tägliche Bewahrung,
Sonst bedarf es keiner Offenbarung.

Das Gedicht hat noch weitere Strophen, die dem Reinhalten der Elemente, der Pflege von Fauna und Flora, dem Abglanz des Sonnenlichts im Feuer und in der Kerzenflamme gelten, und zuletzt der Rückkehr des Sterbenden in den Kreis der um Gottes Lichtthron versammelten Engel. Auch hier spielt das »Reine« eine wichtige Rolle. Doch in dieser uranfänglichen, das Tagesgestirn verehrenden Frömmigkeit – »Ich fühlte, fühlte / Tausendmal in so viel Lebenstagen / Mich mit ihr, der kommenden getragen« – liegt bereits der Kern des Ganzen.

Dass Goethe selbst ein »Sonnenanbeter« war, weiß man spätestens seit seiner *Italienischen Reise.* Man erinnert sich: »Die Sonne scheint heiß, und man glaubt wieder einmal an einen Gott.« Und wenn in Eckermanns Aufzeichnungen das Gespräch über die Religion das letzte ist vor Goethes Tod, datiert vom 11. März 1832, so könnte einem das zwar ein wenig dramaturgisch eingesetzt vorkommen. Doch was der Dichter in diesem Gespräch sagt, kann man, in Kenntnis zahlreicher Stellen in seinem Werk, durchaus als eine Art Quintessenz ansehen. Zumal auch hier wieder die schöne, für Goethe so wichtige Formulierung aus des Apostels Paulus Areopagrede in Athen auftaucht: »Denn in ihm leben, weben und sind wir.« Eine Formel, die Goethe wohl unschwer mit Spinozas Gott-Natur, dem *Deus sive natura*, in Verbindung bringen konnte. Das Gespräch drehte sich zunächst um die Frage der Echtheit der Evangelien, da sie offensichtlich nicht zu Christi Lebzeiten geschrieben sind. Darauf Goethe:

> Dennoch halte ich die Evangelien alle vier für durchaus echt, denn es ist in ihnen der Abglanz einer Hoheit wirksam, die von der Person Christi ausging und die so göttlicher Art, wie nur je auf Erden das Göttliche erschienen ist. Fragt man mich, ob es in meiner Natur sei, ihm anbetend Ehrfurcht zu erweisen, so sage ich: durchaus! – Ich beuge mich vor ihm, als der Offenbarung des höchsten Prinzips der Sittlichkeit. – Fragt man mich, ob es in meiner Natur sei, die Sonne zu verehren, so sage ich abermals: durchaus! Denn sie ist gleichfalls eine Offenbarung des Höchsten, und zwar die mächtigste, die uns Erdenkindern wahrzunehmen vergönnt ist. Ich anbete in ihr das Licht und die zeugende Kraft Gottes, wodurch allein wir leben, weben und sind, und alle Pflanzen und Tiere mit uns.

Mit eignem Feuer

Kurz vor seiner zweiten Reise nach Wiesbaden, am 16. Mai 1815, informierte Goethe seinen Verleger Cotta zum ersten Mal über sein *Divan*-Projekt. Und da nannte er auch bereits einen möglichen Titel:

Versammlung
deutscher Gedichte,
mit stetem Bezug
auf den *Divan*
des persischen Sängers
Mahomed Schemseddin
Hafis

»Diesen deutschen Divan«, so Goethe weiter, »wünschte ich, in Form eines Taschenbuchs, in viele Hände, wozu aber noch Zeit ist, denn er muss sich noch um manche Glieder vermehren.«

Den Brief hatte Goethe dann nicht abgeschickt. Es mochte ihm unklug scheinen, seinem Verleger schon wieder ein Projekt in Aussicht zu stellen, in einem Moment, da gerade eine Neuausgabe seiner Werke zu erscheinen begann, bei der zwei Gedichtbände den Anfang machten, und da ihn außerdem die Niederschrift seiner *Italienischen Reise* bereits wesentlich länger beschäftigte, als ursprünglich geplant. Auch wollte er möglicherweise noch ein wenig für sich behalten, was ihm persönlich so viel Freude machte. Das Briefkonzept zeigt jedoch, wie wichtig ihm auch in dieser Phase noch der »stete Bezug« zum persischen Sänger war.

Nun hatte dieser Bezug auf Hafis stets zwei Seiten. Die eine ist, was Goethe mit der Metapher der Flucht oder der Reise benennt: eine Öffnung, ein Vertrautwerden, Sich-Einfühlen in eine fremde, fünfhundert Jahre ältere Kultur, deren »Sitten, Gebräuche, Gegenstände, religiöse Gesinnungen und Meinungen«, worin der deutsche Dichter »sein eigenes Poetisches verwebt«. So Goethe in seiner Ankündigung des *Divan* in Cottas *Morgenblatt für gebildete Stände*.

Doch damit war es nicht getan. Denn es ging ja darum, jenen »geistigen Handelsverkehr« einzurichten, der auch seinem späteren Gedanken einer »Weltliteratur« zugrundeliegt, und auf den er schon in den *Noten und Abhandlungen* mit der Rolle des »Handelsmanns« anspielt. Es musste dem Dichter also etwas gelingen, was gar nicht so einfach war. Er musste das, was ihn an Hafis' Liedern begeisterte, nach Weimar und in deutschsprachige Poesie »verpflanzen«. Goethe selbst braucht das Wort – und als Gartenliebhaber hatte er damit einige Erfahrung – im Zusammenhang mit seinem Stammbuchblatt für Marianne Willemer, das er ihr am 26. April 1815 schickte. Die Verse spielen, ganz in orientalischer Manier, mit dem Wort »golden«. Und die erste Strophe lautet:

> Reicher Blumen goldne Ranken
> Sind des Liedes würdge Schranken;
> Goldneres hab ich genossen
> Als ich Euch ins Herz geschlossen.

Das Fünfstrophen-Gedicht ist umrankt von einer goldfarbigen Verzierung im orientalischen Stil, die er erst hatte in Auftrag geben müssen. Dazu sein kurzer Brief:

> Mag die Verspätung des beikommenden Gedichts durch die Erklärung entschuldigt werden: dass es lange auf dem Papier stand, ehe die Einfassung, ohne die es nichts bedeutete, hinzugefügt werden konnte. Denn obgleich solche Zierraten im Orient nicht fremd sind, so kostete es doch einige Mühe, sie nach Weimar zu verpflanzen.

In dem Fall hatte diese »Mühe« für ihn ein Weimarer Zeichenlehrer übernommen.

Was Hafis' Dichtung betraf, oblag sie ihm allein. In seiner Begeisterung scheint sich Goethe über dieses »Verpflanzen« allerdings nicht den Kopf zerbrochen zu haben. Da ihn gerade die Begeisterung über alle Differenzen, deren er sich sehr wohl bewusst war, mit dem persischen Sänger so eng verband, dass ein Eigenes und zugleich Anklingendes wie von selbst entstand, und ein Gefühl des »Zwillingshaften« alle Fremdheit – wenn nicht löschte, doch assimilierte und in ein schönes Spannungsverhältnis verwandelte. Womit der Funke, überspringend – über nahezu fünf Jahrhunderte hinweg –, in dem deutschen Dichter noch einmal ein »eignes Feuer« zu entzünden vermochte. So, programmatisch, in dem möglicherweise bereits im November 1814 entstandenen Gedicht *Unbegrenzt.*

Dass du nicht enden kannst das macht dich groß,
Und dass du nie beginnst das ist dein Los.
Dein Sang ist drehend wie das Sterngewölbe,
Anfang und Ende immerfort dasselbe,
Und was die Mitte bringt ist offenbar,
Das was zu Ende bleibt und anfangs war.

Du bist der Freuden echte Dichterquelle,
Und ungezählt entfließt dir Well' auf Welle.
Zum Küssen stets bereiter Mund,
Ein Brustgesang der lieblich fließet,
Zum Trinken stets gereizter Schlund,
Ein gutes Herz das sich ergießet.

Und mag die ganze Welt versinken,
Hafis mit dir, mit dir allein
Will ich wetteifern! Lust und Pein
Sei uns den Zwillingen gemein!
Wie du zu lieben und zu trinken
Das soll mein Stolz, mein Leben sein.

Nun töne Lied mit eignem Feuer!
Denn du bist älter, du bist neuer.

Solches »Wetteifern« setzt jedoch ein Selbstverständnis voraus, für das Goethe einmal das Wort »Nachpoet« braucht. So schrieb er am 1. Oktober 1817 in einem Brief an den Heidelberger Mythenforscher Georg Friedrich Creuzer, bei dessen wissenschaftlicher Wühlarbeit es ihm nicht recht geheuer war: »Wir andern Nachpoeten müssen unserer Altvordern Homers, Hesiods u. a. m. Verlassenschaft als urkanonische Bücher verehren, als vom Heiligen Geist Eingegebenen beugen wir uns vor ihnen und unterstehen uns zu fragen, woher, noch wohin.«

Nun ist das Wort »Nachpoet« allerdings mehr als ein Bescheidenheitstopos. Das ist es auch. Aber vor allem setzt es eine Gabe der Verehrung voraus, die nahezu religiöser Natur ist. Vom »Heiligen Geist« ist ja denn auch die Rede. Goethe hatte diese Gabe der Verehrung und erhielt sie sich ein Leben lang. So wird zu den unter »u. a. m.« Summierten zur *Divan*-Zeit auch Hafis gehört haben. Man erinnert sich, was er an Sulpiz Boisserée in seinem Neujahrsbrief schrieb: »Täglich wird eine Perikope aus dem Homer und aus dem Hafis gelesen.«

Beide »H« sind für Goethe wichtig. Zwar ist nicht ganz klar, was mit dem letzten Verspaar – »Nun töne Lied mit eignem Feuer! / Denn du bist älter, du bist neuer.« – gemeint ist. Dass Goethes Lieder neuer sind als die von Hafis, ist selbstverständlich. Nicht ebenso selbstverständlich erschließt sich, was mit dem Wort »älter« gemeint ist. Möglich, dass sich das Wort auf die griechische Antike bezieht, der sich Goethe ja ebenfalls verpflichtet weiß. Möglich aber auch, dass Goethe seine Dichtung in dem Sinn als älter empfand, als er in Hafis' Gesängen gleichsam eine Jugend der Menschheit, aus des »Ursprungs Tiefe« kommend, verehrt, wie es das Gedicht *Hegire* formuliert. Doch vielleicht gibt hier eine Bemerkung Goethes in einem Gespräch mit Sulpiz Boisserée am 3. August noch einen genaueren Aufschluss (wobei hier mit den »Alten« eben die antike Dichtung gemeint ist): »Neue Arbeit der *Divan*, Aneignung des Orientalismus [...], Freiheit der Form, abgerissen einzeln – und doch bringt er [Goethe] von den Alten mehr Bildung und Bildlichkeit mit. Das ist gerade das einzige, was den Orientalen abgeht, die Bilder –. Insoweit sei er so eitel und übertrieben zu sagen, dass er darüberstehe, das Alte und Neue verbinde.«

Nun töne Lied mit eignem Feuer!« Das heißt zunächst, dass Goethe sehr wohl weiß, wo das Wetteifern für ihn, den deutschen Dichter, Sinn macht und wo nicht. Was nicht bedeutet, dass ihn das, was er für unnachahmlich hält, nicht fasziniert hätte. Und das ist – die erste Strophe des Gedichts *Unbegrenzt* sagt es deutlich – sowohl die Versform, Reim und Rhythmus des Ghasels (Hafis hat zwar auch andere persische Versformen gepflegt, doch das Ghasel am häufigsten), wie auch eine Sprunghaftigkeit von Vers zu Vers, oft gepaart mit einer fast gänzlichen Unbekümmertheit um Zusammenhang des Ganzen, einem In-Sich-Kreisen ohne Anfang und ohne Ende, das man Hafis schon zu seinen Lebzeiten mitunter vorwarf. Wie aus Trunkenheit erzeugt sich Vers für Vers, Szene für Szene, Gedanke für Gedanke. Joseph von Hammer braucht, Hafis folgend, dafür das Bild von Perlen, »an dem Goldfaden des Ghasels gereiht«. Goethe jedoch muss es noch anders empfunden haben: »Und ungezählt entfließt dir Well' auf Welle.«

Was Goethe spürte, war also ein »flüssiges Element«. Deutlich dann in dem möglicherweise am 14./15. Dezember 1814 entstandenen Gedicht *Lied und Gebilde*, es findet sich später im *Buch des Sängers*, wo er der Plastizität, der gleichsam aus dem Element Erde geformten Kunst der Griechen, Hafis' fließende Kunst entgegenstellt. So dass die Rede vom Euphrat, als dem Fluss des Orients, durchaus auch im übertragenen Sinn zu lesen wäre: als Metapher allgemein für die Fülle orientalischer Poesie, insbesondere jedoch für Hafis' fließende, wie ein Strom unerschöpfliche Dichtung. Und tatsächlich schweift Goethe in Hafis' *Diwan*, unbedenklich anspielend und zitierend, »hin und wieder«. Und wenn der Grieche an der »eignen Hände Sohn«, das heißt an einer künstlerischen Reproduktion von Seinesgleichen sich entzückt, so ist das »Greifen« in den Euphrat auch ein Bekenntnis zu einer Poesie, welche in der Adaption des Fremden zu ihrem eigenen Ton (hier im musikalischen Sinn) findet.

Im fernen Euphrat, bei der Lektüre in Hafis' Liedern, wird der »Seele Brand gelöscht«. Und wenn dann des (deutschen) Dichters »reine Hand« aus dieser Fülle schöpft, wird sich das flüssige Element von Hafis' Dichtung zur konzisen Form eines deutschen Gedichts »ballen«.

Mag der Grieche seinen Thon
Zu Gestalten drücken,
An der eignen Hände Sohn
Steigern sein Entzücken;

Aber uns ist wonnereich
In den Euphrat greifen,
Und im flüssigen Element
Hin und wieder schweifen.

Löscht' ich so der Seele Brand
Lied es wird erschallen;
Schöpft des Dichters reine Hand
Wasser wird sich ballen.

Nun ist das, was Goethe hier als Poetologie »reiner Hände« beschwört, eine Vorstellung, die sich auf eine indische Legende bezieht, die in Deutschland um 1815 in Literatenkreisen bekannt gewesen sein muss. Goethe kannte sie lang vor der *Divan*-Zeit und griff sie später in seiner *Paria*-Trilogie wieder auf. Auch Jacob Grimm bezieht sich auf diese Legende im Vorwort zu seiner Ausgabe von Hartmann von Aues *Armen Heinrich*, wenn er schreibt, dass es »außer der Volkspoesie […] nur den größten Dichtern aller Zeiten gegeben [sei,] mit ihren reinen Händen […] (wie nach einer indischen Sage unschuldige Seelen) das Wasser zu Kugeln [zu] ballen, welches andere um es zu tragen in irdische Gefäße schütten müssen«.

In Pierre Sonnerats *Reise nach Ostindien und China in den Jahren 1774–1781* wird diese Legende so erzählt:

> Mariatale war die Frau des Büßers Schamadagini, und die Mutter des Parassurama [Wishnu in der achten Verwandlung]. Die Göttin beherrschte die Elemente; aber sie konnte diese Herrschaft nur so lange behalten als ihr Herz rein bleiben würde. Einst da sie aus einem Teiche Wasser schöpfte, und ihrer Gewohnheit nach eine Kugel daraus gestaltete um es nach Hause zu tragen, sah sie auf der Oberfläche des Wassers die Gestalten einiger Grandeurs (eine Gattung von Sylphen, die man geflügelt und außerordentlich schön abbildete), die über ihrem Haupte in der Luft umherflogen. Mariatale ward durch die Reize derselben bezaubert, und die Lustbegierde schlich sich in ihr Herz: das schon zusammengerollte Wasser löste sich plötzlich wieder auf, und vermengte sich mit dem übrigen Teiche. Von dieser Zeit an konnte sie nie mehr ohne Geschirr Wasser nach Hause tragen.

Die Legende hat dann noch eine dramatische Weiterentwicklung, die Goethe in seiner *Paria*-Trilogie wichtig ist, die hier aber keine Rolle spielt. Indessen mag ihm das Bild, das er später in der Trilogie verwendet, da schon vorgeschwebt haben.

> Seligem Herzen, frommen Händen
> Ballt sich die bewegte Welle
> Herrlich zu kristallner Kugel.

Ohne Form geht es also nicht. Doch sie ist – anders als bei den Griechen – aus einem Element gestaltet, das sich von Menschenhand nicht auf natürliche Weise gestalten lässt, auch wenn es, etwa im Tautropfen, sehr wohl etwas rein Plastisches wird und im Sonnenlicht entsprechend funkelt, bei Regen und Sonnenschein sogar etwas so klar Geschwungenes wie den Regenbogen bildet. Der Dichter muss demnach eine gleichsam natur-magische Kraft besitzen, wenn sich das Wasser zur Kugel ballen soll. Goethe mag sie sich, in einem übertragenen Sinn, wohl zugetraut haben.

Wie Goethe das Feurige und Flüssige von Hafis' *Diwan* in der Antwort seines eignen *Divan* zur Kugel »ballt«, lässt sich andeutungsweise an einem Gedicht zeigen, das sowohl Bezug nimmt auf ein Hafis-Ghasel, wie auf eine Anekdote dazu, die Joseph von Hammer im Vorwort zu seiner Übersetzung übermittelt. Hafis' Gedicht ist hier jedoch in einer neueren Übersetzung zitiert, da sie, ghaselähnlich gereimt, einen besseren Eindruck von Hafis' weitschweifender und flüssiger Kunst vermittelt. Sie ist ebenfalls dem von Johann Christoph Bürgel herausgegebenen Band Hafis, *Gedichte aus dem Diwan* entnommen, und stammt von dem Herausgeber selbst.

Trüg' von Schiras der schöne Türke
 mein Herz als Raub in seiner Hand,
Ich weihte seinem Inder-Male
 Buchara gern und Samarkand.

Reich, Schenke, mir des Weines Neige:
 Im Paradiese gleichet nichts
Musalla, unserm Rosenhage,
 noch Ruknas grünem Uferband!

Oh, dass ein solcher Stadtzigeuner,
 berückend, frech und schlimm berühmt,
Mir mit dem Plündersinn von Türken
 des Herzens Ruhe hat entwandt!

Meiner höchst unvollkommnen Liebe
 des Freundes Antlitz leicht enträt;
Wozu bedarf das schöne Antlitz
 des Pinsels und der Schminke Tand?

Ob Du mich schiltst, ob Du mein spottest,
 ja, mich verfluchst – ich segne Dich:
Das bittre Wort tönt süß vom Munde
 aus Karneol und Zuckerhand.

Lausch, Trauter, meinem Rat, o lausche,
denn werter als das Leben gilt's
Dem Jüngling, der von Glück beflügelt,
wenn weiser Greise Rat er fand:

Von Wein und Musikanten singe!
Der Welt Geheimnis lasse ruhn!
Dies Rätsel löste nicht noch löst es
ein philosophischer Verstand.

Ghaselen sangst du, Hafis, Perlen
hast du gereiht. Komm, singe froh!
Auf dein Gebinde streut bewundernd
der Himmel der Plejaden Band.

Dazu erzählt Joseph von Hammer die folgende Anekdote. Sie bezieht sich auf Hafis' letzte Lebensjahre, als der Gewaltherrscher Timur Persien erobert hatte, und zeigt, wie berühmt, ja »kanonisch« Hafis' Gedichte schon zu seinen Lebzeiten waren und wie ein kleinlicher Tyrann sein poetisches Geflunker auf die Goldwaage legt:

Als Timur Fars eroberte, und den letzten Sultan der Dynastie Mosaffer hinrichten ließ, war Hafis noch am Leben. Er schickte um den Dichter, und als dieser vor ihm erschien, sprach er: Ich habe mit glänzendem Schwert den größten Teil der Welt erobert, und tausend Länder bloß deswegen meiner Botmäßigkeit unterworfen, um Samarkand und Buchara, die beiden Städte meines Vaterlandes, vor allen andern empor zu bringen, und du unterstehst dich, dieselben in deinen Gedichten für das Mal deines Lieblings feilzubieten.

Nähme mein Herz in die Hand der schöne Knabe von Schiras,
Gern gäb' ich für's Mal Buchara und Samarkand hin.
Elif 2.

Hafis küsste die Erde, und sprach: Herr der Welt, betrachte nur den Verschenker, und du wirst ihm verzeihen, in dieses Netz gefallen zu sein. Diese Antwort gefiel dem Eroberer, der statt zu zürnen, ihn mit Gnadenbezeugungen überhäufte.

Nach einer anderen Sage soll Hafis geantwortet haben: Fürst! leider dass ich so verschwenderisch gewesen, sonst wäre ich nicht so arm geworden.

Von dem Gedicht und der beigefügten Anekdote angeregt, hat Goethe seinerseits ein Gedicht verfasst, dessen Versform, Kürze, herausfordernder Ton und Witz in der Schlusswendung deutlich zeigen, wie er, auf Hafis Bezug nehmend und dessen Überbietungsmetaphorik nachbildend, doch ganz eigene Wege ging. Wie er gerade in der Verdichtung und Verknappung etwas Geschliffenes erzeugt, das an ein Mineral erinnert, welches zusammen mit den orientalischen Namen aus seinem Inneren heraus farbig funkelt. Und wie er so das Orientalische nach Weimar »verpflanzt«.

Das Gedicht, es findet sich später im *Buch Suleika*, ist am 13. Februar 1815 entstanden, also in einer Phase, da Goethe alle Inanspruchnahme, etwa in Theaterangelegenheiten, mit dem Hinweis auf seine schlechte Gesundheit gereizt von sich wies. Auch dies ein Beweis für die »Gunst des Himmels«, die ihm seine Flucht in den Orient – und in sein eigenes Dichten! – jederzeit gewährte.

Hätt' ich irgend wohl Bedenken
Bochara und Samarkand,
Süßes Liebchen, dir zu schenken?
Dieser Städte Rausch und Tand.

Aber frag einmal den Kaiser,
Ob er dir die Städte gibt?
Er ist herrlicher und weiser;
Doch er weiß nicht wie man liebt.

Herrscher! zu dergleichen Gaben
Nimmermehr bestimmst du dich!
Solch ein Mädchen muss man haben
Und ein Bettler sein wie ich.

Goethe hat im Divan viele verschiedene Versformen verwendet, bis zu freien Rhythmen und Knittelversen. Doch diese vierhebige, oft auch dreihebige trochäische Form mit wechselnden Reimarten am häufigsten. Die für das *Buch Suleika* typische Strophe verwendet dann, fast programmatisch, den Kreuzreim mit dem Wechsel von weiblicher und männlicher Endung. Während die typische »Schenkenstrophe« rein weibliche Endungen aufweist. Eine Strophenform, die dann auch Marianne Willemer in ihren beiden Gedichten an den Ostwind und an den Westwind aufnehmen wird.

Von wenigen Ausnahmen abgesehen, ist Goethe also den persischen Vorgaben – Hafis hat neben dem Ghasel noch andere persische Versformen verwendet, Joseph von Hammer nennt sie alle in seinem Vorwort – nicht gefolgt, sondern eigenen, seiner deutschen Zunge und Musikalität entsprechenden Rhythmen. Und es scheint, es sei gerade dieser mit Akzent einsetzende liedhaft-eingängige, leichte, wendige und zugleich prägnante Vers für das »Verpflanzen« eine besonders adäquate Form gewesen.

Sie erlaubte Goethe offenbar, das »nachzubilden«, was ihn bei Hafis so ermutigend ergriff. In dem am 23. Dezember 1814 entstandenen Gedicht *Dreistigkeit*, ursprünglich *Dichterglück* betitelt, es steht später im *Buch des Sängers*, nennt er es »des Lebens Erzklang«. Wobei »Erz« hier kaum das Metall (also etwa einen Glockenklang) meint, als eine gesteigerte Form im Sinn von: des Lebens innerster, urtümlicher, urgewaltiger Klang. Offenbar die beste Medizin für Anwandlungen von »Bangigkeit« und düsterem Mut? Vielleicht auch ein Gegengift gegen romantische Tendenzen von Weltflucht?

Worauf kommt es überall an
Dass der Mensch gesundet?
Jeder höret gern den Schall an
Der zum Ton sich rundet.

Alles weg! was deinen Lauf stört!
Nur kein düster Streben!
Eh er singt und eh er aufhört
Muss der Dichter leben.

Und so mag des Lebens Erzklang
Durch die Seele dröhnen!
Fühlt der Dichter sich das Herz bang
Wird sich selbst versöhnen.

III Gingo biloba

Suleika

So oft Goethe in diesem Winter 1814/15 an die südlichere Main-Rhein-Gegend und an die Frankfurter Freunde gedacht haben mochte, als die Ärzte und auch die stets freundschaftlich um ihn besorgte Herzogin Louise ihn drängten, früher als im vergangenen Jahr die Bäder am Rhein aufzusuchen, gehorchte er nur widerwillig. Aus seinen häuslichen »Zauberzirkeln« auszubrechen, fiel ihm zunehmend schwer. Noch am 17. Mai schrieb er an den Göttinger Historiker Georg Sartorius, der es nicht nur fast als einziger verstand, ihm die Weltgeschichte und auch die aktuelle Politik erhellend nahezubringen, sondern überdies eine reizende Frau hatte (mit beiden war Goethe befreundet):

> Ihren lieben Brief erhalte ich in dem Augenblick, als ich Ihnen zu schreiben vorhabe, und zu sagen, dass ich nach Wiesbaden gehe, um dort ein paar Wochen Bade-Kur wegzuhaschen. In vorigem Jahr bekam sie mir sehr gut und ich kam heiter und froh nach Hause. Bald aber beliebte es den verruchten Dämonen mich auf eine empfindlich abgeschmackte Weise mit Fäusten zu schlagen. Da nun zu gleicher Zeit das Schicksal der Welt sich auf eine seltsam ungeheuere Weise herumwandelte, so ist begreiflich, dass auch die zäheste Natur sich nicht so leicht wieder erholt. Ärzte, Freunde, ja die fürstlichen Personen selbst treiben mich mit verehrungswerter Teilnahme fort, und ich gehorche diesem Winke, da ich sonst noch gezaudert hätte, denn wer möchte jetzt ohne die größte Not Geld und Zeit am Rhein vergeuden.

Am 24. Mai verlässt Goethe Weimar – wie immer in aller Herrgottsfrühe. Und das Erstaunliche geschieht. Kaum unterwegs, weichen die »verruchten Dämonen«. Andere, wohltätige Geister treten an ihre Stelle, und wieder gerät er, einmal unterwegs, in einen Flow. Was er schon am ersten Abend von Eisenach nach Hause meldet:

> Kund und zu wissen jedermann den es zu wissen freut, dass ich in Erfurt 7 ½ Uhr, in Gotha 11 Uhr, Eisenach 3 Uhr eingetroffen. Dass mich unterwegs sogleich die guten Geister des Orients besucht und mancherlei Gutes eingegeben, wovon vieles auf das Papier gebracht wurde.

Aufs »Papier gebracht« wurden schon an diesem ersten Reisetag die Verse, welche mit der Rollenverteilung an Suleika und Hatem die poetische Regieanweisung für das lyrische »Duodrama« des *Buchs Suleika* geben. Was die Vermutung nahelegt, Goethe habe spätestens in diesem Moment – Frankfurt, seine dortigen Freunde und Marianne insbesondere vor Augen – an ein solches konkret zu denken begonnen. Die freudige Erregung, von welcher der Ton seines abendlichen Briefs an die Seinen zeugt, könnte durchaus dafür sprechen.

> Dass Suleika von Jussuf entzückt war
> Ist keine Kunst
> Er war jung, Jugend hat Gunst,
> Er war schön, sie sagen zum Entzücken,
> Schön war sie, konnten einander beglücken.
> Aber dass du, die so lange mir erharrt war,
> Feurige Jugendblicke mir schickst,
> Jetzt mich liebst, mich später beglückst,
> Das sollen meine Lieder preisen
> Sollst mir ewig Suleika heißen.

Jussuf und Suleika: das sind in der Erzähltradition des Orients die zwei Protagonisten einer sehr besonderen Liebesbeziehung. Im Alten Testament, im ersten Buch Mose, sind sie Teil der Josephs-Geschichte, Teil seiner Zeit in Ägypten. Dort ist es die nicht mit Namen genannte Tochter Pharaos und Frau des Potiphar, die sich in den schönen Hebräer Joseph, den Diener ihres Mannes, verliebt, ihn auf alle Weise zu verführen sucht und schließlich rachsüchtig verleumdet, als er sich ihrem Begehren verweigert. Eine Geschichte, die im Koran in Sure 12 (der Sure über Joseph) wieder auftaucht. Da wie dort erscheint Joseph als ein Musterbild der Lauterkeit. Und weder da noch dort endet die Geschichte als eine glücklich erfüllte.

Etwas anders jedoch erscheint sie in ihrer Bearbeitung durch die persisch-arabische Erzähltradition, wo die in Liebe zu dem schönen Jüngling Entbrannte auch einen Namen erhält: Zuleicha oder Suleika. So in dem Roman des persischen Dichters Dschami *Jussuf und Zuleicha.* Goethe kannte dessen ungefähren Inhalt aus der Darstellung des Orientalisten von Diez, der im ersten Band seiner *Denkwürdigkeiten von Asien* eine Beschreibung gibt:

> Im Koran findet sich ein eigenes Kapitel, das zwölfte an der Zahl, unterm Namen Jussuf oder Joseph, wo von der Liebe der Zuleicha, Tochter des Pharao und Gemahlin des Potiphars, gegen Joseph, Sohn Jakobs, geredet wird. Da diese Liebe aus dem Anblick der großen Schönheit Josephs entsprungen sein soll und ohne große sinnliche Befriedigung geblieben: so wird sie von den Mohammedanern als ein Muster keuscher, obgleich brennender Liebe vorgestellt, welche zur Liebe gegen Gott geführt haben soll, weil man hinzudichtet, dass Zuleicha sich am Ende zum wahren Glauben bekehrt habe. Dies hat zum Roman Gelegenheit gegeben, welcher unterm Namen *Jussuf und Zuleicha* von Dschami im Persischen geschrieben worden. Die Liebe wird darin als die Neigung zu allem Schönen, Guten, Edeln vorgestellt und soll sich durch Betrachtung der sinnlichen Schönheit am Menschen wie an andern belebten und unbelebten Wesen zur Liebe und Anbetung des Schöpfers aller Schönheit erheben, so dass man die Liebe gegen die Schönheit der Geschöpfe als das Mittel zur Liebe gegen die Schönheit des Schöpfers ansieht.

Dieser mystisch-entsagende Weg von der Liebe zu einem schönen Geschöpf zur Liebe zu der schönen Schöpfung, und zuletzt zur Liebe zu einem als schön gedachten Schöpfer, dürfte Goethe durchaus eingeleuchtet haben.

Er kannte die Geschichte von Jussuf und Suleika jedoch noch genauer aus den von Joseph von Hammer herausgegebenen *Fundgruben des Orients*, wo Dschamis Roman in Fortsetzungen erschien. Dazu notierte er sich: »Suleicha träumt und sieht einen verklärten Jussuf, verliebt sich, klagt für sich, schweigt. Verkommt. Amme dringt. Sie gesteht. Amme vertraut's dem Vater [...] Suleicha sieht den Jussuf zum 2ten mal im Traum. Wird wahnsinnig auf ein Jahr.«

Indessen ist der männliche Widerpart Suleikas im *West-östlichen Divan* eben nicht der betörend schöne Jussuf oder alttestamentliche Joseph: eine Gestalt, der Goethe sich als Halbwüchsiger so nahe fühlte, dass er sogar ein Josephs-Epos in Prosa verfasste, wie er im 4. Buch des ersten Teils von *Dichtung und Wahrheit* berichtet. Der Dichter des *Divan*, seines Alters bewusst, legt sich einen andern Namen zu: Hatem.

Da du nun Suleika heißest
Sollt ich auch benamset sein,
Wenn du deinen Geliebten preisest,
Hatem! das soll der Name sein.
Nur dass man mich daran erkennet,
Keine Anmaßung soll es sein.
Wer sich St. Georgenritter nennet
Denkt nicht gleich Sankt Georg zu sein.
Nicht Hatem Tai, nicht der Alles Gebende
Kann ich in meiner Armut sein.
Hatem Zograi nicht, der reichlichst Lebende
Von allen Dichtern, möchte ich sein.
Aber beide doch im Auge zu haben
Es wird nicht ganz verwerflich sein:
Zu nehmen, zu geben des Glückes Gaben
Wird immer ein groß Vergnügen sein.
Sich liebend aneinander zu laben
Wird Paradieses Wonne sein.

Hatem also. Im Gegensatz zu Joseph/Jussuf kein bekannter Name. Goethe mag der Klang dieses Namens gefallen haben, der im Deutschen an etwas für ihn so Wichtiges wie »Atem« anklingt. Zu seiner Zeit sogar noch mehr, da man das Wort ja noch mit einem »h« (als »Athem«) zu schreiben pflegte. Auch scheint einem dieser Name für einen alternden Dichter passend, besser jedenfalls als der aufreizend jugendlich klingende Name Jussuf. Goethe fand den Namen bei Hafis und auch in andern Quellen. Und wenn er als Beispiele »Hatem Tai« und »Hatem Zograi« nennt, so geht es ihm offenbar darum, sich über diese beiden als beispielhaft freigiebig und lebensoffen bekannten Figuren, »reichlichst« gebend und nehmend, einen »Wert« zuzulegen, der Jussufs Schönheit mindestens standzuhalten vermag.

In Liebe aber entbrennt nicht nur Suleika, sondern auch er selbst. Dennoch ist die entsagende Liebe, besser: die »keusche, obgleich brennende Liebe« der orientalischen Suleika-Geschichte bei dem rund drei Monate später entstehenden Liebesduett mit Marianne Willemer stets mitzudenken. Von den *Erotica Romana* ist dieses Duett jedenfalls so weit entfernt wie die Gerbermühle von Rom.

Im herrlichen Weltgarten

Anders als im Jahr zuvor, als Goethe die Strecke von Frankfurt nach Wiesbaden der Hitze wegen in der Nacht zurücklegte und wo dann während der Fahrt das Gedicht *Allleben* entstand, erreichte er diesmal den Rheingau bei Tag und schönstem Sonnenschein. Sein Begleiter Carl Stadelmann, der auf dieser Reise selber Tagebuch führte, berichtet davon:

> Unsere Reise ging auf Wiesbaden los. Wir langten in Hattersheim an, der Postmeister, ein sehr höflicher Mann, sprach so lange mit dem Herrn am Wagen und wehrte die Bettler ab, bis die Pferde vorgelegt waren. [...] Wir reisten ab und kamen auf

> der Chaussee an Stellen, wo die Bäume beinah blattleer waren und besonders die Nussbäume. Wir konnten im Anfang die Ursache nicht erraten, hernach aber zeigte es sich, dass es Maikäfer waren, welche diese Schaden verursachten, und die Nussbäume beinahe gänzlich verzehrt hatten. Auf der Höhe der herrlichsten Chaussee, welche man nur sehen kann, stieg der Herr aus und ließ halten. Die Aussicht ist hier wirklich schön, angenehm und ausgebreitet.

Was Goethe selbst empfand beim Anblick der weiten Landschaft am Rhein, erfährt man aus einem Brief, den er am selben Tag an Christiane schrieb:

> Wenn man von der Höhe vor Wiesb. den Rhein sieht, von Oppenheim herab, bei Mainz vorbeifließen und wie er dann, gegen Ellfeld, die große Aue in sich fasst und weiter hinab die Reihe der Ortschaften, der Johannesberg und bis Bingen die Landschaft erscheint; so weiß man doch warum man Augen hat. Dies zu erfahren war mir sehr nötig.

Einquartiert wie im Jahr zuvor im Gasthof zum Bären war Goethe diesmal allein mit seinem Diener und Schreiber. Doch auch allein – oder gerade allein und ungestört, zumal vom neu aufgeflammten Krieg in Wiesbaden, abgesehen von der Anwesenheit der preußischen Garde und der allgemein »schicksalsschwangeren« Atmosphäre, nicht viel zu spüren war – fühlte er sich in produktivster Stimmung. Obschon sich bei der Badekur die »gichtischen Schmerzen« in den Gelenken anfangs schmerzhaft verschlimmerten, so dass der linke Arm fast unbeweglich wurde, vertraute Goethe auf den Arzt, der ihm versicherte, es gelte nur durchzuhalten.

Und er hielt durch. Erfreute sich wie im Jahr zuvor des täglichen »belehrenden« und »erheiternden« Umgangs mit Bergrat Cramer, den er einmal sogar auf einer mehrtägigen »Geschäftsreise« begleitete, der schlechten Straßen wegen eine anstrengende Unternehmung, die er sich jedoch nicht entgehen lassen wollte, da seine geologische Leidenschaft ihn keinen Moment losließ und er sich in Gesellschaft dieses Experten neue Erkenntnisse versprach. Las in der städtischen Bibliothek die Zeitungen und Journale. Studierte, um auch den Orient gegenwärtig zu halten, was er von einem berühmten Reisenden und auch Handelsreisenden mitgenommen hatte: *Les six voyages de Jean Baptiste Tavernier* [...] *en Turquie, en Perse, et aux Indes pendant l'espace de quarante ans & par toutes les routes que l'on peut tenir* [...], Utrecht 1712.

Als Erstes jedoch begann er, den *Divan* zu ordnen, der sich allein auf der Reise um »18 Assessoren« vermehrt hatte. Unter provisorischen Gedichttiteln entstand dabei das, was man heute das »Wiesbadener Register« nennt. Wovon er am 8. Juni seinem Sohn August berichtet:

> Herzkirschen stehen schon in großen Körben an allen Ecken. Unter den Pflanzen ist mir eine gefüllte Lychnis vorgekommen, als Gartenschmuck das schönste, was man sehen kann, auf den Herbst hoffe ich soll man uns Pflanzen schicken. Die Rosen blühen vollkommen, die Nachtigallen singen wie man nur wünscht und so ist es keine Kunst sich nach *Schiras* zu versetzen. Auch sind die neuen Glieder des *Divans* reinlich eingeschaltet und ein frischer Adresskalender der ganzen Versammlung geschrieben, die sich nunmehr auf hundert beläuft, die Beigänger und kleine Dienerschaft nicht gerechnet. Und so sind denn die Tage der Reise und des hiesigen Aufenthalts froh und nützlich zugebracht.

»Froh und nützlich« – das betrifft auch die Arbeit an der *Italienischen Reise*. Neapel, Sizilien sind nun die Stationen. Goethe diktiert täglich in den frühen Morgenstunden. Wobei ihm zugutekommt, was er vor einem Jahr in Berka mit Hilfe von Caroline Ulrich – inzwischen verheiratet mit Goethes Mitarbeiter Friedrich Wilhelm Riemer – im Konzept vorgearbeitet hatte:

Wie viel man tun kann, anhaltend, in sechzehn bis siebzehn Stunden, sich selbst gelassen und mit entschiedenem Zweck, erfahre ich wieder, seit langer Zeit zum ersten Male. Die sizilische Reisegeschichte geht ihren lustigen Gang, ich diktiere sogar im Bade. Dies aber wird ganz allein möglich durch die bedeutende Vorarbeit, die ich, mit Ulinen, vorm Jahr in Berka zu Stande brachte, woraus der vollkommene Kalender meiner Reise sich reiht.

So in dem erwähnten Brief an August. Dass ein solches Tagespensum auch für seinen Mitarbeiter, den Schreiber Carl, anstrengend war, kann man sich vorstellen.

Was aber mochte ihm in diesem Wiesbadener Frühsommer 1815, bei zunächst »heiterstem Wetter«, nicht alles von neuem gegenwärtig geworden sein. Die Besteigung des Vesuvs. Die Überfahrt von Neapel nach Sizilien, wo er sich zum ersten Mal auf offener See befand und wegen Seekrankheit die meiste Zeit in der Kabine verbrachte. Der Nachmittag, da das Schiff sich der Küste Siziliens näherte und die Bucht von Palermo in »dunstiger Klarheit« erschien, wie auf einem Bild des geliebten Malers Claude Lorrain. Sicher auch die Tatsache, dass ihm – dem die stürmische Meerfahrt Gestalt und Schicksal des Odysseus nahegebracht haben mochte – während der ganzen Reise durch Sizilien der Gedanke an ein Nausikaa-Drama nicht aus dem Kopf ging, obschon am Ende nur einige Verse entstanden, darunter diese bezaubernden: »Ein weißer Glanz ruht über Land und Meer / Und duftend schwebt der Äther ohne Wolken […].«

Auch mochte er daran gedacht haben, dass es in Sizilien sein Schicksal war, ein »wahres Unglück«, nennt er es da einmal, »von vielerlei Geistern verfolgt und versucht zu sein«. Denn als er sich am 17. April 1787 in den öffentlichen Garten von Palermo begab, mit dem »festen, ruhigen Vorsatz«, den »dichterischen Träumen« seines Nausikaa-Dramas weiter zu folgen, ergriff ihn beim Anblick so vieler Pflanzen, »froh und frisch unter freiem Himmel«, die er von zu Hause nur in Kübeln und Töpfen oder in Glashäusern zu sehen gewohnt war, unversehens wieder seine botanische Leidenschaft. Und was ihn zu Beginn der Reise im Botanischen Garten von Padua, in dieser neuen, überwältigenden Fülle der Vegetation noch vage vor Augen schwebte – »dass man sich alle Pflanzengestalten vielleicht aus einer entwickeln könne« –, überfiel ihn an diesem Frühlingsmorgen in Palermo als Vision: »[…] ob ich nicht unter dieser Schar die Urpflanze entdecken könnte. Eine solche muss es denn doch geben! Woran würde ich sonst erkennen, dass dieses oder jenes Gebilde eine Pflanze sei, wenn sie nicht alle nach einem Muster gebildet wären?«

1790, zwei Jahre nach seiner Rückkehr, erschien dann der *Versuch die Metamorphose der Pflanzen zu erklären*. Es war der Versuch, so Goethe, »die mannigfaltigen, besonderen Erscheinungen des herrlichen Weltgartens auf ein allgemeines, einfaches Prinzip zurückzuführen«.

Folgt man seiner Sicht, wie er sie in seinem viele Jahre später, im April 1817, geschriebenen Aufsatz *Schicksal der Handschrift* darlegt, so geschah es aus einer Art Verzweiflung: einer Flucht in die Arbeit in einem Moment, da er, dessen Seele in Italien geblieben war, in Weimar, von den Freunden verständnislos behandelt, sich trostlos einsam fühlte: »Niemand verstand meine Sprache.«

Eine aber verstand sie doch: Die junge Christiane Vulpius, die ihm damals mit ihrer unverstellten Sinnlichkeit, Zärtlichkeit, ihrem praktisch-häuslichen Sinn und bald schon mit einem gemeinsamen Kind eine bisher unbekannte Daseinsfreude schenkte. Ihr, der sachkundigen Gärtnerin im häuslichen Garten, ist denn auch das Gedicht *Die Metamorphose der Pflanzen* gewidmet, das Goethe im Juni 1798 schrieb. Ein Lehrgedicht in Form einer Elegie, das mit einer Belehrung beim Gang durch den Hausgarten beginnt: »Dich verwirret, Geliebte, die tausendfältige Mischung / Dieses Blumengewühls über dem Garten umher […]« – und als Liebesgedicht, das heißt, mit den »Metamorphosen« der eigenen Liebesgeschichte, der »heiligen Liebe«, endet.

Kriechend zaudre die Raupe, der Schmetterling eile geschäftig
 Bildsam ändre der Mensch selbst die bestimmte Gestalt.
O! Gedenke denn auch wie, aus dem Keim der Bekanntschaft,
 Nach und nach in uns holde Gewohnheit erspross,
Freundschaft sich mit Macht aus unserm Innern enthüllte,
 Und wie Amor zuletzt Blüten und Früchte gezeugt.
Denke wie mannigfach bald diese bald jene Gestalten,
 Still entfaltend, Natur unsern Gefühlen geliehn,
Freue dich auch des heutigen Tags! die heilige Liebe
 Strebt zu der höchsten Frucht gleicher Gesinnungen auf,
Gleicher Ansicht der Dinge, damit in harmonischem Anschaun
 Sich verbinde das Paar finde die höhere Welt.

Damals verführte ihn die – verglichen mit der wissenschaftlichen Metamorphosenlehre – gute Aufnahme des Gedichts beim Publikum, namentlich dem weiblichen, zu einem großen Plan: Nämlich zu dem eines »Naturgedichts« in der Nachfolge von Lukrez' großem Epos *De rerum natura*, das sein Freund Knebel übersetzt hatte. Mit Schiller und Knebel spricht er mehrfach darüber. Doch wie einst das Projekt eines »Romanes über das Weltall« blieb auch dieses großgedachte Vorhaben liegen, das wie jenes von der Überzeugung lebte, dass Poesie und Wissenschaft zusammengingen, da die Letztere ohnehin aus der Ersteren entstanden sei.

Vergessen aber hatte es Goethe offensichtlich nicht. Noch im Oktober 1815 ist in einem Gespräch mit Sulpiz Boisserée von diesem »Natur-Gedicht« die Rede. Dazu Boisserée in seinem Tagebuch am 3. Oktober:

> Ich erinnere an sein Gedicht von der Schöpfung [gemeint ist das Gedicht *Wiederfinden*] das er dieser Tage gemacht [...]. Dies gibt mir Anlass von seiner Natur-Ansicht zu reden und seinem Vorhaben ein Natur-Gedicht zu schreiben. Er verwirft es jetzt. Man ist zu sehr gebunden. Besser einzelne abgerissene Gedanken wie die einzelnen Gedichte des ›Divan‹ – die man nachher in ein Ganzes ordnet. Ich muntere ihn dazu auf.

Nun bedeutet, was Goethe hier äußert, wohl nicht, dass er die *Divan*-Gedichte insgesamt als Bruchstücke oder Mosaiksteine eines großen Naturgedichts verstand. Dennoch ist überraschend, wenn man einmal darauf achtet, wie viele Gedichte von Naturerscheinungen ausgehen. Angefangen beim Nebelbogen des Gedichts *Phänomen* und endend buchstäblich beim Weltanfang im Gedicht *Wiederfinden.*

Frieden

So »froh und nützlich« wie begonnen, ging dann der Badeaufenthalt nicht weiter. Das Wetter wurde regnerisch. Und erneut traf Goethe, wenngleich indirekt, eine empfindliche Störung in Form einer Krankheit. Diesmal war es Carl Stadelmann, der gefährlich erkrankte. Die Arbeit an der *Italienischen Reise* geriet ins Stocken. Außerdem hatte sich seine Exzellenz um alles, was Carl sonst für ihn »treu und sorgfältig« besorgte, selbst zu kümmern. Er war also heilfroh, am 6. Juli Antonia Brentano zu melden: »*Dieser gute Mensch* erholt sich nun wieder.« Und zwar dank eines »sehr geschickten Arztes«, so an Christiane.

Am 21. Juni war allerdings noch eine andere befreiende Nachricht eingetroffen. Zunächst zwar »zu großem Schrecken«, wie Goethe in den Annalen von 1815 schreibt, in Form einer Falschmeldung, welche die Schlacht von Waterloo für verloren erklärte. Kurz darauf jedoch die Berichtigung: Am 18. Juni war Napoleon mit seinem Heer von den englischen Truppen unter Wellington und den alliierten unter dem Oberbefehl des preußischen Feldmarschalls Blücher besiegt worden. Somit konnten die Badegäste, die aus »Furcht vor der schnellen Ausbreitung der französischen Truppen, wie vormals, über Provinzen und Länder« schon »Anstalten zum Einpacken« gemacht hatten, sich erleichtert von neuem einrichten.

Zu unbekümmert durfte man seine Freude über diesen Sieg und den endlichen Frieden jedoch nicht äußern, denn, so Goethe am

11. Juli an Christiane, die sich mit ihrer neuen Gesellschafterin Madame Kirsch in Karlsbad befand:

> Unterdessen bedauert jede Familie einen Toten, Verwundeten, Vermissten, Verstummten. Und dies gibt bei so großem Glück dem Aufenthalt eine traurige Stimmung, auch Blessierte kommen nach und nach. Die vorjährigen Vereine sind wieder in voller Tätigkeit.

Als er zusammen mit dem ehemals preußischen Minister Freiherrn vom Stein, der ihn nach Nassau eingeladen hatte, am 25. Juli eine Fahrt nach Köln unternahm und unterwegs all die Zerstörungen sah, packte Goethe, der in dieser Beziehung sonst eine bewusste, seine Zeitgenossen oft irritierende Neutralität vertrat, zum ersten Mal eine förmliche Wut auf die Franzosen: Diese »gequälte Gegend«, schreibt er am 1. August an seinen Weimarer Ministerkollegen Voigt, »auf ewig entstellt und zerrüttet.«

In Köln, wo der bekannte deutsche Staatsmann und der berühmte deutsche Dichter, über Napoleon bisher geteilter Ansicht, doch jetzt offenbar in Sympathie vereint, wie höhere Wesen gefeiert wurden, sah er seit langem auch wieder den Dom. Doch nun, da er von seinem Freund Boisserée bis ins Detail über die Vollendungspläne unterrichtet war, mit einem ganz andern Blick als damals, auf seiner Rheinreise im Sommer 1774 in Begleitung von Lavater und Basedow, als ihn dieses groß Geplante und Unfertige eher bedrückt hatte.

Jetzt empfand er die grandiose Bauruine als eine Aufforderung, die im vorigen Jahr schon geplante Denkschrift mit dem Titel *Kunst und Altertum an Rhein, Main und Neckar*, die er in seiner Begeisterung über die Sammlung der Brüder Boisserée spontan verspochen hatte, ernsthaft anzugehen und möglichst bald zu publizieren. Die Zeit war reif dafür, da man überall das Unvollendete oder Zerstörte herzustellen, das seit der Säkularisation Zerstreute zu sammeln, das im Krieg Geraubte und auch das Gerettete an seinen angestammten Ort zurückzuschaffen suchte. Goethe sah sich in der

Verantwortung, ein Wort mitzureden. Zumal es auch eine Gelegenheit war, sich seinen deutschen Landsleuten auf dem Weg über die Kulturpolitik wieder anzunähern.

Und als er von Köln nach Wiesbaden zurückkehrte, erwartete ihn dort genau der richtige Mann für dieses Unternehmen: Sulpiz Boisserée. Der den »Alten«, so des Öfteren sein Ausdruck, von da an treulich durch den Spätsommer und die Suleika-Zeit begleitete bis in den Oktober hinein, bis zu Goethes fluchtartiger Heimkehr von Heidelberg nach Weimar. Dank dem Tagebuch, das er führte, weiß man denn auch einiges über diese Zeit. So heißt es am 2. August: »Mittags *bei Goethe* fröhlicher herzlicher Empfang.«

Wahlverwandtschaften?

»Freundlichst«, so an Christiane, wurde Goethe selbst empfangen, als er, begleitet von Carl Stadelmannn, am Samstag, dem 12. August, bei den Willemers auf ihrem Anwesen am Mainufer, der Gerbermühle, eintraf. Lang ersehnt, mehrfach eingeladen, schriftlich und bestimmt auch mündlich – Willemer hatte Goethe Anfang Juli in Wiesbaden allein besucht – nun wirklich da!

Er hatte es noch ein wenig hinausgezögert. In Frankfurt, das wusste er, würden sie ihn in Anspruch nehmen. Deshalb wollte er noch in Wiesbaden mit dem ersten Kapitel der geplanten Denkschrift, das Köln gewidmet sein sollte, beginnen. Wobei ihm der tägliche Austausch mit Sulpiz Boisserée eine Intensität der Beschäftigung garantierte, die ihm gerade bei diesem Thema, dem er sich mit eher künstlichem Eifer hingab, »höchst nötig« war.

Auf die Nähe Boisserées wollte er also keinesfalls verzichten und zugleich doch lieber allein zu Gast in der Gerbermühle sein. Mit einer bemerkenswerten Begründung, die Boisserée am 4. August in seinem Tagebuch notierte: »[...] käme ich zu Wilmer [Willemer] – so gäbe es Wahlverwandtschaften – die Verhältnisse änderten ja immer wie ein Dritter oder Vierter hineintrete, das möge er nicht – darum, hätte Wilm. [Willemer] selbst gesagt ich sollte bei ihm sein, so würde er mich gebeten haben ich solle wegbleiben.« Daher logierte Boisserée in Frankfurt, im Gasthof zum Schwan, wo ihn Goethe an jenem 12. August kurz vor Mittag aussteigen ließ, mit der Versicherung, am Montag wieder in die Stadt kommen zu wollen. Eine halbe Stunde später fuhr seine Reisekalesche auf der Gerbermühle vor.

Sollte Goethe wirklich nur in Bezug auf seinen jungen, noch unverheirateten Freund – Boisserée, 1783 geboren, war ein Jahr älter als Marianne und ein Jahr jünger als Rosette Städel – »Wahlverwandtschaften« befürchtet haben, während er seine eigene Gegenwart für gänzlich unverfänglich hielt? Wähnte er sich so sicher, alt wie er war und »glücklich« verheiratet? Einige mochten das anders sehen. Goethe aber sah es so, überzeugt, dass er »mit keiner anderen Frau hätte glücklich werden können«, so im Gespräch mit einer Frankfurter Freundin im Herbst 1814. Wobei ihm wohl auch keine andere Frau so viele Freiheiten und so lange Abwesenheiten von Zuhause gestattet hätte, ohne zu schmollen, wie Christiane.

Oder wollte er allein zu Gast sein auf der Gerbermühle, weil er ängstlich war, seine im letzten Jahr angeknüpfte freundschaftliche Beziehung zu den beiden Frauen und speziell Mariannes Neigung mit einem Jüngeren zu teilen?

Man weiß es nicht. Jedenfalls war Sulpiz Boisserée dann doch ein häufiger, überaus gern gesehener Gast auf der Mühle, und die letzten drei Tage von Goethes Aufenthalt in Frankfurt, ehe sie zusammen nach Heidelberg weiterreisten, nahm er auch dort Quartier. Eine interessante Bemerkung in seinem Tagebuch zeigt, wie genau man in dieser Gesellschaft um die Gefahr von »Wahlverwandtschaften« wusste, wie vergnügt man mit anzüglichen Situationen umging, und wie heiter man dann doch die »Entsagungs«-Grenze setzte.

Jedenfalls spricht es für ein Bewusstsein von Grenze ebenso wie für eine Freude am Erotischen und für ein heiteres Spiel mit beidem, wenn ein Mann wie Willemer den beiden Frauen zwar liebend gern, doch mit der entsprechenden Vorkehrung, das Gespräch durch die offene Tür mit dem im Bett frühstückenden Sulpiz gönnte. Eine Szene wie aus einer Opera buffa.

So heißt es bei Boisserée am Samstag, dem 16. September: »Wilmer bringt mir den Kaffee ans Bett, munteres Gespräch aus dem Bett mit den im Neben-Zimmer frühstückenden Frauen.« Und zwei Tage später, am 18. September, es ist der Tag der Abfahrt: »Schön Wetter. Frühstück im Bett – Partisane und Hellebarde kreuzweis in der offenen Tür des Neben-Zimmers wo die Frauen frühstücken. Fahrt mit beiden nach der Stadt – große Lustigkeit, wir sitzen sehr enge [...] – Rede von meiner Musikliebe – Dann Spaß dass ich jenes Duett aus ›Don Juan‹ ›Gib mir die Hand, mein Leben‹, habe singen lernen sollen.«

An dieser Stelle kann gleich auch die immer wieder kolportierte falsche Lesart einer anderen Passage aus Boisserées Tagebuch korrigiert werden, die zu allen möglichen Vermutungen Anlass gab: Vor allem der, am letzten Tag von Goethes Aufenthalt sei auf der Gerbermühle etwas vorgefallen, das Marianne veranlasste, plötzlich sehr auf die schnelle Abfahrt Goethes zu drängen. Selbst Thomas Mann hat in seinem Roman *Lotte in Weimar*, dieser Fehlinterpretation aufsitzend, etwas Bedeutungsvolles daraus gemacht.

Dabei hätte man nur genau hinschauen müssen. Denn der Satz »Große Hetze – die kleine Frau [so öfter Boisserées Ausdruck für Marianne] dringt gewaltig auf die Abfahrt« steht gar nicht im Zusammenhang mit Goethes Abfahrt von der Gerbermühle, die am späteren Nachmittag, nachdem man einen unliebsamen Mittagsgast, den man nicht zum Zeugen des Abschieds wünschte, abgewimmelt hatte, in aller Ruhe vonstattenging, sondern auf die Abfahrt von Frankfurt zurück zur Gerbermühle. Marianne wollte zweifellos noch einmal für einen guten Augenblick mit Goethe zusammen sein – tatsächlich ergab sich dann vor dem Mittagessen noch ein kleiner Spaziergang in Gesellschaft –, und es enervierte sie, wie Boisserée, der in Frankfurt alles Mögliche noch schnell erledigen wollte, die Rückfahrt verzögerte.

Im reinen Himmels-Lande

Keine Rede also davon, dass »die junge Wirtin« in »fast ungastlicher Weise zum Abschied drängte«, wie Goethes Sohn August bei Thomas Mann zu wissen glaubt. Was hätte sie auch dazu bringen sollen, da die Nähe des Dichters ihr eine Welt erschloss, in der sie wohl für immer hätte leben mögen. »Das war eine schöne Zeit, gewiss meine glücklichste!« – so ihre spätere Einschätzung, wohl bis zu ihrem Lebensende. Wie Goethe einst in Italien noch einmal neu die Augen aufgingen, Herz und Sinne für Natur, Kunst, Daseinsfreude, so offensichtlich auch Marianne in seiner Gegenwart.

Was sie erlebte, zwar in vertrautem Umfeld, mag durchaus eine Art »Wiedergeburt« gewesen sein. Dass sie sich zum ersten und auch letzten Mal wirklich jung gefühlt habe (und wohl auch zum ersten und einzigen Mal auf eine sie beflügelnde Weise geliebt), wird sie später einmal schreiben. Allerdings in einem Moment, da sie es als ein verlorenes Glück betrauerte. Und wenn Goethe kurz vor seinem Abschied von Rom schrieb: »In jeder großen Trennung liegt ein Keim von Wahnsinn«, so ist ihr auch diese Erfahrung, nach seinem Abschied und endgültigen Ausbleiben, zunächst nicht erspart geblieben.

Von Italien aber muss in den geselligen Gesprächen oft die Rede gewesen sein. Und wenn Marianne Lieder zur Gitarre sang, war das schöne achtsaitige Instrument, das sie spielte, ein in Neapel gefertigtes, das sie von ihrer Italienreise mitgebracht hatte.

Sie wusste also, wovon sie sang, wenn sie dem Freund Mignons Sehnsuchtslied *Kennst du das Land, wo die Zitronen blühn* vortrug, das eines ihrer liebsten Lieder gewesen sein muss. Wer weiß, ob sie sich ihrer ungewöhnlichen Lebensgeschichte wegen nicht sogar in dem geheimnisvollen Kind spiegelte? Jedenfalls nennt auch Willemer sie in seinen Briefen gelegentlich Mignon.

Kennst du das Land, wo die Zitronen blühn,
Im dunkeln Laub die Goldorangen glühn,
Ein sanfter Wind vom blauen Himmel weht,
Die Myrte still und hoch der Lorbeer steht,
Kennst du es wohl?
Dahin! Dahin
Möcht' ich mit dir, o mein Geliebter, ziehn!

Kennst du das Haus? auf Säulen ruht sein Dach,
Es glänzt der Saal, es schimmert das Gemach,
Und Marmorbilder stehn und sehn mich an:
Was hat man dir, du armes Kind, getan?
Kennst du es wohl?
Dahin! Dahin
Möcht' ich mit dir, o mein Beschützer, ziehn!

Kennst du den Berg und seinen Wolkensteg?
Das Maultier sucht im Nebel seinen Weg,
In Höhlen wohnt der Drachen alte Brut,
Es stürzt der Fels und über ihn die Flut:
Kennst du ihn wohl?
Dahin! Dahin
Geht unser Weg; o Vater, lass uns ziehn!

Ob aber Goethe nicht seinerseits, wenn er sie »liebe Kleine« nannte, auf *Wilhelm Meister* anspielte, der Mignon, nachdem sie ihm das Italien-Lied erstmals gesungen hatte, genauso anspricht?

> Nachdem sie das Lied zum zweiten Mal geendigt hatte, hielt sie einen Augenblick inne, sah Wilhelmen scharf an und fragte: »Kennst du das Land?« – »Es muss wohl Italien gemeint sein«, versetzte Wilhelm; »woher hast du das Liedchen?« – »Italien!«, sagte Mignon bedeutend; »gehst du nach Italien, so nimm mich mit, es friert mich hier.« – »Bist du schon dort gewesen, liebe Kleine?« fragte Wilhelm. – Das Kind war still und nichts weiter aus ihm zu bringen.

Doch Italien war nur die eine geteilte Erfahrung. Die andere war sehr bald schon die orientalische und poetische Welt von Hafis' Dichtung. Dass viele von Goethes Freunden seine neue Orientbegeisterung verstanden, darf bezweifelt werden. Zelter, sicher, nahm daran teil, Knebel, der Weimarer Damenkreis um Herzogin Louise, auch Boisserée. Mit Hingabe jedoch, affiziert von seinem Enthusiasmus, folgte ihm nur Marianne in diese neu entdeckte Welt. Ab wann sie eine Hafis-Ausgabe besaß, ob Goethe ihr eine als Geschenk mitbrachte, weiß man nicht genau. Doch in die Gesänge des persischen Sängers muss sie sich spätestens während Goethes Aufenthalt auf der Gerbermühle mit Leidenschaft vertieft haben, so dass ihnen dessen *Diwan* zu einer Fundgrube für ihre Liebesgefühle wurde.

Was dann, wohl von Marianne angeregt, zu einem Austausch verschlüsselter Mitteilungen führte, den sogenannten »Chiffernbriefen«, in denen sie Stellen aus Hafis' *Diwan*, mit Seiten- und Verszahl bezeichnet, zu einer Fragmenten-Collage verbanden, die sich nur ihnen beiden auf Grundlage ihrer Hafis-Ausgaben als ein Kaleidoskop erotischer Gefühle erschloss, welche die eigenen zugleich verfremdeten und verschärften. In Bildern, deren archaisch-elementare und zugleich geistig überhöhte Symbolik stellenweise fast ans *Hohelied* erinnern, von dem Goethe sehr früh, 1774/75, Teile für sich neu übersetzt hatte, wie er in einem Brief vom 11. Oktober 1775 an seinen Freund Merck schreibt: »Ich habe das Hohelied Salomons übersetzt, welches ist die herrlichste Sammlung Liebeslieder, die Gott erschaffen hat.« Eine erstaunliche Formulierung, die zeigt, wie nahe Goethe die »hebräische Poesie« des Alten Testaments noch mit jener »Himmelslehr in Erdesprachen« verbunden sah. Oder vielleicht überhaupt die Poesie?

An das *Hohelied* jedenfalls könnte einen die Hafis-Stelle in Goethes erstem erhaltenem Chiffernbrief erinnern: »Sage Morgenwind mit Schmeicheln / Jener lieblichen Gaselle, / Auf die Berge in die Wüsten / Hat die Liebe mich getrieben.«

Über diesen »Bestandteil« ihres Liebesdialogs schrieb Marianne von Willemer zweiundvierzig Jahre später, am 21. Januar 1857, an den mit ihr befreundeten jungen Herman Grimm (Germanist und Goetheforscher und Sohn Wilhelm Grimms), der ihr manches über Goethe und zuletzt auch das Geheimnis ihrer Beteiligung am *Buch Suleika* entlockte:

> Um nun deine Erwartung nicht allzusehr getäuscht zu haben, schicke ich dir noch einige Blättchen mit, die damals den Hauptreiz unseres Briefwechsels bildeten, wo das *Geheimnis*, ein wesentlicher Bestandteil, nicht fehlen durfte. Die bezeichneten Stellen sind aus dem Diwan von Hafis, den du entweder selber hast oder leicht verschaffen kannst. [...] Wenn du nun im Diwan das schöne Gedicht: *Geheimschrift* Lasst Euch o Diplomaten – – – (liest), so ist es für dich keine Geheimschrift mehr, und ich habe dir wieder einiges aus der glücklichsten Zeit meines Lebens mitgeteilt.

Das genannte Gedicht – mit dem zentralen Vers »Es ist die Liebesfülle / Im lieblichsten Revier« – wird dann allerdings erst in Heidelberg entstehen. Doch müssen zuvor schon solche konspirative Zettelchen ausgetauscht worden sein. Einige hat Goethe später in seine Hafis-Ausgabe eingeklebt.

Doch Marianne folgte ihm nicht nur in die aufregend fremde Welt von Hafis' orientalischer Dichtung. Die Nähe des geliebten Gastes erschloss ihr auch noch einmal neu die naheliegende und sichtbare der Natur, die sie ohnehin liebte. Und wenn sie auch von Goethe unterschied, dass sie der katholischen Frömmigkeit ihrer Kindheit ein Leben lang anhing – eine Anhänglichkeit, die sie mit Boisserée teilte –, so war ihr Goethes Naturfrömmigkeit doch keineswegs fremd. Höchst interessiert war sie auch an seinen naturwissenschaftlichen Einsichten. In der Rolle eines Famulus (eines frischeren jedoch als Fausts Wagner) könnte man sie sich durchaus vorstellen.

Jedenfalls muss sie seinem forschenden Blick auf die Naturerscheinungen, seinen Erklärungen, seinen Deutungen geradezu begierig gefolgt sein. Und treu wie alles bewahrte sie das damals Erfahrene ein Leben lang. So schrieb sie noch ein Jahr vor Goethes Tod, am 16. Februar 1831:

> […] wäre mir bestimmt gewesen, länger Ihres Umgangs mich zu freuen, ich hätte mir noch manches sammeln und bewahren können; doch auch für diesen kurzen Lichtblick in meinem Leben bin ich dankbar, wie für vieles.

Fünf Monate später, am 17. Juli, berichtet sie dem Freund eingehend von den Beleuchtungen und Wolkenbildungen dieses Sommers, auch von einem besonders merkwürdigen Regenbogen, wobei sie solche Naturerscheinungen ganz offensichtlich zu den »freudigen Ereignissen« ihres Lebens zählte:

> Wenn wir nur zu oft und gern Ihre Gesellschaft wünschen, und jedes freudige Ereignis mit Ihnen zu teilen verlangten, so ist es ganz besonders bei diesen schönen und wundervollen Beleuchtungen der Fall, womit dieser Sommer uns für anderweitige Unbilden zu entschädigen sucht. Ich weiß nicht, ob es eine Eigenheit hiesiger Gegend oder auch sonst beobachtet wird: noch nie schienen mir die Sonnenuntergänge so eigen, eine solche Masse von Licht, nie die Wolkenbildungen so phantastisch, so häufige Regenbogen, wovon ich gestern einen ganz kuriosen sah. Er stand bei mäßiger Beleuchtung nach einem Gewitterregen gegen Offenbach, und zwar so niedrig am Horizont, dass der innerste Bogen gerade einige Häuser und die Kirche überwölbte, und so breitete er sich wie eine sehr große halbe Scheibe aus, die in der Mitte eine Öffnung hat, worin man nichts als die Gebäude sah; die Breite war so beträchtlich, dass man das Grün sechsmal unterscheiden konnte, die Farben waren schwach, aber deutlich, das Grün am deutlichsten; es war ein eigner, zauberischer Anblick.

Und wie Goethe einst ihre zwei Gedichte an den Ostwind und an den Westwind in das *Buch Suleika* aufnahm, so meldet er am 6. Dezember aus seinem »Winterquartier«, dass er nun endlich dazu gekommen sei, die »schöne Beschreibung des merkwürdigen Regenbogens« in seine »Kollektaneen« eintragen zu lassen.

Indessen waren jene Wochen auf der Gerbermühle auch für Goethe selbst besonders glücklich angeregte, vor allem, was seine naturwissenschaftlichen Forschungen, namentlich die Farbenlehre, betraf. So besuchte ihn dort für ein paar Tage der mit ihm befreundete Physiker Thomas Seebeck, der das Phänomen der entoptischen Farben entdeckt hatte und der zu den wenigen gehörte, welche die eigenwillige Auffassung von Licht und Farbe in Goethes *Farbenlehre* teilten.

Es ist anzunehmen, dass er sogar einen entsprechenden Apparat mitbrachte, mit dem man das Phänomen der entoptischen Farben erzeugen und beobachten konnte. Und wenn Boisserée in seinem Tagebuch schreibt, dass er es »bei Seebeck gesehen« habe, werden es auch die Willemers gesehen haben, die mit Sicherheit zu den »Naturfreunden« zählten, denen der Physiker, wie Goethe in den *Annalen* schreibt, die durch ein Spiegelverfahren entstehenden Bilder »vor Augen zu bringen wusste«.

Doch eindrucksvoller als solche künstlich erzeugten Farbphänomene müssen für Marianne die natürlichen gewesen sein, die sich ihr in Goethes Anwesenheit noch einmal neu erschlossen. Darauf kommt sie in ihren späteren Briefen immer wieder zurück. Während der *Divan* und die orientalische Welt allmählich aus den Briefen verschwinden, bleiben umso leuchtender die Naturbetrachtungen jener Tage: als Inbilder jener »glücklichsten« Zeit, die für die sehnsuchtsvolle Erinnerung scheinbar am besten in solchen naturgeschaffenen Stimmungen aufgehoben war. So schrieb Marianne am 25. August 1824 in einem Brief zu Goethes Geburtstag:

> Mit inniger Liebe gedenken wir Ihrer und segnen still und einsam das Fest Ihrer Geburt. Der Himmel scheint es verherrlichen zu wollen, denn die Sonne färbt mit glühendem Purpur den kla-

> ren Abendhimmel, der Main ist dunkelblau wie die Schatten, die Wolken sind beinahe grün, und der Berg ist violett, ganz so wie damals; aber einer fehlt, der es betrachtet und deutet, und andere dadurch beglückt.

»Damals« – das war der 28. August 1815, den Goethe auf der Gerbermühle verbrachte, wo man alles tat und sich einfallen ließ, um diesen Geburtstag zu einem unvergesslichen zu machen. Mit allerlei orientalischem Dekor spielte man auf des Dichters poetische Orientfahrt an: unter anderem gab es sinnbildlich einen mit Lorbeer bekränzten Turban für den »west-östlichen« Dichter. Die beiden Frauen, Marianne und Rosette, die diesen Tag mit froher Geschäftigkeit inszenierten, dürften dabei noch glücklicher gewesen sein als der Gefeierte selbst, der abends noch viel aus seinem *Divan* las: »Divan. Anfang – Ende«, so die Notiz im Tagebuch. Und: »Herrlich Wetter.«

Es hat in Goethes Leben wohl nicht allzu viele, insbesondere jüngere Frauen gegeben, die ihm mit solcher Unbefangenheit auf Augenhöhe, dabei aber doch bescheiden, ohne Exaltation, aufmerksam und vertrauensvoll begegneten wie Rosette und Marianne. Deren Gesellschaft muss Goethe über die Maßen angenehm gewesen sein, denn obwohl nur ein kurzer Aufenthalt geplant gewesen war, blieb er tatsächlich mehr als vier Wochen. Dabei verliefen die Tage, wie stets, durchaus geregelt. Marianne hat sie viel später einmal so beschrieben:

> Den Morgen brachte er allein zu; den Mittag erschien er, auch wenn kein Besuch da war, im Frack. Nachmittags liebte er gemeinsame Spaziergänge, besonders in den Wald, wo er voll Lust und Leben und sehr mitteilend war. Er führte immer ein großes Taschenmesser bei sich, womit er Zweige abschnitt oder aus dem Boden ausstach was ihm auffiel. Auf Anziehendes im Tier- oder Pflanzenreiche machte er gern aufmerksam, besonders auch auf Licht- und Farbenerscheinungen, den Lichtschein um

Bäume, die blauen Schatten, die Farben beim Sonnenuntergang. Abends war er am liebenswürdigsten, besonders wenn er in seinem weißflanellenen Rock erschien und vorlas, meist aus seinem immer mehr heranwachsenden Divan. Von seinen älteren Sachen trug er weniger gern etwas vor. ›Was wollt ihr mit dem alten Zeug!‹ rief er. Sehr schön las er, wie er auch schön sprach. Aus seinem Munde glaubte man manches erst recht zu verstehen; leicht ward er selbst beim Lesen zu Tränen gerührt. Vor Tische ließ er sich gern Lieder von mir singen. Im Essen und Trinken war er sehr einfach, er hatte aber besondere Neigungen und Gewohnheiten. Salat und Artischocken liebte er vorzüglich. [...] Er führte einen starken Wein mit sich, von dem er um 10 Uhr zum zweiten Frühstücke aus einem mitgebrachten silbernen Becher trank.

Ganz anders als in dieser nüchternen Schilderung hat sich die alte Marianne in einem Brief vom 12. Mai 1852 an Herman Grimm geäußert:

Goethe! Ja, wer ihn kannte! Wärst du mir gegenüber, ich könnte Dir wohl von ihm erzählen was nicht alle wissen. Wenn sich die Strahlen seines Geistes in seinem Herzen konzentrierten, das war eine Beleuchtung, die einen eigenen Blick verlangte, es war wie ein Mondlicht und Sonnenlicht, eins nach dem andern, oder auch wohl zugleich, und daraus erklärte sich auch jenes Wundervolle seines Wesens, sein Gewahrwerden, sich klarmachen, und für Andere zur wahren, aber verklärten Erscheinung bringen. Genug! –

Dass Goethe steif und verschlossen sein konnte, wenn ihm eine Gesellschaft nicht passte, dass er »seinen Panzer« anhaben konnte und als Gesprächspartner dann völlig unergiebig war, ist vielfach bezeugt. Doch ebenso oft erfährt man, wie außergewöhnlich seine Präsenz erlebt wurde. Wie lebhaft und herzlich seine Zuwendung war, wenn er Vertrauen fasste: etwa zu dem so viel jüngeren Sulpiz

Boisserée. Wie faszinierend seine »Vorstellungsart«, die einem alles »interessant« mache, wie Charlotte von Stein einmal erstaunt bemerkt, sogar »die gehässigen Knochen [1784 war ihm der Nachweis des Zwischenkieferknochens beim Menschen gelungen, was eine engere Verwandtschaft mit dem Tier bewies, als man bisher angenommen hatte] und das öde Steinreich«. Wie einnehmend seine Rede, wenn er selbst eingenommen war, wie »offen, geistvoll und herzlich«, wenn er am Arm einer Freundin ging, während er, sobald ein Dritter hinzutrat, »das fadeste Zeug sprach, das man denken mochte«. Wie angenehm seine Stimme: Charlotte von Schiller sprach von der schönsten Stimme, die sie kenne.

Und natürlich die Augen! Um die man stets so viel Aufheben machte. Man kann es sich vorstellen, da es in jedem Fall geschulte Augen waren. Augen, denen man ansehen musste, dass sie ein sehr bewusst im Gebrauch stehendes Organ und Instrument der Weltwahrnehmung waren. Dass sie, als »sonnenhaft« gedacht und empfunden, vermutlich auch eine besondere Strahlkraft hatten. Und dass sie, »licht, rein und hell«, die aufgenommenen Erscheinungen in die Bilder einer höchst lebendigen Innenwelt verwandelten, die im Gespräch, wie mehrfach bezeugt, sich wiederum in einer betont bildhaften Sprache mitteilten.

Wenn Marianne noch als alte Frau zu so ungewöhnlichen Metaphern wie »Mond- und Sonnenlicht« greift, um das »Wundervolle« dieser Weltwahrnehmung und deren Ausdruck zu umschreiben, so wünschte man sich tatsächlich, man hätte einmal dabei sein können, wenn Goethe mit ihr einen Spaziergang unternahm.

Ob man sich aber diese Geselligkeit, in der es vor allem abends entspannt und öfter auch »lustig« zuging, überhaupt noch richtig vorstellen kann, da schon Herman Grimm, als er in den *Preußischen Jahrbüchern* 1869 seinen Aufsatz *Goethe und Suleika* veröffentlichte, ihr als etwas »Ausgestorbenem« nachtrauerte? Über die alte Marianne schreibt er:

> Was mir Marianne besonders hochstellte, war ihr Freimut. Sie präparierte nichts in usum Delphini, sondern sprach sich flottweg aus. [...] Sie war unglaublich gewandt in der Unterhaltung, von jener Gewandtheit, die wiederum das Erbteil einer verflossenen Generation war, einer Generation, die ich ausgestorben nennen würde [...]. Es handelt sich dabei weniger um Geist und Bildung, als um den Genuss am Austausche der Gedanken, zu dem heute niemand mehr die Ruhe besitzt. Wir gehen, da wir auf anderen Gebieten so viel gewonnen haben, auf dem der geselligen Poesie oder der poetischen Geselligkeit einem Zustande von Rohheit entgegen, der freilich ein Zeichen derberer Gesundheit des öffentlichen Lebens sein mag, aber den zu erleben, wenn man ihn anders gekannt hat, für den Einzelnen etwas Melancholisches hat.

Im Augenblick, wo der lyrische Liebesdialog zwischen Goethe und Marianne anhebt, wird der erwähnte »Genuss am Austausche der Gedanken« auch zu einem Genuss am Austausch von Gedichten. Doch erst einmal musste die »herzlichste Neigung« sich überhaupt entfalten können. Dies war offenbar ganz unbehindert möglich in dem kleinen Freundeskreis, der die allen erkennbare liebevolle Zuneigung zwischen dem Gast und der Hausherrin nicht nur vorbehaltlos gelten ließ, sondern auch als schönen Glutkern in die Geselligkeit aufnahm. Ebenso wie Hudhud, den Wiedehopf, den Liebesboten, als Abgesandten aus der Poesie. Das Gedicht *Gruß* – von dem Goethe an jenem 27. Mai vielleicht tatsächlich eine Abschrift an Marianne schickte, man weiß es nicht genau, weil Goethes Brief aus Frankfurt an die Freunde verschollen ist und nur eine Antwort Willemers auf diesen Brief existiert – muss jedenfalls ein allen geläufiges gewesen sein. Nicht nur Rosette Städel lässt den Wiedehopf auftreten in einem Quodlibet, das sie Goethe zum Geburtstag schenkte, auch bei Boisserée ist er ein unübersehbares Zitat in einer scherzhaften Zeichnung der Gerbermühle für Mariannes Stammbuch.

Bei alldem ist die vorbehaltlose Zustimmung dieser beiden weniger überraschend als die des Ehemanns Johann Jakob Willemer, der in den ersten schwierigen Zeiten nach Goethes Abschied und ehe die Beziehung zwischen Goethe und Marianne in das beruhigte Fahrwasser eines freundschaftlichen Briefwechsels gelangte, regelrecht zum Anwalt dieser Liebe wurde.

Und zwar insbesondere zum Anwalt Mariannes, wobei er auch recht fordernd werden konnte, sogar bitter und scharf. So schrieb er am 20. Februar 1818, als einfach kein Brief mehr von dem Freund kam, auch nicht das kleinste Zeichen der Anteilnahme am tragischen Duelltod von Willemers Sohn Brami, während Marianne zunehmend in das hineingeriet, was man heute eine Depression nennen würde: »Doch ich weiß nicht, ob den Meister das alles noch interessiert. Die Götter in ihrem Grimm werden am End der Sterblichen, mit ihrem Leid und ihrer Freud, überdrüssig.« Darauf allerdings antwortete Goethe postwendend. Und von da an brach der Briefwechsel auch nie mehr ab.

Willemer mag in vielem ein bizarrer Mensch gewesen sein und für seine Nächsten mitunter schwer zu ertragen, doch von Liebe muss er etwas verstanden und von ihr auch den höchsten Begriff gehabt haben. In einem Brief vom 23. Juli 1817 lud er Goethe wieder einmal dringlich zu einem erneuten Besuch ein, indem er erklärte, dass alles von Marianne aufs Beste für ihn hergerichtet sei und dass er doch ja kommen solle, »damit die *ewigen Gefühle* nicht zu verstummen brauchen, und die Liebe alles zu geben habe, was sie vermag«.

Den »ewigen Gefühlen« muss man einen Moment lang nachhorchen und dem, was das heißt, wenn ein Mann wie Willemer es fast als ein Verbrechen angesehen hätte, als ein Vergehen mindestens an einer Himmelsmacht, wenn eine so verstandene Liebe hätte »verstummen« müssen. Von Hölderlin könnte man so etwas erwarten. Aber von Willemer: dem Ehemann? Der allerdings noch einmal eine erstaunliche Souveränität und Menschlichkeit bewies, als er im Frühling 1819 extra nach Berlin reiste, um dort für den jungen Mann, mit dem sich sein Sohn Brami so unglücklich duelliert hatte, einen Freispruch zu erwirken.

So wundert es nicht, dass Goethe in dem Gedicht an Marianne, das er im Herbst 1819 dem für sie bestimmten Exemplar des frisch erschienenen *Divan* beilegte, diesen Raum, in dem eine liebevolle Beziehung so frei gelebt werden konnte, als »reines Himmels-Land« bezeichnet:

> Liebchen ach! im starren Bande
> Zwängen sich die freien Lieder,
> Die im reinen Himmels-Lande
> Munter flogen hin und wider.
> Allem ist die Zeit verderblich,
> Sie erhalten sich allein.
> Jede Zeile soll unsterblich,
> Ewig, wie die Liebe sein.
> 1815 1819

Der besondere Kreis von Menschen und die glückliche Stimmung dieses Kreises waren jedoch nur das eine. Das andere war der Ort selbst: die Gerbermühle. Goethe, natürlich, kannte den halb verwunschenen Ort seit seiner Jugend. Seit der Zeit zumal, da er hier so oft vorbeikam, wenn er seine Geliebte und für kurze Zeit Verlobte, Lili Schönemann, in Offenbach auf dem Landhaus ihres Onkels besuchte.

Verglichen mit anderen Landhäusern war die Gerbermühle ein ungewöhnliches Anwesen, das zu unterhalten es nicht nur Geld, sondern auch einen besonderen Sinn für Flair des Hausherrn brauchte. Von hohen Bäumen umstanden, einem »Hain«, einem »Wäldchen«, wie ein *locus amoenus* von Bächlein durchflossen, glich der Ort eher einer Einsiedelei als einem stattlichen Landhaus. Doch mit einem an das alte Mühlengebäude angebauten Wohntrakt bot es genügend Bequemlichkeit, und von der Terrasse genoss man den schönsten Blick auf den Main mit seinen Schilfufern, auf Frankfurt am andern Ufer und in die Weite, mit den entfernten Höhen des Taunus.

Leider ist Goethe mit seiner Autobiographie nie bis in die Jahre

1814/15 gelangt. Doch wenn er im später entstandenen 17. Buch von *Dichtung und Wahrheit* die Stimmung beschreibt, die ihn damals erfüllte, wenn er die Nacht in Offenbach bei einem Freund, also in Lilis Nähe verbracht hatte, so ist durchaus denkbar, dass sich in diese Beschreibung auch die Erfahrung seines Aufenthalts auf der Gerbermühle und von Mariannes Nähe mischte: als eine Art »wiederholter Spiegelung«.

> Trat man am Morgen in aller Frühe aus dem Hause, so fand man sich in der freiesten Luft [...]; freie Übersicht über den Fluss bis ans jenseitige Ufer, oft schon früh eine tätige Schifffahrt von Flößen und gelenkten Marktschiffen und Kähnen, eine sanft hingleitende lebendige Welt, mit liebevollen zarten Empfindungen im Einklang. Selbst das einsame Vorüberwogen und Schilfgeflüster eines leise bewegten Stromes ward höchst erquicklich und verfehlte nicht, einen entschieden beruhigenden Zauber über den Herantretenden zu verbreiten. Ein heiterer Himmel der schönsten Jahreszeit überwölbte das Ganze, und wie angenehm musste sich eine traute Gesellschaft, von solchen Szenen umgeben, morgendlich wiederfinden.

Zwei so befreundete Stimmen

Warum Goethe am Ende seines Aufenthalts dann lieber in der Stadt und allein in Willemers Stadthaus wohnen wollte, ist nicht ganz klar. Ob ihm tatsächlich der Weg zu Besuchen und Besorgungen zu lang wurde? Ob er gern näher bei der Messe sein wollte, die unterdessen begonnen hatte? Ob er am Ende doch das Entstehen von »Wahlverwandtschaften« spürte, die er unbedingt hatte vermeiden wollen? Oder ob er ganz einfach Distanz brauchte, um den poetischen Liebesdialog zwischen Suleika und Hatem, der ihm längst vorschweben mochte, beginnen zu können? Und also das Eisen zu schmieden, solange es heiß war? Vielleicht alles zusammen.

Am 7. September war Goethe in die Stadt gezogen, ins Haus zum Roten Männchen, wo Willemer ihm und seinem Diener Carl ein paar Zimmer hatte herrichten lassen. Und nun hatte er, wenn er ans Fenster trat, ein ganz anderes Leben vor sich. Nun sah er auf den Mainkai, wo die Schiffe landeten, sah das geschäftige Aus- und Einladen, sah die Stände, die Waren, die vielen Menschen, die ganze Betriebsamkeit der Messe. Durch die er des Öfteren ging, sich in das Treiben mischend. Wo er Geschenke einkaufte für die Seinigen, Seidenstoffe für Christiane und andere »Krämchen« und für Marianne den orientalischen Seidenschal, mit dem sie sich gern schmückte. Auf der Messe fand ihn Boisserée denn auch einmal zufällig, als er von einer Mittagstafel kam:

> [...] auf dem Heimweg begegnete mir in der Fahrgasse G. maulaffend. Nimmt mich mit [...]. Wir wandern durch die Messe am Main – Alle Landschaften werden bedacht die ihre Produkte und Waren hieher senden – [...] Wir kamen endlich zum Kranen. G. fragte nach allen Kisten und Fässern, was darin – wandte sich an einen jungen Schiffer – der war von Linz, sprach ganz kölnisch – wir wanderten unter die Bäume, wo der Wein gelagert zu werden pflegt. Und endlich nach Haus.

Das Handeltreiben, im *Divan* so wichtig, hier, in seiner Vaterstadt, mochte es Goethe erneut vor Augen treten: als Inbegriff von Weltoffenheit und friedlichem, farbigem Zusammenleben. Überhaupt das Farbige! Einmal findet ihn Boisserée abends um sechs am Fenster stehend, dem Ausladen der Marktschiffe zusehend, die »Pracht der brasilianischen Trocken-Häute« bewundernd: »Was das für ein Glanz und Farbe ist!« Dann, wie selbstverständlich, folgt ein längeres Gespräch über die »Farb-Lehre«, über die Farben in der Natur, den Glanz im Gefieder der Vögel. Während ein anderes Mal – wieder findet ihn Boisserée am Fenster – der Mondschein auf dem Main lange betrachtet wird. Und nun gerät der Kunstkenner Boisserée in Begeisterung: »Der Mondschein strahlt in dem Main wieder; wird von einem großen Steuerruder – unterbrochen.

Herrlicher Fall. Kein Van der Neer könnte es künstlicher komponieren.«

Einmal besucht Goethe Rosette Städel in ihrer Wohnung an der Sandgasse. Zweimal kommen Willemers in die Stadt, wo Marianne ihrerseits bei einem türkischen Händler etwas Hübsches für Goethe findet: Zu seinen mit Stolz getragenen ernsthaften Orden noch einen spaßhaften, auf den Goethe dann, zwar erst in Heidelberg, ein höchst erotisches pointiertes Gedicht schrieb. Leicht möglich, dass Marianne, schalkhaft wie sie gern war, und als »kleiner Kritikus«, der sich herausnahm, nicht nur an Goethes Dichtung gelegentlich etwas zu monieren, sondern ihn auch neckte, etwa wegen seiner devoten Haltung bei der Begegnung mit Leuten von angeborenem Adel, mit dem türkischen Mond- und Sonnenorden aus schwärzlichem Pappmaché seine Schwäche für Orden ein wenig auf die Schippe nahm.

Im Übrigen verrät Mariannes Erinnerung an diesen Moment auf der Messe, dass sie sich zwischen beiden Männern – dem Ehemann und dem geliebten Freund – gut aufgehoben fühlte. Was man bei ihrer Beziehung zu Goethe, die man oft gar zu sehr ins Leidenschaftliche, ja Tragische zu stilisieren bemüht war, nicht vergessen sollte. Trotz seines oft schwierigen Wesens blieb Willemer für Marianne der Vertraute, mit dem sie später schöne Reisen unternahm, der ihr das Leben sicher nicht leicht machte und der dennoch stets das Beste für sie wollte. In seinen letzten Jahren, wo er oft kränkelte, zu Depressionen neigte und an Demenz litt, hat sie ihn ihrerseits hingebungsvoll gepflegt. Wie vorbildlich Marianne sich verhalte, konnte Rosette nicht genug rühmen.

In all den »frohen und trüben Zeiten« aber bewahrte sie, in ihrer Erinnerung beharrlich aufgehoben, jene »glücklichste Zeit« mit Goethe als etwas Leuchtendes und blieb so den Koordinaten ihres Lebens treu. Es gab Goethe, der ihr das höchste Daseinsgefühl erschlossen hatte. Und es gab Willemer, dem sie ihr finanziell und auch menschlich gesichertes Leben verdankte. Das wird ihr an jenem 2. März 1824, als sie sich in ihrem Brief an die Begegnung auf der Messe erinnerte, wohl bewusst gewesen sein:

Denn sonst möchte ich lieber, Sie gedächten jenes Augenblicks, als Sie an derselben Stelle, mit Willemer sich durch das Messegedränge windend, plötzlich vor mir standen, wiewohl ich mich, durch Ihre Stimme aufmerksam gemacht, schon lange vergebens umgesehen hatte; ich brachte damals den Mondesorden mit nach Hause, den mir der türkische Kaufmann für den großen Dichter gegeben hatte. Wie glücklich war ich über den gelungenen Scherz, er schien Ihnen Freude zu machen; das war eine schöne Zeit, gewiss meine glücklichste! Sie erinnern sich gewiss nicht mehr dieser Begegnung, und mir war sie so bedeutend; es tat mir so wohl, mitten im Gewühl fremder Leute zwei so befreundete Stimmen zu hören, die mir angehörten.

Wanderjahre?

Am 13. September verzeichnet Goethes Tagebuch einen Gang durch die Messe mit Willemer und einen anschließenden Spaziergang mit Marianne allein zum Schaumaintor und zurück. Denkbar, dass er ihr bei der Gelegenheit die Abschrift eines Gedichts übergab, dass er tags zuvor geschrieben hatte. Es ist das Gedicht, mit dem das »Duodrama« des Buchs Suleika anhebt, und es ist auch das erste mit Sicherheit Marianne Willemer zugedachte: eine an Suleika/Marianne gerichtete Liebeserklärung Hatems/Goethes – des alten Mannes. Nicht zu vergleichen mit dem Frühlingsjubel des *Maifests.* Doch, trotz des leichten, geistreich-scherzhaften Tons, berührend in seiner offen eingestandenen Überwältigung, der realistischen Reduktion auf den »Rest der Liebe«, der dem Alternden »noch im Herzen blieb«, und – bei einer so viel jüngeren Frau – dem Angewiesensein auf »Erbarmen«.

Nicht Gelegenheit macht Diebe,
Sie ist selbst der größte Dieb,
Denn sie stahl den Rest der Liebe
Die mir noch im Herzen blieb.

Dir hat sie ihn übergeben
Meines Herzens Vollgewinn,
Dass ich nun, verarmt, mein Leben
Nur von dir gewärtig bin.

Doch ich fühle schon Erbarmen
Im Karfunkel deines Blicks
Und erfreu' in deinen Armen
Mich erneuerten Geschicks.

Nun ist auf denselben Tag, an dem das Gedicht entstand, auch ein Brief Goethes an Christiane datiert. Und nur diesen Brief erwähnt er im Tagebuch: »*Meiner Frau Weimar*«. Begann er in diesem Augenblick, nachdem er tags zuvor einen Brief von »Serenissimo«, seinem Herzog Carl August, erhalten hatte, der, noch immer auf dem Rückweg von Waterloo, den er »jagend« zurücklegte, ihn zu einem Treffen in Heidelberg aufforderte, an seine amtlichen und familiären Verpflichtungen zu denken? An Weimar, den Koppenfelsischen Giebel? Dass es »der Außenwelt« nun wieder einmal »genug« sei. Und dass er zuhause erwartet und gebraucht wurde?

Was aber soll das bedeuten, kann man stirnrunzelnd fragen, dass er in seinem Brief Christiane so betont als »meine herzlich geliebte« anspricht? Und dies vielleicht mit derselben Feder schrieb, wie gestrenge Biographen vermutet haben, mit der er das Gedicht an Suleika/Marianne zu Papier brachte. Handelte es sich hier nicht – bei doppeltem Liebesbekenntnis – um einen doppelten Liebesverrat?

Man muss Goethe nicht verteidigen wollen (wozu auch?), wenn man eine etwas andere Sichtweise vorschlägt. Die wohl nicht allzu spitzfindig ist, wenn man bedenkt, wie unmittelbar jene Zeit und Gesellschaft Dichtung, insbesondere Lyrik, noch verstand und erlebte: Wie sehr ins Leben verwebt – und wie sehr doch im Status einer Gegenwelt. Jenes »Überirdische der kleinen Kunstwelt« vorstellend, wie es Goethe in dem Gespräch *Über Wahrheit und Wahrscheinlichkeit der Kunstwerke* einmal nennt. Wo das »Kunstwahre« gegen das »Naturwahre« gestellt, erklärt und verteidigt wird, da es dem kundigen Betrachter oder Leser, wenn er sich darauf einlässt, eine »höhere Existenz« ermöglicht. Die allerdings – darauf besteht Goethe – ebenfalls ein Teil der Natur ist, da ja auch der menschliche Geist, der das Kunstwerk hervorbringt und genießt, Natur ist. Weswegen die Kunst etwas »Übernatürliches«, jedoch nichts »Außernatürliches« vorstellt.

Etwas platt könnte man also sagen: Mit der Prosa des Briefs an seine Frau bewegte sich Goethe auf dem Boden des »Natürlichen«, mit dem Gedicht an Suleika/Marianne im »übernatürlichen« Bereich der Poesie. Zwei Sphären, die sich grundsätzlich nicht berühren. Auch wenn man in ihnen mit derselben Feder schreiben kann.

Das heißt allerdings nicht, dass diese sogenannte »kleine Kunstwelt« harmlos wäre und sie den zwei Liebenden, die sich darin erkennen, nicht gefährlich werden könnte als etwas – auf seine Weise – Verfängliches. Auch ist die Sache, was Marianne betrifft, in jedem Fall komplexer. Denn in dem lyrischen Wechselgespräch des *Buchs Suleika* scheinen sich, mindestens seit man bis ins Detail von seiner Entstehung unterrichtet ist, die Sphären denn doch zu berühren, mindestens zu spiegeln. Was bei der Rezeption unweigerlich zu einer Verwischung der Grenze und Vermischung der Sphären geführt – und eine asketischere Philologie wiederum veranlasst hat, den ästhetischen Standpunkt gegen den biographistischen energisch in Schutz zu nehmen: Mit der Forderung, das *Buch Suleika* als kunstvolles Ensemble und nicht als Lebensdokument zu lesen.

Dass man das *Buch Suleika* so – als autonomes Kunstwerk – lesen kann und grundsätzlich auch soll, ist keine Frage. Goethe hat selbst in der Ankündigung des *Divan* im *Morgenblatt für gebildete Stände* allfällige Anekdotenjäger abzulenken gesucht, indem er erklärte, dass die »Landschaft«, in der das *Buch Suleika* spiele, »ganz persisch« sei.

Dennoch ist der strenge Verzicht auf den biographischen Hintergrund in dem Fall eine künstliche, der Rezeptionsgeschichte nicht angemessene und auch nicht fruchtbare Askese. Zumal gerade auch diese Gedichte das verkörpern, was Goethe »Gelegenheitsgedichte« nennt – mit dem entsprechenden »Grund und Boden« in der »Wirklichkeit«.

Das bedeutet nun allerdings nicht, dass man sie, wie mitunter geschehen, als authentische Zeugnisse jener »Wirklichkeit« lesen darf, mit denen sich die beiden Liebenden in der poetischen Verkleidung sozusagen »outeten«. Das ist eine ebenso naive wie reizlose Fehllesung. Denn es geschieht ja etwas Entscheidendes und womöglich Aufregenderes im Augenblick, wo aus dem Erleben Literatur, hier im engeren Sinn Liebeslyrik wird. Auch darf man das Wort von der »rhetorischen Verstellung«, das Goethe in den *Noten und Abhandlungen* gerade für das lyrische Sprechen braucht, nicht vergessen. Und ebenfalls nicht, was er im Zusammenhang mit seinem Roman *Die Wahlverwandtschaften* im Gespräch mit Eckermann einmal sagt und was generell für seine Dichtung gelten mag: »[…] dass darin kein Strich enthalten, der nicht erlebt, aber kein Strich so, wie er erlebt worden.«

Dies vorausgeschickt, lohnt es sich, noch einmal einen etwas genaueren Blick auf das den Liebesdialog einleitende Gedicht zu werfen: »Nicht Gelegenheit macht Diebe, / Sie ist selbst der größte Dieb.« Nun ist das Motiv der »Gelegenheit« selbstverständlich ein mit der Liebe oft und gern verbundenes, und das des »Raubes« gerade bei Hafis ein geläufiges. So auffällig, wie das Wort »Gelegenheit« hier gesetzt ist, könnte man dennoch auf die Vermutung kommen, Goethe habe bewusst auf eine Stelle in eben jenen 1809 erschienenen *Wahlverwandtschaften* Bezug genommen.

Es ist die vernünftige und skeptische Charlotte, Eduards Gemahlin, die das Wort »Gelegenheit« ins Spiel bringt. Zwar versteht sie nichts von den als »Wahlverwandtschaften« bezeichneten chemischen Verbindungen, von denen die beiden Männer – Eduard und der gemeinsame Freund, der stets so genannte Hauptmann – reden, als Frau jedoch viel von zwischenmenschlichen Anziehungskräften. So reagiert sie denn auf die Ausführungen des Hauptmanns, der ihr den »Wahlverwandtschaften«-Begriff der Chemie in aller Sachlichkeit erläutert, entsprechend emotional:

> »Verzeihen Sie mir«, sagte Charlotte, »wie ich dem Naturforscher verzeihe: aber ich würde hier niemals eine Wahl, eher eine Naturnotwendigkeit erblicken, und diese kaum; denn es ist am Ende vielleicht gar nur die Sache der Gelegenheit. Gelegenheit macht Verhältnisse, wie sie Diebe macht; [...] Mir sind leider Fälle genug bekannt, wo eine innige, unauflöslich scheinende Verbindung zweier Wesen durch gelegentliche Zugesellung eines dritten aufgehoben und eines der erst so schön verbundenen ins lose Weite hinausgetrieben ward.«

Was noch harmlos klingt, verglichen mit der Katastrophe, auf die es in dem Roman tatsächlich hinausläuft.

Nun waren die *Wahlverwandtschaften* jedoch zunächst ganz anders geplant: Als Novelle in den *Wanderjahren*, diesem Buch der »Entsagenden«, mit dem Goethe schon seit längerem beschäftigt war, indem er relativ planlos den Reigen der Novellen rund um das Thema Entsagung erweiterte. Erst während der Arbeit daran hatte sich die als Novelle geplante *Wahlverwandtschaften*-Geschichte zum Roman ausgeweitet. Wobei die Entsagung, mit der Übermacht der Liebe im Streit, offenbar immer schwieriger durchzuhalten war, die tragischen erotischen Verstrickungen, am schlimmsten in dem unglückseligen Kind, immer unentwirrbarer wurden, und jedenfalls die radikale Form von Ottilies Entsagung am Ende in den gewollten Tod führt.

Goethe selbst muss dies beim Schreiben höchst unglücklich gemacht haben. So heißt es in Boisserées Tagebuch über ein Gespräch nachts in der Kutsche, auf dem Rückweg von Karlsruhe nach Heidelberg am 5. Oktober 1815:

> Unterwegs kamen wir dann auf die Wahlverwandtschaften zu sprechen. Er legte Gewicht darauf, wie rasch und unaufhaltsam er die Katastrophe herbeigeführt. Die Sterne waren aufgegangen; er sprach von seinem Verhältnis zu Ottilie, wie er sie lieb gehabt, und wie sie ihn unglücklich gemacht. Er wurde zuletzt fast rätselhaft ahndungsvoll in seinen Reden.

Vor diesem »unglücklichen« Hintergrund – und selbst wenn das Wort »Gelegenheit« keine direkte Anspielung sein sollte – wird man den beginnenden lyrischen Liebesdialog mit Marianne wohl doch sehen müssen. Vor der Möglichkeit einer Tragödie also. Denn sie entsteht ja im Roman an einem ähnlich privilegierten Ort und in einem Kreis von im Grunde lauter guten, klugen Menschen. Allerdings in einem Kreis von ganz anders gearteten Menschen. Dennoch muss gerade dem Verfasser der *Wahlverwandtschaften* bewusst gewesen sein, mit was für einem Einsatz er spielte, wenn er begann: »Nicht Gelegenheit macht Diebe [...]«. Und ebenso klar wird ihm gewesen sein, dass hier eine Tragödie im Stil der *Wahlverwandtschaften*, an der letztlich Eduard, der seiner Leidenschaft nicht zu gebieten vermag, die Hauptschuld trägt, gar nicht in Frage kam. Zumal Goethe Tragödien im Grunde gar nicht mochte, im Leben noch weniger als in der Kunst.

Könnte es sein, dass Goethe mit dem *Buch Suleika* die abenteuerlichste und delikateste, ihn höchstselbst betreffende Entsagungs-Novelle im Sinn hatte: In der die Entsagung nicht bloß Trennung und Verzicht bedeutet, sondern die Energie für ein durchaus heiter gedachtes Werk freisetzte, von dem man sagen könnte – Ariels Worten in Shakespeares *Sturm* folgend –, dass nichts von dem, was die Liebeserfahrung ausmachte, verlorenging? Im Gegenteil eine Substanzverwandlung erfährt (so könnte man das von Shakespeare erfundene Wort *seachange* übersetzen): in etwas Kostbares, »Reiches und Fremdartiges«? Wie der tot geglaubte Vater Ferdinands in den Tiefen der See:

Nothing of him that doth fade
But doth suffer a sea-change
Into something rich and strange.

Oder liegt man hier falsch? Nicht, was die Verwandlung betrifft, aber ihr Bild, das Goethe in Ariels Worten womöglich zu geisterhaft erschienen wäre? Zu sehr der sonnenfernen Tiefe der See verpflichtet? Er selbst nämlich gebraucht später einmal ein anderes

Bild für diese Verwandlung, die er offenbar als eine Steigerung in die Klarheit, in die »Reinheit« versteht: »Rein verkörpert Liebesklarheit, / Im Gewand der Poesie.« So oder so: ein gewagter Akt. Ein Tanz auf dem hohen Seil. Den er auch Marianne zutrauen musste, der er ja auf diesem hohen Seil zu begegnen hatte. Sie musste die Transsubstantiation der »herzlichsten Neigung« in Verse und den Schritt von den amorphen Gefühlen »in das Überirdische der kleinen Kunstwelt« nachvollziehen können – und wollen.

Hochbeglückt

Und was wäre dann in dem Fall jene »unerhörte, sich ereignete Begebenheit«, welche, nach Goethes Definition, eine Novelle prägt? Vielleicht dies: dass Marianne keinen Moment zögerte, mit ihm dieses hohe Seil zu betreten. Und dass sie – die bereits eine versierte Verfasserin von Gelegenheitsgedichten (im üblichen Sinn) war, die vom »seelerregenden« Zauber gesprochener wie gesungener Verse wohl wusste, die mit Goethe oft am Klavier saß, vertieft in Lieder etwa aus *Des Knaben Wunderhorn* – am Ende selbst zu zwei außerordentlichen Gedichten fand, die Goethes Gedichten in nichts nachstehen, ja sie an Innigkeit übertreffen. Und die aufgrund ihrer vielen Vertonungen heute bekannter sind als der ganze übrige *West-östliche Divan*. Wobei es am Ende so heiter, wie es sich Goethe gedacht haben mochte, dann doch nicht bleiben konnte. Und eine »Schmerzenform«, da es sich, poetische Sublimierung hin oder her, denn doch um Liebe handelte, nicht zu vermeiden war.

Ob auch Suleikas Antwortgedicht auf Goethes/Hatems Liebesbekenntnis, das mit dem Wort »hochbeglückt« beginnt, von Marianne stammt, ist nicht ganz gewiss. Sie scheint als alte Frau selber nicht mehr ganz sicher gewusst zu haben, was man als von ihr stammend »auszuscheiden« habe. So schrieb sie am 5. April 1856 an Herman Grimm:

Im Divan hast du nichts auszuscheiden; außer dem Ost- und Westwinde habe ich nichts auf meinem Gewissen, als allenfalls noch ›Hochbeglückt in deiner Liebe‹, und ›Sag du hast wohl viel gedichtet‹. Doch habe ich manches angeregt, veranlasst und erlebt!

Hochbeglückt in deiner Liebe
Schelt ich nicht Gelegenheit,
Ward sie auch an dir zum Diebe
Wie mich solch ein Raub erfreut!

Und wozu denn auch berauben?
Gib dich mir aus freier Wahl,
Gar zu gerne möcht ich glauben –
Ja! Ich bin's die dich bestahl.

Was so willig du gegeben
Bringt dir herrlichen Gewinn,
Meine Ruh, mein reiches Leben
Geb' ich freudig, nimm es hin.

Scherze nicht! Nichts von Verarmen!
Macht uns nicht die Liebe reich?
Halt ich dich in meinen Armen,
Jedem Glück ist meines gleich.

Goethes Reinschrift dieses Gedichts stammt vom 16. September. Dass ihr ein nicht mehr vorhandenes Gedicht von Mariannes Hand zugrundelag, ist sehr wohl möglich. Auch wenn einem der Ton ein bisschen sehr übermütig vorkommen könnte, namentlich der Anklang an Gretchens Lied am Spinnrad (»Meine Ruh ist hin / Mein Herz ist schwer«) fast frivol.

Andrerseits könnte gerade dieser Übermutston auf Marianne als Verfasserin deuten, das Artistische, das Komödiantische liebte ja auch sie. Und von »jenem Froh- und Leichtsinn, den sie so liebreich an mir entschuldigten, ja sogar notwendig fanden«, wird sie später einmal schreiben, in einem Moment, da ihr beides fehlte. Ebenso wie die »wünschenswerte Ruhe, von der man so viel Lobeserhebungen macht, und die ich sehr begierig wäre kennenzulernen«. So in einem Brief an Goethe vom Dezember 1818. Da mochte ihr Gretchens Lied am Spinnrad näher gewesen sein als ihre eigenen »hochbeglückten« Verse.

Zwei, die sich erlesen

In diesen letzten Tagen von Goethes Nähe – am 13. September, einem Mittwochmorgen, in aller Frühe, erschien Goethe bei Boisserée, ihn aus seinem »Sündenschlaf« weckend, um ihm zu sagen, dass er am Montag, dem 18. September, nach Heidelberg zu gehen wünsche – müssen Marianne ganz andere Gefühle bewegt haben. Dass sie Goethe liebte, ist keine Frage, dass sie aber, wie gelegentlich behauptet, zu jeder Verbindung mit Goethe bereit gewesen wäre, ist eine Unterstellung, für die es keinerlei Beweise, nicht einmal Andeutungen gibt.

Zwar weiß sie noch als alte Frau, im Briefwechsel mit Herman Grimm, dass sie auch Clemens Brentano als junges Mädchen geliebt habe, angeblich ohne zu wissen, dass er sie wiederliebe, dass aber mit Goethe die »vollste Übereinstimmung« gewesen sei. Doch dass diese reine Sympathie ihre »Liebesklarheit« einzig im »Gewand der Poesie« finden konnte, daran wird auch für sie kein Zweifel bestanden haben.

Noch aus der Stadt hatte Goethe Marianne ein Blatt des Ginkgo-Baums geschickt. »Als Sinnbild der Freundschaft«, wie Boisserée bemerkt. Und als er am 15. September, nun mit Boisserée zusammen (dessen Gegenwart ihm nun mehr als recht gewesen sein dürfte, da sie »Wahlverwandtschaften« bestimmt eher verhinderte als förderte), noch einmal für drei Tage auf die Mühle zog, brachte er mindestens einige Verse dazu mit: Nach Boisserées Bericht muss es die mittlere Strophe des *Gingo biloba* betitelten Gedichts gewesen sein, die den Kerngedanken enthält.

Ist es Ein lebendig Wesen?
Das sich in sich selbst getrennt,
Sind es zwei? die sich erlesen,
Dass man sie als eines kennt.

Das ganze Gedicht wird Goethe erst am 27. September, nach dem endgültigen Abschied in Heidelberg, an Rosette und Marianne schicken, mit der Bemerkung: »Da jedoch jenes bekannte wunderliche Blatt durch seine prosaische Auslegung einigen Anteil gewonnen, so stehe hier die rhythmische Übersetzung.«

Man muss sich also vorstellen, es habe sich das gesellige Gespräch an jenem 15. September längere Zeit um das »wunderliche Blatt« und den eigentümlich uralten, aus China und Japan stammenden, in Europa erst Ende des 18. Jahrhunderts eingeführten, 1815 in Deutschland noch seltenen Baum gedreht, während man, so Boisserée, an dem »heiteren Abend« noch lang auf der Terrasse saß in der »schönen warmen Abend-Luft«.

Und nicht nur Marianne wird wohl bemerkt haben, wie vielschichtig symbolisch die Verse, ausgehend von der so besonderen Form des in seiner oberen Hälfte zweigeteilten Fächerblatts, anspielten auf ein unauflösliches Zusammengehören zweier Wesen – hießen sie nun Marianne und Goethe oder Suleika und Hatem. Oder wie auch immer: Für spätere Leserinnen und Leser, die ein schönes Bild für ihr Zusammengehören suchten und suchen.

Am nächsten Morgen dann, dem 16. September, nachdem Boisserée das »muntere Gespräch mit den im Neben-Zimmer frühstückenden Frauen« geführt hatte, liest ihm Goethe vor, was über Köln für die geplante Denkschrift unterdessen auf dem Papier stand. Und es ist dieses Projekt, das er seinem Verleger von Frankfurt aus schon angekündigt hatte und das ihm nach seiner Rückkehr nach Weimar helfen sollte, den Trennungsschmerz zu überwinden. Seinem bewährten Rezept gemäß, dass »entschiedene Tätigkeit« das beste Mittel sei, »große Seelenleiden zu heilen«. Ein Heilmittel, über das Marianne, deren Leben zu diesem Zeitpunkt eher einem kultivierten Müßiggang glich, dann nicht verfügte.

Daran jedoch wird sie in diesem Moment nicht gedacht haben. Noch galt ja die Gegenwart. Im Zeichen des Abschieds stand sie allerdings unter Spannung. Und die Tatsache, dass ihr Gesang noch ausdrucksvoller wurde als je, scheint darauf hinzudeuten, dass in ihr heftige Gefühle in Bewegung waren. So schreibt Boisserée in seinem Tagebuch unter dem 16. September:

> Abends singt die Mariane Willmer mit ganz besonderem Affekt und Rührung ›d. Gott und die Bajadere‹. Dann ›Kennst du das Land‹ usw. auch ausdrucksvoller als ich es noch gehört.

Auch Goethe wird später an Zelter schreiben, ohne von seiner Begegnung mit Marianne Genaueres zu verraten, dass er *Gott und die Bajadere* habe vortragen hören, »so schön und innig als nur denkbar«.

In welcher Vertonung Marianne die Lieder sang, ist nirgendwo gesagt. Die meisten der heute bekannten Vertonungen existierten zu der Zeit noch gar nicht oder waren jedenfalls nicht verbreitet. Zwar muss Marianne einige Vertonungen von Zelter gekannt haben. Doch insgesamt scheinen dessen Lieder nicht sehr populär gewesen zu sein. So schreibt Goethe in demselben Brief: »Ist denn das erste Heft deiner gestochenen Lieder nicht mehr zu haben? In Frankfurt war es nicht zu finden, jedoch die folgenden. Am Main weiß man nichts von dir, und der Rhein kennt dich nicht; wir haben daher dein Evangelium in diesen Gegenden gepredigt.« Dass Marianne diesbezüglich an ein anderes »Evangelium« glaubte, macht eine Bemerkung in einem späteren Brief deutlich: »Wenn ich recht aufrichtig sein soll, so möchte ich wohl, Beethoven schriebe Melodien zu jenen herrlichen Liedern [gemeint ist der *Divan*], er würde Sie ganz verstehen, sonst niemand.«

Durchaus denkbar ist, dass Marianne des Freundes Gedichte auch in eigenen Vertonungen sang. Von ihnen weiß man jedenfalls aus einem Brief Johann Jakob Willemers an Goethe vom 12. Oktober 1816, also vier Monate nach Christianes Tod. Da schreibt Willemer, nachdem sie vergeblich auf einen erneuten Besuch Goethes gehofft hatten:

> […] es würde Ihnen wohltun, zu sehen, wie meine Frau und Tochter Sie lieben, und wie Maria alles aufbieten würde, Ihnen das Leben bequem und angenehm zu machen; schon hat sie mehr wie 20 Ihrer Lieder in der neueren Ausgabe [gemeint ist die 1815 erschienene Ausgabe von Goethes Gedichten in der bei Cotta herausgebrachten neuen Ausgabe seiner Werke] Musik unterlegt, und die 3 Könige lassen sich vor allen andern vorzüglich gut anhören, wie denn, um den ganzen Wert Ihrer Dichtung zu fühlen, auch das Reich des Klanges dazugehört, dann wirken sie aber auch zauberisch, ach kommen Sie doch, es soll Ihnen gewiss gut bei uns ergehen.

Bereits 1809, in einem Brief an Zelter vom 21. Dezember, hatte Goethe eine ganz interessante Bemerkung über seine Auffassung von Gedichtvertonungen eingeflochten, die zeigt, wie sehr er auch hier den »Enthusiasmus« ins Zentrum stellt, der im Gesang noch einmal eine besondere Metamorphose erfährt: »Der denkende oder gedachte Enthusiasmus wird nun erst in das freie und liebliche Element der Sinnlichkeit aufgehoben oder vielmehr aufgeschmolzen. Man denkt und fühlt und wird hingerissen.«

Zu gern aber würde man Mariannes Vertonungen, von denen anscheinend nichts überliefert ist, kennen. Eine Art Zwiegespräch mit dem Freund müssen jedenfalls auch sie gewesen sein. Und wenn in dem Gedicht *An den Mond* (»Füllest wieder Busch und Tal …«), ebenfalls eines ihrer Lieblingslieder, der Sprecher des Gedichts den Fluss, konkret die Ilm, auffordert: »Rausche, flüstre meinem Sang / Melodien zu!«, so mag sie daran, den Main vor Augen oder im Ohr, wenn sich Goethes Verse in gesungene verwandelten, durchaus gedacht haben.

Am 17. September, dem letzten Tag auf der Mühle, der ein regnerischer war, gab es zu Mittag ein Abschiedsessen »im großen Saal«, zu dem die ganze Familie Willemer, Willemers Töchter, Meline Scharff und Maximiliane Andreae mit ihren Ehemännern, auch Riese, ein Jugendfreund Goethes, geladen waren. Als nachmittags dann auch noch Johann Elias Mieg erschien, einstiger Erzieher im Hause Willemer, unterdessen Hofmeister beim Grafen Isenburg, bemerkt Boisserée zunächst eine »Apprehension« Goethes, »eine Scheuheit als der Mann hereintrat und ihm als ein Freund des Hauses angekündigt wurde«. Doch die Stimmung muss sich bald gelockert haben, spätestens als man anfing, amüsante Erlebnisse der Italienreise zum Besten zu geben.

In der lebhaften Atmosphäre, die bald herrschte, sang Marianne dann auch »Wann du zu meinem Schatzel kommst« und aus *Don Giovanni* »Gib mir die Hand, mein Leben«. Boisserée berichtet davon:

> G. nennt sie einen kleinen Don Juan; würklich war ihr Gesang so verführerisch gewesen dass wir alle in lautes Lachen ausbrachen und sie den Kopf in d. Noten versteckte und sich nicht erholen konnte. – Die lustige Stimmung setzte sich auch am Tisch fort [...]. Endlich las G. noch Gedichte man bat ihn wegen Herrn Mieg darum, und die kleine Frau schmückte sich mit ihrem Turban, einem orientalischen farbigen Schal den G. ihr geschenkt. – Es wurde viel gelesen, auch viel Liebes-Gedichte an Suleika, Jussuf und Suleika usw. Der ›Toten-Tanz‹ wurde gesagt usw. Willmer schlief ein, wird darum gefoppt wir bleiben deshalb desto länger zusammen, bis 1 Uhr. Mondschein-Nacht. Der Alte will mich in seinem Zimmer noch behalten – Wir schwatzen ihm fällt ein mir den Versuch mit den farbigen Schatten zu zeigen, wir treten mit einem Wachslicht auf den Balkon – werden am Fenster von der kleinen Frau belauscht.

Dass Marianne sich mit einem »orientalischen farbigen«, ihr von Goethe geschenkten »Schal« schmückt, macht übrigens deutlich, wie ohne jede Geheimnistuerei und als einstige Schauspielerin mit unbefangener Lust sie in diesem vertrauten Kreis bereits die Rolle der Suleika übernahm. Ob Goethe an dem Abend auch das Gedicht schon vorlas, das er an diesem 17. September, wohl wieder einmal in der Herrgottsfrühe, verfasst hatte? »Viel Liebes-Gedichte« wurden ja gelesen. Also vielleicht auch dieses ungewöhnlich inspirierte, wundersam erotische, herrlich weitschweifige Liebesgespräch. Worin diese Spätsommerwochen am Main, die mit so viel Orientalischem infiltriert waren, mit der gemeinsamen Italienerfahrung außerdem, sich magisch verdichten zu einer Komposition, die nicht bloß geographisch weitumfassend ist, sondern – mit Nacht und Tag, dem Wasser von Meer und Euphrat, dem Erdboden, auf dem die Karawanen ziehen, den Felsenklüften der Meerestiefe, wohin der Ring fällt, dem Himmel, zu dem die Lieder aufsteigen – auf engstem Raum, wie es nur ein Gedicht vermag, die Elemente und Dimensionen dieser Welt beschwört.

Während der »Baum«, durch den der zarteste Morgenanfang »blitzt«, diesen poetischen Raum in dem akuten Augenblick verwurzelt, in dem das Liebesgespräch kurz nach dem Erwachen stattfindet. Und dass es die »Morgenröte« ist, die hereinblitzt, und nicht etwa, wie man erwarten würde, die aufgehende Sonne, hat wohl einen Grund, an den man im Zusammenhang mit dem in Heidelberg entstehenden Gedicht *Wiederfinden* noch einmal wird denken müssen. Auch fällt auf, dass sich auf »Morgenröte« besser als »Prophete«, »Göthe« reimte.

Was das Gedicht vollzieht, ist – mit den balladenhaft anmutenden Ereignissen um den »goldnen Ring« – eine »Vermählung«. Doch ist es – im Moment des Abschieds (oder gar des Todes?), worauf der »letzte Kuss« zwielichtig vorausweist – insbesondere die Vermählung mit einem Ort. Der, ganz und gar doppeldeutig, mit dem allgemeinen Wort »Flusse« Suleikas orientalische Welt am Euphrat und Mariannes Welt am Main – durch »Terrasse« und »Hain« für Eingeweihte allerdings deutlich konnotiert – verkörpert. Es ist dieses emphatisch aufgerufene »Hier«, dem der *West-östliche Divan* seinen schönen, schillernden Glutkern – das *Buch Suleika* – verdankt.

SULEIKA

Als ich auf dem Euphrat schiffte,
Streifte sich der goldne Ring
Fingerab, in Wasserklüfte,
Den ich jüngst von dir empfing.

Also träumt' ich, Morgenröte
Blitzt ins Auge durch den Baum,
Sag Poete, sag Prophete!
Was bedeutet dieser Traum?

HATEM

Dies zu deuten bin erbötig!
Hab' ich dir nicht oft erzählt
Wie der Doge von Venedig
Mit dem Meere sich vermählt.

So von deinen Fingergliedern
Fiel der Ring dem Euphrat zu.
Ach zu tausend Himmelsliedern
Süßer Traum begeisterst du!

Mich, der von den Indostanen
Streifte bis Damaskus hin,
Um mit neuen Karawanen
Bis ans rote Meer zu ziehn.

Mich vermählst du deinem Flusse,
Der Terrasse, diesem Hain,
Hier soll bis zum letzten Kusse
Dir mein Geist gewidmet sein.

Am nächsten Tag, dem 18. September, abends um »halb Fünf«, verließ Goethe, in Begleitung von Boisserée und Diener Carl, die Gerbermühle. Wohin er in Gedanken noch oft, doch in Wirklichkeit nie mehr zurückkehren sollte. »Herrlicher Abend«, notierte er in sein Tagebuch. Und: »Vollmonds Aufgang«.

IV Wiederfinden

Morgen und Morgenland

GINGO BILOBA

Dieses Baums Blatt, der von Osten
Meinem Garten anvertraut,
Gibt geheimen Sinn zu kosten,
Wie's den Wissenden erbaut.

Ist es Ein lebendig Wesen?
Das sich in sich selbst getrennt,
Sind es zwei? die sich erlesen,
Dass man sie als eines kennt.

Solche Frage zu erwidern
Fand ich wohl den rechten Sinn;
Fühlst du nicht an meinen Liedern
Dass ich Eins und doppelt bin?

Heidelberg, den 23. September. Frühmorgens auf dem Schloss. »Schloss. Divan.« – notierte Goethe im Tagebuch. Und ähnlich Boisserée: »G. morgens früh auf d. Schloss dichtend.« Wobei man sich an die Bildbetrachtungen vom Jahr zuvor erinnern kann und an Goethes Bemerkung vor dem Bild der *Anbetung der Könige*: Dass man von der »Ruine zum Bilde und umgekehrt vom Bilde zur Schlossruine« wandern könne und sich hier wie dort »auf gleich ernste Art angeregt und gehoben« fände. Schloss und Schlosspark, Ruine und Natur, eigentlich ja ein hochromantisches Setting – mit dem aber schon die mittelalterliche Kunst, gerade wo es um das weihnachtliche Thema ging, bedeutungsvoll gearbeitet hat, Rogier van der Weyden ist nur ein Beispiel – müssen den *Divan*-Dichter in diesen schönen Septembertagen in den richtigen, den lyrischen »Enthusiasmus« versetzt haben. Falls es nicht im Innersten denn doch die Liebe war. Und dieses spezifische Eins-und-doppelt-Sein.

Nun ist allerdings kein Gedicht mit dem Datum des 23. Septembers überliefert. Doch wäre denkbar, dass Goethe an diesem Morgen, als er im Schlosspark wandelte, womöglich auf der Terrasse bei dem Ginkgo-Baum stehen blieb (ein zu diesem Zeitpunkt noch nicht sehr alter Baum, in einem zeitgenössischen Bericht ist von einem »Stämmchen« die Rede) und dabei das *Gingo Biloba*-Gedicht um die zwei Rahmenstrophen ergänzte. Eine Abschrift davon wird er jedenfalls am 27. September an Rosette und Marianne schicken.

Wann das ganze Gedicht entstand, weiß man tatsächlich nicht genau. Ob an diesem 23. September oder an einem der nächsten Tage. Auch ist nicht klar, was für eine Rolle ein Gespräch mit dem Heidelberger Mythenforscher Georg Friedrich Creuzer über den Doppelsinn griechischer Mythen dabei spielte. Goethe traf ihn, laut Tagebuch, sowohl am 21. wie am 25. September. Am 26. September dann auch seinen Bruder, den Theologen aus Marburg. Doch wirklich wichtig ist das nicht.

Dagegen kann einen die Vorstellung, dieses Gedicht mit dem Bild eines Gartens, der sich dem Baum von »Osten« so gastlich öffnet, sei an diesem Morgen früh im Heidelberger Schlossgarten vollendet worden, zu der Frage führen, ob Goethes Dichtungsverständnis nicht lang vor der Begegnung mit Hafis ein gegen Sonnenaufgang gerichtetes, morgenfrühes – und also in diesem Sinn »morgenländisches« war? Zumal Goethe in den *Noten und Abhandlungen* zum *West-östlichen Divan* Herders frühe Vermittlung hebräischer Poesie, man erinnert sich, mit einem »reinen orientalischen Sonnenaufgang« vergleicht. So als gebe es neben einem deutschen Sonnenaufgang auch noch einen »reinen orientalischen«? Verstand Goethe womöglich Poesie ganz grundsätzlich als ein Parallelphänomen, oder vielleicht besser: als ein Antwortphänomen zum Naturereignis des Sonnenaufgangs?

Anhaltspunkte für eine solche Vorstellung finden sich in jenem kindlichen Andachtskult, von dem Goethe im 1. Buch von *Dichtung und Wahrheit* erzählt:

Genug, er [der Knabe Johann Wolfgang] kam auf den Gedanken, sich dem großen Gotte der Natur, dem Schöpfer und Erhalter Himmels und der Erden, dessen frühere Zornesäußerungen schon lang über die Schönheit der Welt und das mannigfache Gute, das uns darin zuteil wird, vergessen waren, unmittelbar zu nähern; der Weg dazu aber war sehr sonderbar.

Der Knabe hatte sich überhaupt an den ersten Glaubensartikel gehalten. Der Gott, der mit der Natur in unmittelbarer Verbindung stehe, sie als sein Werk anerkenne und liebe, dieser schien ihm der eigentliche Gott, der ja wohl auch mit dem Menschen wie mit allem übrigen in ein genaueres Verhältnis treten könne, und für denselben ebenso wie für die Bewegung der Sterne, für Tages- und Jahreszeiten, für Pflanzen und Tiere Sorge tragen werde. Einige Stellen des Evangeliums besagten dieses ausdrücklich. Eine Gestalt konnte der Knabe diesem Wesen nicht verleihen; er suchte ihn also in seinen Werken auf, und wollte ihm auf gut alttestamentliche Weise einen Altar errichten. Naturprodukte sollten die Welt im Gleichnis vorstellen, über diesen sollte eine Flamme brennen und das zu seinem Schöpfer sich aufsehnende Gemüt des Menschen bedeuten. Nun wurden aus den vorhandenen und zufällig vermehrten Naturaliensammlungen die besten Stufen und Exemplare herausgesucht; allein wie solche zu schichten und aufzubauen sein möchten, das war nun die Schwierigkeit. Der Vater hatte einen schönen, rotlackierten, goldgeblümten Musikpult, in Gestalt einer vierseitigen Pyramide mit verschiedenen Abstufungen, den man zu Quartetten sehr bequem fand, ob er gleich in der letzten Zeit nur wenig gebraucht wurde. Dessen bemächtigte sich der Knabe, und baute nun stufenweise die Abgeordneten der Natur übereinander, so dass es recht heiter und zugleich bedeutend aussah. Nun sollte bei einem frühen Sonnenaufgang die erste Gottesverehrung angestellt werden; nur war der junge Priester nicht mit sich einig, auf welche Weise er eine Flamme hervorbringen sollte, die doch auch zu gleicher Zeit einen guten Geruch von sich geben müsse. Endlich gelang ihm ein Einfall, beides zu verbinden, indem er Räucherkerzchen besaß, welche, wo nicht flammend, doch glimmend den angenehmsten Geruch verbreiteten. Ja dieses gelinde Verbrennen und Verdampfen schien noch mehr das, was im Gemüt vorgeht, auszudrücken als eine offene Flamme. Die Sonne war längst aufgegangen, aber Nachbarhäuser verdeckten den Osten. Endlich erschien sie über den Dächern; sogleich ward ein Brennglas zu Hand genommen, und die in einer schönen Porzellanschale auf dem Gipfel stehenden Räucherkerzen angezündet. Alles gelang nach Wunsch und die Andacht war vollkommen.

Dem Kind wird sie allerdings bald darauf verleidet, da durch eine Unachtsamkeit die Räucherkerzen sich in den schönen roten Lack des Musikständers gebrannt und einen wüsten schwarzen Fleck zurückgelassen hatten.

Wenngleich der Kult in dieser Weise von Goethe nie mehr wiederholt wurde – in sein Existenzgefühl, sein Werk, sein Dichtungsverständnis scheint er dennoch eingegangen. Wobei man sich fragen kann, worin der Brennspiegel bestand, der Mal für Mal, Morgen für Morgen das Licht auffing und die Inspiration entzündete?

Nun erscheint, was einem spontan einleuchten kann, dass nämlich dichterisches Schaffen unmittelbar mit einer andächtig begrüßten Tagesfrühe zusammenhängt, und da man Goethe als »Sonnenanbeter« ohnehin kennt, bei genauerer Überlegung denn doch nicht so fraglos plausibel. Irgendwo, so das Gefühl, müsste da noch etwas sein, was genauer oder auch allgemeiner an Goethes Dichtungsverständnis heranzuführen vermag.

Schaut man sich ein wenig um, so enthält das große Gedicht *Zueignung*, das 1784 – also zwei Jahre vor der Italienreise – entstanden, den ersten Band der 1787 erscheinenden ersten Gesamtausgabe von Goethes Werken einleitete, ja tatsächlich so etwas wie eine Poetik. Schon die erste Verszeile lässt aufhorchen: »Der Morgen kam […]«.

Der Morgen kam; es scheuchten seine Tritte
Den leisen Schlaf, der mich gelind umfing,
Dass ich erwacht, aus meiner stillen Hütte
Den Berg hinauf mit frischer Seele ging;
Ich freute mich bei einem jeden Schritte
Der neuen Blume die voll Tropfen hing;
Der junge Tag erhob sich mit Entzücken,
Und alles war erquickt mich zu erquicken.

Ein Einsiedler also, ein Wanderer, der hier in der Morgenfrühe unterwegs ist. Dass er insbesondere auch ein Dichter ist, machen dann die folgenden Strophen klar. Und wenn der kindliche »Priester« auf seinem »Altar« noch Stellvertreter der Natur künstlich versammelt hatte, so ist er hier, als Dichter, ganz von ihr umgeben.

Auf einmal schien die Sonne durchzudringen,
Im Nebel ließ sich Klarheit sehn.
Hier sank er leise sich hinabzuschwingen;
Hier teilt' er steigend sich um Wald und Höhn.
Wie hofft' ich ihr den ersten Gruß zu bringen!
Sie hofft' ich nach der Trübe doppelt schön.
Der luft'ge Kampf war lange nicht vollendet,
Ein Glanz umgab mich und ich stand geblendet.

Aus diesem Sonnenglanz nun, dieser »Blendung«, schwebt, während ringsum alles »zu brennen und zu glühen« scheint, von Wolken hergetragen die Göttin (oder Muse, Goethe setzte das Gedicht bewusst an Stelle einer »Musenanrufung«) der Dichtkunst heran: in schönster Frauengestalt. »Kein schöner Bild sah' ich in meinem Leben, / Sie sah mich an und blieb verweilend schweben.«

Ich kenne dich, ich kenne deine Schwächen,
Ich weiß was Gutes in dir lebt und glimmt!
So sagte sie, ich hör' sie ewig sprechen,
Empfange hier was ich dir lang' bestimmt,

Dem Glücklichen kann es an nichts gebrechen,
Der dies Geschenk mit stiller Seele nimmt;
Aus Morgenduft gewebt und Sonnenklarheit,
Der Dichtung Schleier aus der Hand der Wahrheit.

Nun ist, was in dem letzten Verspaar anklingt, ein im 18. Jahrhundert prominent gewordener Topos. Es ist die Dreiheit des »Guten, Wahren und Schönen«, welche das klassische Dichtungsverständnis so sehr prägte. Wobei die Dichtkunst oft mit dem Bild des Schleiers konnotiert ist, der jedoch die Wahrheit nicht verbirgt, sondern auf eine schöne, poetische Weise zum Vorschein bringt. Der Schleier verhüllt also nichts, vielmehr hüllt sich die Wahrheit in den Schleier (die Schönheit, die Poesie), um sich so besser zeigen zu können. So etwa bei Schiller, und zweifellos auch in diesen Versen Goethes.

Für dessen Poetik aufschlussreich ist jedoch, wie konkret verbunden mit einer Tageszeit, dem Morgenwerden – »Morgenduft und Sonnenklarheit« – hier die Dichtkunst erscheint. Zwar heißt es auch in Schillers programmatischem Gedicht *Die Künstler*, 1788/89 entstanden, »Nur durch das Morgentor des Schönen / Drangst du in der Erkenntnis Land«. Und auch sonst können in ästhetischen Theorien Morgen und Sonnenaufgang gelegentlich metaphorisch in Verbindung stehen mit dem Schönen und Wahren.

Bei Goethe fällt jedoch auf, wie konkret seine Poetik auf das wirklich erlebte Naturereignis bezogen ist. Wie sehr also nicht nur das einzelne Gedicht, sondern allgemeiner seine Poetik in der »Wirklichkeit«, nämlich der kosmischen des Tagwerdens, ihren »Grund und Boden« hat. Ja, fast könnte man vermuten, was Goethe angesichts der Urpflanze Schiller gegenüber äußerte: Dass die innige Verbindung von Poesie und Sonnenaufgang für ihn keine »Idee«, sondern eine »Erfahrung« gewesen sei.

Jedenfalls ist erstaunlich, wie oft seine Lyrik aus einer solchen Morgensituation heraus entsteht und diese auch zum Thema macht. Wobei das Träumerische, Ahnung, Hoffnung, die dem »Morgenduft« eigen sind, und der ebenso befreiende wie grandiose

»Wahrheits«-Moment, in dem die »Sonnenklarheit« durchbricht, inständig aufeinander bezogen bleiben. Ja, man kann sagen: den poetischen Schöpfungsmoment zusammen ausmachen. Man denke an die beiden am ersten Reisemorgen von 1814 entstandenen Gedichte *Phänomen* und *Liebliches*, mit denen der *West-östliche Divan* eigentlich erst anhebt. Und die geradezu »gewebt« sind aus »Morgenduft und Sonnenklarheit«.

Allgemeiner gesagt heißt das: Die Ahnungen, die amorphen Gefühle, die Stimmungen, Erinnerungen, Imaginationen, Sehnsüchte treten in diesem Moment, wo aus ihnen Sprache, Rhythmus, allenfalls Reim wird, in die »Sonnenklarheit« der Form, die jedoch – das macht, wenn sie »recht« ist, ihren Zauber, ihre Tiefe, ihre Unendlichkeit aus – den Schmelz der Ahnungen, ihren »Schleier«, nicht verliert. In diesem ideellen Sinn wäre ein Gedicht, oder generell etwas Erdichtetes, also Poesie, für Goethe, ganz unabhängig von der Thematik, stets ein Gewebe »aus Morgenduft und Sonnenklarheit«.

Und so ist die im Gedicht *Zueignung* evozierte Poetik denn auch eine allgemeine, keineswegs auf das Thema des Morgenwerdens beschränkte. Goethe hat ja, um nur das polar Entgegengesetzte zu nennen, ebenso Gedichte auf die Nacht, die Gestirne, den Vollmond und seinen Aufgang geschrieben. Und viele poetische Texte, in denen das »Labyrinth der Brust«, in dem es selten »sonnenklar« zugeht, auf die Welt draußen antwortet. Und selbstverständlich hat Goethe mitunter auch nachts Gedichte geschrieben.

Dennoch muss das Morgenwerden für Goethe ein herausragendes, ebenso existentielles wie künstlerisches Urereignis gewesen sein. Darauf war er angewiesen wie kaum ein anderer Dichter. Das Tagesgestirn war auch sein Dichtungsgestirn. Und gerade die Morgenfrühe, wo »Stimmung und Sammlung« noch rein sind, bringt ihn mit diesem in innigste schöpferische Verbindung.

Besonders deutlich wird das in einem der beiden im August/September 1828 entstandenen Dornburger Gedichte, das dem Tag und der »Sonnenbahn« gewidmet ist. Das andere, das den Aufgang des Vollmonds feiert, hat Goethe dann kurz nach seinem Entstehen zusammen mit einem Brief an Marianne von Willemer geschickt. Davon wird noch die Rede sein. Wichtig ist in diesem Zusammenhang das Taggedicht. Und es erhält noch eine gesteigerte Bedeutung, wenn man weiß, dass Goethe, erschüttert vom plötzlichen Tod seines Herzogs Carl August, den Veranstaltungen um das Begräbnis, den »düstern Funktionen«, die er nicht ertrug, entfliehend, sich nach Dornburg zurückgezogen hatte. Wo er – selbst von Todesahnungen geängstigt – auf einem Schlösschen in luftiger Höhe sich von der schönsten Natur umgeben sieht. Und wo ihm »alles in erhöhteren Farben« erscheint: »wie der Regenbogen auf schwarzgrauem Grund«. So in einem Brief an Zelter vom 10. Juli.

Vor einem solchen Hintergrund kann einem dieses Gedicht wie das Gebet eines seiner irdischen Existenz noch Gewissen, mit »glücklichen Augen« Begabten vorkommen.

Früh wenn Tal, Gebirg und Garten
Nebelschleiern sich enthüllen,
Und dem sehnlichsten Erwarten
Blumenkelche bunt sich füllen;

Wenn der Äther, Wolken tragend,
Mit dem klaren Tage streitet,
Und ein Ostwind, sie verjagend,
Blaue Sonnenbahn bereitet;

Dankst du dann, am Blick dich weidend,
Reiner Brust der Großen Holden,
Wird die Sonne, rötlich scheidend,
Rings den Horizont vergolden.

Ein Tag von morgens bis abends – ein Welttag, ein Lebenstag, im Gedicht erscheinend. Und endend mit einer Verklärung, mit der sich Goethe über die »düstern Funktionen« glorios hinwegdichtet. Noch einmal aber wird in diesem »Sonnengesang« des Neunundsiebzigjährigen die Frühe enthusiastisch aufgerufen. Noch einmal die poetische Grundsituation von »Morgenduft und Sonnenklarheit«: »Früh wenn Tal, Gebirg und Garten / Nebelschleiern sich enthüllen …«.

Es mag also durchaus sein, dass sich in dieser Poetik des Morgenwerdens, des »Sich-Enthüllens« insbesondere der Augenmensch Goethe zu erkennen gibt, der sehr wohl wie Lynkeus, der Türmer, im zweiten Teil des *Faust* hätte singen können: »Zum Sehen geboren, / Zum Schauen bestellt […].«

Denn Goethe war davon überzeugt, dass eben das Auge das der Natur angemessenste Instrument der Erkenntnis sei. Deshalb angemessen, weil er es sich in so genauer, ursprünglicher und sinnvoller Korrespondenz mit der Natur und ihrem Zentralgestirn, der Sonne, dachte. Vom Auge heißt es in der Einleitung zur *Farbenlehre*: »Das Auge hat sein Dasein dem Licht zu danken. Aus gleichgültigen tierischen Hilfsorganen ruft sich das Licht ein Organ hervor, das seinesgleichen werde, und so bildet sich das Auge am Licht fürs Licht, damit das innere Licht dem äußeren entgegentrete.« Was dann in Versen noch einmal verdichtet erscheint, die deutlich machen, von welchen religiösen Schwingungen dieses »naturmenschliche« Weltbild durchdrungen ist:

Wär nicht das Auge sonnenhaft,
Wie könnten wir das Licht erblicken?
Lebt nicht in uns des Gottes eigne Kraft,
Wie könnt uns Göttliches entzücken?

Wäre es denkbar, dass der für das Dichten nötige »Enthusiasmus«, diese Gotterfülltheit also, aus der Begeisterung resultiert, dass das Auge wieder in Korrespondenz mit der Sonne treten, ihr »entgegentreten« kann? Dass es die Erscheinungen der Welt – »Blumenkelche« ja nur zum Beispiel – in sich aufnehmen und der poetische Geist, wenn »Sammlung und Stimmung« es erlauben, sie in Bilder, in Sprache, Reim, Rhythmus verwandeln kann? Und somit also Dichtung dem Tagesgestirn entgegenklingen kann?

Doch zu diesem Enthusiasmus gehört – wen wundert's – im Gedicht *Zueignung* auch ein Frauenbild, will sagen: ein erotisches Moment. Und so geht mit der Sonne bei Goethe stets auch die Liebe auf. Das bezeugt ein zwei Jahre vor dem *West-östlichen Divan* entstandenes Gedicht, das Goethe, mit einer leichten Abwandlung in der dritten Strophe, im März 1816 an Marianne Willemer schickte. Und obschon das Gedicht in seiner ursprünglichen Fassung unter dem Titel *Gegenwart* bereits in der neuesten Ausgabe seiner Gedichte von 1815 stand, so konnte es Marianne mit der Zeile »Singst du dem himmlischen Dom« doch auf sich beziehen:

Alles kündet dich an,
Erscheint die herrliche Sonne,
Kommst du, so hoff ich es bald.

Trittst du im Garten hervor;
So bist du die Rose der Rosen,
Lilie der Lilien zusammt.

Singst du dem himmlischen Dom,
Erklingen sogleich die Gestirne,
Mit dir und um dich umher!

Nacht! und so wär es denn Nacht,
Nun überscheinst du des Mondes
Lieblichen ladenden Glanz.

Ladend und lieblich bist du!
Und Blumen, Mond und Gestirne
Huldigen, Sonne! nur dir.

Sonne so sei du auch mir!
Die Schöpferin herrlicher Tage.
Leben und Ewigkeit ist's!

Zwar ist es hier ein liebevoll angesprochenes Du, das singt, und dabei so strahlend, so beglückend erscheint, wie die Sonne selbst, mit der es in den »glücklichen Augen« des Dichters geradezu einen Gestalttausch eingeht. Doch ist das »Singen« ja auch des Dichters Sache – im *Divan* jedenfalls tritt er öfter als »Sänger« auf –, und so wird man den Zusammenklang mit den »Gestirnen«, diese kosmische Harmonie, auch als höchstes Inbild von Dichtung verstehen dürfen. Durchaus denkbar, dass für Goethe gerade in der Morgenfrühe eine solche, auf den ersten Blick verstiegen anmutende, doch zugleich elementare, »naturmenschliche« Verbundenheit mit dem Kosmos immer wieder erfahrbar wurde. Denkbar auch, dass er auf beides – den Sonnenaufgang wie die Liebe – nur poetisch adäquat zu antworten vermochte.

Noch ein sehr spätes kleines Gedicht Goethes spricht von diesem Mysterium des Tagwerdens. Es ist eines der letzten Goethes und ein besonders berührendes. Mit dem Lächeln eines alten Mannes blickt der Dichter hier auf seine von ihm geschaffene Figur Faust zurück. Dass die Verse frühmorgens entstanden sind, darf man annehmen. Am 18. Januar 1832, also zwei Monate vor seinem Tod, nachdem er das bereits versiegelte Manuskript des zweiten Teils noch einmal geöffnet hatte, allerdings wohl nicht mit Blick vom Arbeitszimmer in seinen Garten und auf die Blumen, die Blumenkelche, die »bunten«. Aber vielleicht doch in Erinnerung an so manchen Morgenblick in den blühenden Garten, der ihm immer auch ein kleiner Ausschnitt des »herrlichen Weltgartens« war. Oder ist dieses »Liebenswürdigste« vielleicht das kleine Gedicht selbst: »heitern Morgenstunden« unmittelbar entsprungen?

Der Zaubrer fordert leidenschaftlich wild
Von Höll' und Himmel sich Helenens Bild;
Trät' er zu mir in heitern Morgenstunden,
Das Liebenswürdigste wär' friedlich ihm gefunden.

In den *Wanderjahren*, mit dem darin tätigen Auswandererbund, hat sich Goethe dann zwar dem Auswandererland Amerika zugewandt, und, falls es nicht bloß eine Legende ist, hatte er selbst einmal daran gedacht, zusammen mit Lili Schönemann, seiner Geliebten und für kurze Zeit Verlobten, nach Amerika zu flüchten, um der für ihn unerträglichen Verwandtschaft und Gesellschaft, die sie umgab, zu entkommen. Doch es ist keine Frage, dass seine eigentliche, seine poetische Himmelsrichtung der Osten war. Lang jedenfalls vor dem poetischen Wettstreit mit dem persischen Dichter Hafis gibt es bei Goethe den des deutschen Dichters mit dem »Morgenstrahl«. Man denke an das Gedicht *Im Gegenwärtigen Vergangnes*:

Und da duftet's wie vor Alters,
Da wir noch von Liebe litten,
Und die Saiten meines Psalters
Mit dem Morgenstrahl sich stritten.

Von diesem Wettstreit mit dem »Morgenstrahl«, so muss man wohl schließen, empfängt das Lied des Sängers jenes Lichtvolle, was dann erst die Ästhetik in die Formel des »Wahren, Guten und Schönen« bringt. Und vor diesem Hintergrund liest man denn auch den Anfang des *Gingo-biloba*-Gedichtes noch einmal anders: Dieser Baum aus dem »Osten« mit seinem so besonderen Blatt und Liebessymbol kommt in einen »Garten«, der für Morgenländisches bestens vorbereitet ist.

Im lieblichsten Revier

Wie »enthusiastisch aufgeregt« Goethe in diesen Heidelberger Septembertagen nach dem Abschied von der Gerbermühle gewesen sein muss, beweist seine poetische Produktivität. Wie im Jahr zuvor sind erneut die Bildbetrachtungen in der Sammlung der Brüder Boisserée an der Tagesordnung, aber auch die Schreibübungen in arabischer Schrift beim Orientalisten Paulus nimmt Goethe sogleich wieder auf. Politisch gesehen herrschen schwierige Zeiten.

Noch immer ist es in Deutschland unruhig, sind die Heere in Bewegung. Täglich gehen Truppenverbände der russischen Alliierten, die sich auf dem Rückweg befinden, durch Heidelberg. Einmal trifft Goethe im Schlosspark einen einarmigen jungen Russen, den er von Weimar kennt und freudig begrüßt. Eine Begegnung, von der er auch Christiane berichtet.

Neben all dem – oder eben wahrscheinlich *vor* all dem, frühmorgens – entstanden am 21. und 22. September nicht weniger als fünf *Divan*-Gedichte. Liebeserklärungen an Suleika/Marianne in den unterschiedlichsten Ton-, Reim- und Versarten, ein ganzer bunter Strauß. Mit kritischem Blick kann man es allerdings auch heterogen nennen. Aber das Wort »bunt« trifft wohl eher Goethes Intention. Er liebte es in seinem Hausgarten bunt. Warum also nicht auch im poetischen »Garten« seines *Divan*? Wo das »Eins-und-doppelt-Sein«, das Zwiegespräch zwischen Suleika und Hatem, bei dem der Dichter beide Rollen übernimmt, nun erst richtig in Gang kommt.

In der Reihenfolge, in der die Gedichte entstanden, mögen sie hier auch folgen. Wobei man noch erwähnen sollte, dass das Gedicht *Geheimschrift* auf jene bereits erwähnten, zwischen Goethe und Marianne getauschten »Chiffernbriefe« anspielt. Das Gedicht *Die Sonne kommt! Ein Prachterscheinen!* dagegen auf den von Marianne auf der Messe erstandenen türkischen Mond-und-Sonnenorden. Der, das erkennt man vielleicht erst jetzt richtig, sehr gut zu dem Dichter Goethe passte: Weit besser im Grunde, wenn auch bloß aus Pappmaché, als all die hochoffiziellen Staatsorden, mit denen er sich so gern schmückte.

Beachten sollte man aber auch, wie hier, ganz ähnlich wie im *Maifest*, das der Geliebten geschuldete »glückliche Gelingen« von Dichtung gefeiert wird. Das hier allerdings, dem *Divan*-Ton entsprechend, mit Naturbildern von wilder Leidenschaft besetzt ist. »Die du mir Jugend / Und Freud und Mut / Zu neuen Liedern / Und Tänzen gibst« hieß es dort noch fast unschuldig. Hier dagegen: »Dichterische Perlen, / Die mir deiner Leidenschaft / Gewaltige Brandung / Warf an des Lebens / Verödeten Strand aus.« Und ebenfalls, ganz im *Divan*-Stil, am Ende die Bescheidung und das Aufblicken zum Schöpfer – allerdings in Form eines ehrfürchtigen Staunens vor einem kleinen Naturwunder wie der Perle.

Die schön geschriebenen,
Herrlich umgüldeten,
Belächelst du
Die anmaßlichen Blätter,
Verziehst mein Prahlen
Von deiner Lieb' und meinem
Durch dich glücklichen Gelingen,
Verziehst anmutigem Selbstlob.

Selbstlob! Nur dem Neide stinkt's,
Wohlgeruch Freunden
Und eignem Schmack!

Freude des Daseins ist groß,
Größer die Freud' am Dasein.
Wenn du Suleika
Mich überschwänglich beglückst,
Deine Leidenschaft mir zuwirfst
Als wär's ein Ball,
Dass ich ihn fange,
Dir zurückwerfe
Mein gewidmetes Ich;
Das ist ein Augenblick!

Und dann reißt mich von dir
Bald der Franke, bald der Armenier.
Aber Tage währt's,
Jahre dauert's, dass ich neu erschaffe
Tausendfältig deiner Verschwendungen Fülle
Auftrösle die bunte Schnur meines Glücks,
Geklöppelt tausenfadig
Von dir, o Suleika.

Hier nun dagegen
Dichtrische Perlen,
Die mir deiner Leidenschaft
Gewaltige Brandung
Warf an des Lebens
Verödeten Strand aus.
Mit spitzen Fingern
Zierlich gelesen,
Durchreiht mit juwelenem
Goldschmuck.
Nimm sie an deinen Hals,
An deinen Busen!
Die Regentropfen Allahs,
Gereift in bescheidener Muschel.

GEHEIMSCHRIFT

Lasst euch, o Diplomaten!
Recht angelegen sein,
Und eure Potentaten
Beratet rein und fein.
Geheimer Chiffern Sendung
Beschäftige die Welt,
Bis endlich jede Wendung
Sich selbst ins Gleiche stellt.

Mir von der Herrin süße
Die Chiffer ist zur Hand,
Woran ich schon genieße,
Weil sie die Kunst erfand.
Es ist die Liebesfülle
Im lieblichsten Revier,
Der holde, treue Wille
Wie zwischen mir und ihr.

Von abertausend Blüten
Ist es ein bunter Strauß
Von englischen Gemüten
Ein vollbewohntes Haus;
Von buntesten Gefiedern
Der Himmel übersät,
Ein klingend Meer von Liedern
Geruchvoll überweht.

Ist unbedingten Strebens
Geheime Doppelschrift,
Die in das Mark des Lebens
Wie Pfeil um Pfeile trifft.
Was ich euch offenbaret
War längst ein frommer Brauch,
Und wenn ihr es gewahret,
So schweigt und nutzt es auch.

SULEIKA

Die Sonne kommt! Ein Prachterscheinen!
Der Sichelmond umklammert sie.
Wer konnte solch ein Paar vereinen?
Das Rätsel wie erklärt sich's wie?

HATEM

Der Sultan konnt' es, er vermählte
Das allerhöchste Weltenpaar,
Um zu bezeichnen Auserwählte
Die Tapfersten der treuen Schar.

Auch sei's ein Bild von unsrer Wonne!
Schon seh ich wieder mich und dich,
Du nennst mich, Liebchen, deine Sonne,
Komm, süßer Mond, umklammre mich!

SULEIKA

An des lust'gen Brunnens Rand
Der in Wasserfäden spielt
Wusst ich nicht was fest mich hielt;
Doch da war von deiner Hand
Meine Chiffer leis' gezogen,
Nieder blickt' ich dir gewogen.

Hier am Ende des Kanals
Der gereihten Hauptallee
Blick' ich wieder in die Höh,
Und da seh' ich abermals
Meine Lettern fein gezogen.
Bleibe! bleibe mir gewogen!

HATEM

Möge Wasser springend, wallend,
Die Zypressen dir gestehn:
Von Suleika zu Suleika
Ist mein Kommen und mein Gehn.

SULEIKA

Sag du hast wohl viel gedichtet?
Hin und her dein Lied gerichtet? –
Schöngeschrieben, deine Hand,
Prachtgebunden, goldgerändet,
Bis auf Punkt und Strich vollendet,
Zierlichlockend manchen Band.
Stets wo du sie hingewendet
War's gewiss ein Liebespfand.

HATEM

Ja! von mächtig holden Blicken,
Wie von lächlendem Entzücken
Und von Zähnen blendend klar.
Moschusduftend Lockenschlangen,
Augenwimpern reizumhangen,
Tausendfältige Gefahr!
Denke nun wie von so langem
Prophezeit Suleika war.

Was bedeutet die Bewegung?

Dass ein Wiedersehen mit Suleika/Marianne so bald bevorstehen würde, konnte Goethe an jenem 23. September, einem Samstagmorgen, als er im Schlosspark der Dichtkunst nachging, nicht ahnen. Ein Treffen in Heidelberg muss zwar verabredet gewesen sein. Doch hatte Boisserée an Willemer geschrieben, dass sie erst am Montag kommen sollten, da man noch immer auf den Herzog warte. Ob es ein Missverständnis war oder Mariannes Ungeduld, vielleicht beides – statt des Herzogs, der sich »jagend« verspätete, erschienen um die Mittagszeit, als Goethe sich mit Boisserée gerade zu Tisch gesetzt hatte, überraschend die Frankfurter Freunde: Johann Jakob mit Marianne und Rosette. Zunächst zwar kam Willemer allein, während die Frauen im Gasthof zum Hecht warteten. Da es Goethe unmöglich fand, ohne die Frauen zu essen, musste Boisserée los, um sie herzubegleiten. Worauf man schließlich, wie noch vor wenigen Tagen auf der Gerbermühle, wieder in vertrauter Runde bei Tisch saß. Am Nachmittag begab man sich dann, nach Goethes Tagebuch, auf einen längeren Spaziergang »erst über die Brücke dann zum Karlstor. Den Neckaraufwärts«.

Viel weiß man nicht von diesen drei Tagen eines Wiedersehens, von dem Marianne vielleicht nicht ahnte, dass es das letzte sein würde, Goethe womöglich schon. Von Boisserée, der in seinem Tagebuch sonst so detailliert zu berichten pflegt, erfährt man gar nichts, da er ausgerechnet an diesen Tagen nur Gedankenstriche einträgt. Goethes eigenes Tagebuch ist karg wie immer. Auch aus späteren Briefen Mariannes kann man nur Mutmaßungen über einen offenbar glückseligen Gang durch den Schlosspark anstellen, wo es möglicherweise zu jenem legendären Kuss kam, und jedenfalls ein allzu kurzer intimer Augenblick höchst widerwärtig gestört wurde von einem Einfall – damals noch nicht von Touristen, sondern von russischen Truppen.

Es müssen jedoch ungewöhnlich bewegte Tage gewesen sein. Goethes aufgekratzter, scheinbar noch ganz aus anspielungsreichen Gesprächen heraus entstandener Brief vom 27. September, unmittelbar nach der Abreise der Freunde an Rosette (und indirekt Marianne) geschrieben, in dem er von einem »Brustweh« spricht, das sich beinah in »Herzweh« verwandelt hätte, deutet es an. Die zurückliegenden Tage waren offenbar allein in Versen fassbar, zu denen Goethe – mit dem *Gingo-biloba*-Gedicht, das er dem Brief beilegt – wörtlich »Zuflucht« nimmt.

Und »flüchten« musste Goethe zuletzt auch aus Heidelberg, was immer der wirkliche Grund gewesen sein mochte. Ob es die Forderungen waren, die der Herzog und seine Nebenfrau, Caroline Jagemann, geadelte von Heygendorf, in Briefen aus Mannheim an ihn richteten, oder ob es doch der »Zwiespalt« war, den Goethe in seinem Abschieds- und Dankesbrief an Willemer, noch in Heidelberg geschrieben, andeutet: zwischen der Pflicht, nach Hause zu kehren, und dem Verlangen, in Mariannes Nähe zu bleiben. Goethe jedenfalls muss sich in derart heller Aufregung befunden haben, als er sich entschloss, ohne die Frankfurter Freunde noch einmal zu sehen, über Würzburg »nach Hause zu eilen«, dass Boisserée ihn nicht allein reisen lassen wollte. Darum begleitete er den Freund, der sich unterwegs allmählich erholte, bis Würzburg. Wo er am 9. Oktober in sein Tagebuch schreibt: »der Alte mit klarem Herbstwetter nach Weimar. unter meinen frömmsten Wünschen. Ich gehe in den Dom. – Gebet.«

Der treue, fromme Sulpiz. Gern hätte er Goethe nach Weimar begleitet, um die angeregten Gespräche dieses Sommers fortzuführen und eine eigene kunstgeschichtliche Abhandlung in dessen Nähe zu verfassen. Goethe aber lehnte ab, weil er wusste, dass er in seinen ausgefüllten Weimarer Tagen für den Freund zu wenig Zeit haben würde. Auch war er der Überzeugung, dass Boisserée in Weimar nicht genügend Anregungen fände und in seinen engsten Mitarbeitern, Meyer und Riemer, keine Gesprächspartner, die ihm zusagten. Seine »Heiden«, wie Goethe sie nannte, machten es ja ihm selbst oft fast zu bunt. Was also sollte der fromme Sulpiz mit seiner Hingabe an die altdeutsche Kunst unter ihnen? Goethe liebte Boisserée, aber er liebte auch Heinrich Meyer und wollte zwischen diesen so unterschiedlichen Freunden bestimmt keinen Konflikt.

Während aber »der Alte« von Heidelberg regelrecht flüchtete und später nie mehr dahin zurückkehrte, ist Marianne – auch sie übrigens blieb mit Boisserée, dem Mitwisser ihres Glücks, bis an dessen Lebensende befreundet – später noch oft dahin zurückgekehrt, als alte Frau sogar noch mit der Eisenbahn. Für sie muss Heidelberg und insbesondere der Schlosspark in diesen drei Tagen zu einem magischen Ort geworden sein, der seinen Zauber selbst nach Jahren nicht verlor. So heißt es in einem Gedicht für Goethe, das sie 1824, am 28. Juli, »abends 7 Uhr«, vermutlich im Park des Heidelberger Schlosses schrieb:

Aus Sonnenstrahlen webt ihr Abendlüfte
Ein goldnes Netz um diesen Zauberort,
Berauscht mich, nehmt mich hin ihr Blumendüfte,
Gebannt durch eure Macht kann ich nicht fort.

Schließt euch um mich ihr unsichtbaren Schranken
Im Zauberkreis der magisch mich umgibt,
Versenkt euch willig Sinne und Gedanken,
Hier war ich glücklich, liebend und geliebt.

Da ist die Erinnerung zum »goldnen Netz« geworden, dem Marianne nie mehr wirklich entfliehen konnte und wollte. Und zum Gedicht.

An die Gedichte, die in jenen drei Tagen des Wiedersehens entstanden, muss man sich denn auch halten, wenn man eine Vorstellung davon gewinnen will, was sie für diese hochgespannte, zwischen Wirklichkeit und Kunst spielende Liebe bedeuteten. Ein Gedicht brachte Marianne schon mit: das bekannte an den Ostwind. In Mariannes Urfassung sind die Verse zwar nicht erhalten, es gibt nur eine spätere Abschrift von ihrer Hand. Doch da Goethe in seiner Abschrift das Gedicht auf den 23. September datierte, kann man annehmen, dass Marianne es in ihrem Reisegepäck hatte.

Wo es genau entstand, weiß man nicht. Ob noch in Frankfurt oder tatsächlich unterwegs in der Reisekutsche. Was mindestens nicht auszuschließen ist, da es mit der Vorstellung des »Dort wo hohe Mauern glühen« (deutlich auf das Heidelberger Schloss bezogen), auch mit dem drängenden »Eh noch diese Hügel düstern« (also schattig werden) tatsächlich ein Reisegedicht ist. Und welchen »Enthusiasmus« das Reisen auszulösen vermag, weiß man ja von Goethe.

Was bedeutet die Bewegung?
Bringt der Ostwind frohe Kunde?
Seiner Schwingen frische Regung
Kühlt des Herzens tiefe Wunde.

Kosend spielt er mit dem Staube,
Jagt ihn auf in leichten Wölkchen,
Treibt zur sichern Rebenlaube
Der Insekten frohes Völkchen.

Lindert sanft der Sonne Glühen,
Kühlt auch mir die heißen Wangen,
Küsst die Reben noch im Fliehen
Die auf Feld und Hügel prangen.

Und mich soll sein leises Flüstern
Von dem Freunde lieblich grüßen,
Eh noch diese Hügel düstern
Sitz ich still zu seinen Füßen.

Und du magst nun weiterziehen,
Diene Frohen und Betrübten,
Dort wo hohe Mauern glühen
Finde ich den Vielgeliebten.

Ach die wahre Herzenskunde,
Liebeshauch, erfrischtes Leben
Wird mir nur aus seinem Munde,
Kann mir nur sein Atem geben.

Von Marianne ist die Szene überliefert, dass Goethe, als er einmal mit ihr am Klavier saß und sie ihm Lieder aus *Des Knaben Wunderhorn* sang, »unter andern das nette Liedchen ›Ich weiß mir ein Mädchen hübsch und fein‹«, ganz unruhig geworden sei, und als sie endete, sich in der Äußerung Luft machte: »Das sind Worte, wobei ein alter Poet vor Neid platzen möchte.«

Ob er bei Mariannes Versen auch so etwas wie Neid verspürte? Oder eher ein leises Erschrecken? War das nun nicht mehr die »liebe Kleine«, die ihm da entgegentrat, sondern eine Liebende, eine zur Dichterin gewordene, die noch besser als er selbst verstand, was das »Überirdische der kleinen Kunstwelt« bedeutete? Denn es musste ihm ja sofort auffallen, wie Marianne hier den kecken Suleika-Ton, mit dem sie noch willig auf sein erstes Gedicht geantwortet hatte, mit einem Mal verweigerte und in der Konzentration auf ihre wahren Gefühle zu reiner »seelerregender« Lyrik fand. Während sie dennoch geradezu virtuos mit Anklängen an Hafis spielte (der Wind erscheint bei ihm oft als Liebesbote), diese jedoch in ein deutsch gestimmtes, sangbares und – bis hin zu den durchweg weiblichen Versenden –, höchst weibliches Liebeslied auf natürlichste Weise einzubinden verstand.

Erst recht in dem nur drei Tage später, noch am Tag des Abschieds vermutlich auf dem Rückweg von Heidelberg entstandenen Gedicht an den Westwind. Da es wie ein poetischer Zwilling zu dem Ostwind-Gedicht gehört, mag es hier gleich folgen.

Ach um deine feuchten Schwingen
West wie sehr ich dich beneide,
Denn du kannst ihm Kunde bringen,
Was ich durch die Trennung leide.

Die Bewegung deiner Flügel
Weckt im Busen stilles Sehnen,
Blumen, Augen, Wald und Hügel
Stehn bei deinem Hauch in Tränen.

Doch dein mildes sanftes Wehen
Kühlt die wunden Augenlider;
Ach, für Leid müsst ich vergehen,
Hofft' ich nicht, wir sehn uns wieder.

Geh denn hin zu meinem Lieben,
Spreche sanft zu seinem Herzen,
Doch vermeid ihn zu betrüben
Und verschweig ihm meine Schmerzen.

Sag ihm nur, doch sag's bescheiden,
Seine Liebe sei mein Leben,
Freudiges Gefühl von beiden
Wird mir seine Nähe geben.

Beide Gedichte, hier in Mariannes Fassung, hat Goethe, mit wenigen Retuschen, unter dem Namen Suleikas in den *Divan* aufgenommen. Dass hinter diesem Namen in dem Fall eine wirkliche Person stand, wussten damals allenfalls die Nahestehenden und nächsten Freunde, welche jedoch die Diskretion wahrten wie Marianne selbst. Und wenn Herman Grimm auf einem Spaziergang mit Marianne, wo eine Bewegung der Luft ihn dazu brachte, das Westwind-Gedicht zu sagen, der plötzlich tief berührten alten Frau das Geheimnis nicht ahnungsvoll entlockt hätte: »Du darfst es Niemand wiedersagen – Ja, ich habe die Verse gemacht«, würden die zwei so oft vertonten Gedichte vielleicht bis heute Goethe zuerkannt.

Sogar dessen treuer Mitarbeiter und späterer Nachlassverwalter Johann Peter Eckermann preist in seinen 1823 erschienenen *Beiträgen zur Poesie mit besonderer Hinweisung auf Goethe* ausgerechnet das Gedicht an den Westwind als Musterbeispiel eines vollkommenen, kunstvoll-kunstlosen Gedichts, wie es auch einem Dichter wie Goethe selten gelinge. Womit er recht und auch wieder nicht recht hatte. Goethe schickte damals diese Besprechung sogleich an Marianne, zusammen mit einem vielsagenden Angebinde aus einem Myrten- und einem Lorbeerzweig, und der Bemerkung: »Als ich des guten Eckermanns Büchlein aufschlug, fiel mir S. 279 zuerst in die Augen; wie oft hab ich nicht das Lied singen hören, wie oft dessen Lob vernommen und in der Stille mir lächelnd angeeignet, was denn auch wohl im schönsten Sinne mein eigen genannt werden durfte.«

Durfte es? Durfte er es einfach sein »eigen« nennen? Aus Mariannes Sicht bestimmt. Nur etwas konnte sie ihm nicht verzeihen. Und auch die kritische Nachwelt nicht. Eine Korrektur im Ostwind-Gedicht, von der sie im Januar 1857, drei Jahre vor ihrem Tod, in einem Brief an Herman Grimm schreibt: »... es ist doch nur eine einzige [Strophe] die G. verändert hat, und ich weiß wirklich nicht warum, ich finde meine wirklich schöner.«

Es handelt sich um die vierte Strophe, die bei Marianne so lautet: »Und mich soll sein leises Flüstern / Von dem Freunde lieblich grüßen, / Eh noch diese Hügel düstern / Sitz ich still zu seinen Füßen.« Daraus macht Goethe:

Und mir bringt sein leises Flüstern
Von dem Freunde tausend Grüße;
Eh noch diese Hügel düstern
Grüßen mich wohl tausend Küsse.

Das ist, ganz klar, eine Vergröberung, eine erotische Verschärfung. Allerdings war die Rolle der Suleika, dem orientalischen Vorbild folgend, von Goethe tatsächlich leidenschaftlicher angelegt. Und so war ihm diese vierte Strophe in Mariannes Fassung vermutlich einfach zu bescheiden, vielleicht zu fromm, in jedem Fall zu wenig leidenschaftlich. Wobei Goethe mit seiner sinnlichen Suleika – die allerdings auch weiß, was »Geist« heißt, und geradezu die »Geistreiche« genannt ist – seine deutschen Leser womöglich auch ein wenig provozieren wollte. Jedenfalls bemerkte er im Gespräch mit Boisserée einmal, dass die »Deutschen nur gern die naiven ruhigen, nicht leidenschaftlichen Frauen mögen«. So am 8. Oktober 1815.

Marianne ihrerseits wird nicht umsonst zurückhaltender formuliert haben. Ob sie bei dem »Sitz ich still zu seinen Füßen« tatsächlich auf die biblische Szene anspielte, die einem dabei unweigerlich einfällt? Jene Szene im Lukas-Evangelium, wo Jesus die beiden Schwestern Maria und Marta besucht, und wo Marta, wie es heißt, »sich viel zu schaffen macht, ihm zu dienen«. Während es von Maria heißt: »die setzte sich dem Herrn zu Füßen und hörte seiner Rede zu«.

An diese Bibelstelle zu denken, ist nicht so abwegig, wenn man weiß, dass in den Wochen auf der Gerbermühle, wo die beiden so verschiedenen Schwestern, Marianne und Rosette, sich je auf ihre Weise um den geliebten Gast kümmerten, davon offenbar mitunter scherzhaft die Rede war. So schreibt Willemer in einem Brief vom 24. Juli 1817, in dem er Goethe wieder einmal dringend auffordert, statt allein in Jena zu sitzen, doch auf die Gerbermühle zu kommen: »… zu Jena mag es schön sein, die Wiesen mit Grünen überzogen, die Lüfte lau, aber heilsamer sind Luft und Witterung am Main. Darum teilen Sie sich doch endlich zwischen Martha (Rosette) und *Maria.*«

Wären Mariannes Verse allerdings nur eine Anspielung auf diesen privaten Scherz gewesen, hätte sie Goethe völlig zu Recht geändert. Wenn man aber aus ihren späteren Briefen weiß, wie gern und, was seine Naturbetrachtungen betraf, geradezu gläubig sie seinen Reden zuhörte und wie nahe ihr außerdem eine Figur wie

Mignon war, so kann man durchaus vermuten, sie habe in dem »Sitz ich still zu seinen Füßen« tatsächlich ein adäquates Bild für ihre Liebe gesehen.

»Ein Mann, den man kindlich lieben muss«, schrieb Rosette nach ihrer ersten Begegnung mit Goethe im September 1814. Dass Mariannes Liebe zu Goethe, dem so viel älteren Mann, ebenfalls etwas Kindliches beigegeben war, darf man, auch nach dem stets ebenso liebevollen wie ehrerbietigen Ton ihrer Briefe, vermuten. Das tut der Innigkeit, oder innigen Leidenschaft, mit der sie Goethe liebte, keinen Abbruch. Im Gegenteil. Doch das unbedingte Vertrauen, die Offenheit, mit der sie ihm jederzeit begegnete, auch später in ihren Briefen, war ein wichtiger Teil ihrer Liebe wie ihrer Treue. Etwas, was Goethe, noch anders als jede Exaltation, bewegt haben dürfte und in die Pflicht nahm. Im Moment des Abschieds vielleicht mehr als ihm lieb war: »Jeder Scherz der mich ergetzte / Wird nun schuldenschwer und teuer.« So in einem kurz nach Mariannes Abreise entstandenen Gedicht.

Der Bund

Jedenfalls reagierte Goethe gleich am nächsten Tag, dem 24. September, seinerseits heftig auf Mariannes Gedicht und Gegenwart. Wohl erneut frühmorgens auf dem Schloss – wo diesmal »Nebel« herrschte, Morgennebel, der sich lichtete – mit zwei Gedichten, die verschiedener nicht sein könnten. Beide zeigen, was für ein riskantes und aufwühlendes Liebesprojekt das *Buch Suleika* für Goethe war.

Welches Gedicht zuerst entstand, weiß man nicht. Da aber das Gedicht *Wiederfinden* so sehr in einer eigenen Kategorie spielt, soll hier zuerst das Gedicht *An vollen Büschelzweigen* stehen. Das wahrscheinlich, wiederum sehr konkret, von der Natur, diesmal einer Kastanie des Schlossparks, inspiriert war.

An vollen Büschelzweigen,
Geliebte, sieh' nur hin!
Lass dir die Früchte zeigen
Umschalet stachlig grün.

Sie hängen längst geballet,
Still, unbekannt mit sich.
Ein Ast der schaukelnd wallet
Wiegt sie geduldiglich.

Doch immer reift von Innen
Und schwillt der braune Kern,
Er möchte Luft gewinnen
Und säh die Sonne gern.

Die Schale platzt und nieder
Macht er sich freudig los;
So fallen meine Lieder
Gehäuft in deinen Schoß.

Was für ein erotisches Potential in fallenden Kastanien liegt, weiß man auch erst seit diesem Gedicht. Das heißt, die erotische Quintessenz überrumpelt die Leserin förmlich, die gerade noch treuherzig zu der Kastanie hochsah und dem Schicksal einer reifenden Kastanie folgte und dabei nicht im Mindesten weder an Liebeslieder noch an einen Geschlechtsakt dachte. Obschon sie das Wort »Geliebte« hätte stutzig machen können. Hat hier ein Verführer vielleicht von Anfang an etwas ganz anderes als Kastanien im Sinn?

Doch so leicht kann man Goethe nicht in diese heute so verrufene Ecke schieben. Und man muss wohl doch noch ein wenig genauer lesen. Nicht um Goethe zu verteidigen (auch hier: wozu denn?), sondern um das Gedicht innerhalb dieses Liebesprojekts zu verstehen, welches das *Buch Suleika* darstellt. Das auf eine Weise, die in der Literatur keineswegs geläufig ist, die Gedichte gleichsam materialisiert, wenn sie, an Stelle der liebenden Protagonisten, hier beispielsweise den Liebesakt vollziehen. Oder richtiger gesagt: der Liebende ihn mit einem im Gedicht evozierten Naturgeschehen vollzieht. Und nicht nur den Liebesakt: in der Folge der *Suleika*-Gedichte eine ganze Liebesgeschichte, die alle Phasen und Facetten – Liebesgeständnis, Zusammenfinden, Trennung, Sehnsucht, Leiden – exemplarisch durchläuft.

Besonders schön ist im Fall dieses Gedichts die tatsächliche Materialisation im Bild der reifenden Kastanien. Goethe benutzt, Hafis folgend, im *Divan* sonst das Bild der Perle für das Reifen von Gedichten, die zwar, wie man weiß, in den meisten Fällen spontan entstanden, aber doch länger in ihm gewartet haben mochten. Bis sie eines schönen Morgens das Licht der Welt erblickten. Nun ist die Perle freilich ein edleres Bild für ein Gedicht. Allerdings auch ein konventionelleres. Und es ist gerade das besonders Berührende am Bild der Kastanie, dass hier etwas für Kinder und kindliche Seelen zwar immer Faszinierendes, doch im landläufigen Sinn sehr viel weniger Kostbares als eine Perle poetisch wichtig genommen und ins Licht gehoben wird.

Und zwar auf eine Weise, die man eine Vermenschlichung, eine anthropomorphe Projektion, nennen könnte. Was es doch in Goethes Verständnis der Stellung des Menschen in der Natur bestimmt gar nicht ist. Zwar deutet die einfühlende Formulierung »still, unbekannt mit sich« an, dass der Mensch im Vergleich zu einer reifenden Kastanie eine andere, seiner selbst bewusste Stellung einnimmt. Also der Natur und sich selbst – anders als eine Pflanze oder auch ein Tier – als Betrachtender und Denkender gegenübersteht. Und doch gilt bei Goethe noch eine Einbindung des Menschen in die Natur, die man sich heute womöglich nur noch schwer vorstellen kann.

So hätte er in dem, was einem wie eine anthropomorphe Projektion vorkommt – eine Kastanie, die sich nach »Luft« und »Sonne« sehnt – vermutlich ganz einfach ein Urbedürfnis alles Lebendigen gesehen: Sei es nun der auch faszinierend anzusehende Same einer Kastanie oder der diesbezüglich weniger spektakuläre eines Mannes – oder eben, auf einer übertragenen Ebene, der eines Dichters: in der Kunstform des »Lieds«.

Noch einmal muss man sich hier an das Wort vom »herrlichen Weltgarten« erinnern, das Goethe im Zusammenhang mit seiner Suche nach der Urpflanze gebraucht. Und – wäre jenes geplante große »Naturgedicht« entstanden – sicher auch da gebraucht hätte. An diesem Morgen im Heidelberger Schlossgarten mochte ihm sowohl der »Weltgarten« wie jenes große Projekt wieder nahe sein, wenn er im Gestus des Lehrgedichts beginnt: »An vollen Büschelzweigen, / Geliebte, sieh' nur hin!«

Goethe hatte in seinem Leben bestimmt schon manche Kastanie gesehen. Doch an diesem Morgen, »enthusiastisch (und erotisch) aufgeregt« wie er war, muss ihm das natürliche Schicksal einer reifenden Kastanie so nahegekommen sein, dass es wie von selbst zu einem Symbol für seine der Geliebten inständig zugedachten Lieder wurde.

Nimmt man diese symbolische Materialisation wörtlich, und warum sollte man nicht, so könnte man sie sogar als Antwort auf Mariannes Ostwind-Gedicht lesen, das seine Gestalt und Geburt fraglos Goethes Nähe und der Inspiration durch seine Dichtung verdankt. Marianne hat weder vorher noch nachher jemals wieder zu solcher Lyrik gefunden. Im Rahmen dieses so riskant angelegten, auf Entsagung gebauten, »keuschen, obgleich brennenden« Liebeskunstwerks kann man es, etwas gewagt vielleicht, so sagen: Das Ostwind-Gedicht und das Gedicht an den Westwind waren ihre mit Goethe gezeugten »Zwillingskinder«. Und Goethe hat sie ja auch umstandslos adoptiert, das heißt: »in der Stille« sich »lächelnd angeeignet«.

Noch riskanter und jede vernünftige Vorstellung von Liebe sprengend ist dann das an demselben Morgen entstandene Gedicht *Wiederfinden.*

Ist es möglich, Stern der Sterne
Drück' ich wieder dich ans Herz!
Ach! was ist die Nacht der Ferne
Für ein Abgrund, für ein Schmerz.

Ja du bist es! meiner Freuden
Süßer, lieber Widerpart;
Eingedenk vergangner Leiden
Schaudr' ich vor der Gegenwart.

Als die Welt im tiefsten Grunde
Lag an Gottes ew'ger Brust,
Ordnet er die erste Stunde
Mit erhabner Schöpfungslust,
Und er sprach das Wort: Es werde!
Da erklang ein schmerzlich Ach!
Als das All, mit Machtgebärde,
In die Wirklichkeiten brach.

Auf tat sich das Licht! sich trennte
Scheu die Finsternis von ihm,
Und sogleich die Elemente
Scheidend auseinanderfliehn.
Rasch, in wilden wüsten Träumen,
Jedes nach der Weite rang,
Starr, in ungemessnen Räumen,
Ohne Sehnsucht, ohne Klang.

Stumm war alles, still und öde,
Einsam Gott zum ersten Mal!
Da erschuf er Morgenröte,
Die erbarmte sich der Qual;
Sie entwickelte dem Trüben
Ein erklingend Farbenspiel
Und nun konnte wieder lieben
Was erst auseinanderfiel.

Und mit eiligem Bestreben
Sucht sich was sich angehört,
Und zu ungemessnem Leben
Ist Gefühl und Blick gekehrt.

Sei's Ergreifen, sei es Raffen,
Wenn es nur sich fasst und hält!
Allah braucht nicht mehr zu schaffen,
Wir erschaffen seine Welt.

So, mit morgenroten Flügeln
Riss es mich an deinen Mund,
Und die Nacht mit tausend Siegeln
Kräftigt sternenhell den Bund.
Beide sind wir auf der Erde
Musterhaft in Freud und Qual
Und ein zweites Wort: Es werde!
Trennt uns nicht zum zweiten Mal.

Das Gedicht hat seit seinem Erscheinen zahllose Deutungen provoziert, fast wie ein religiöser Text, was es seinem Gestus nach auch ist. Dennoch bleibt es vor allem ein Liebesgedicht. Goethe selbst war es so wichtig, dass er es in seine Gedichtsammlung von 1827 unter der Rubrik *Gott und Welt* noch einmal gesondert aufnahm. Und tatsächlich kann einem, verglichen mit diesem Gedicht, das den reifenden Kastanien gewidmete geradezu bescheiden vorkommen. Fast ist es nicht zu glauben, dass die beiden Gedichte höchstwahrscheinlich kurz nacheinander entstanden. Denn was im Gedicht *Wiederfinden* beschworen wird, ist nichts anderes als die Erschaffung der Welt. Und wenn Goethe die Welt nicht geradezu selbst erschafft, findet er in diesem erregten Moment doch einen eigenen Weltschöpfungsmythos. Ein Mythos, der leicht ein großes, als Projekt ja noch immer im Raum stehendes »Naturgedicht« einleiten oder als Finale beenden könnte.

Und mehr als das: Bezogen auf die ganze klassisch-romantische Epoche, die Goethe von Anfang an so sehr mitgeprägt hatte und die der Liebe so viel Weltbewegendes zutraute, dass man wagte, sie zu etwas Göttlichem und den Kult um sie zu einer (mehr oder weniger heimlichen) Religion zu erheben, könnte man das Gedicht als ein Manifest sehen, das sich dieser göttlichen Kraft mit der Beschwörung kosmischer Vorgänge in einer späten Phase noch einmal versichert. Wenngleich Goethe Anregungen aus anderen Kosmogonien aufgenommen haben mag – einen solchen Schöpfungsmythos gibt es sonst nirgendwo.

Was hier erschaffen wird, fehlt jedenfalls im alttestamentlichen Schöpfungsbericht ganz. Dort ist zwar von Fruchtbarkeit und Vermehrung die Rede: »Seid fruchtbar und mehret euch und füllet die Erde und macht sie euch untertan [...]«, jedoch nicht von der Liebe. Doch genau hier setzt Goethes Welterschaffungsmythos ein. Und wenn man weiß, wie sehr Goethe selbst das »winterliche« Erstarren fürchtete, diesen Seelenzustand »ohne Sehnsucht, ohne Klang«, diesen »wüsten Raum beklommener Herzensleere«, wie es dann in der *Marienbader Elegie* heißt, so versteht man gut, dass mit diesen zwei Phasen der Schöpfung, die hier aufeinanderfolgen, zwei ganz persönlich erfahrene, jedoch auch paradigmatisch menschliche Seelenzustände ins All transponiert erscheinen und im Spiegel solch kosmischer Prinzipien – wie sie Goethe auch in denen von Systole und Diastole sah – ihre Sinngebung erhalten. Denn wenn das »ewig Eine« wirklich werden will, braucht es stets beides: die Trennung und die Vereinigung, das Erstarren in der Isolation und die Belebung im Zusammenfinden. Nur aus diesem Pulsieren entsteht Wirklichkeit, entsteht Leben.

Und so versteht man auch die an sich maßlose Übersteigerung, welche sowohl das Leiden an der Trennung wie das Ergriffensein vom Wiederfinden in diesem Gedicht erfährt. Was die Liebenden hier als persönliches Schicksal erleben, bezieht seine Größe und Gültigkeit aus einem doppelten Weltprinzip. Dies stellt sowohl die Trennung wie insbesondere das »Wiederfinden« noch einmal in ganz andere Zusammenhänge: »So, mit morgenroten Flügeln / Riss es mich an deinen Mund / Und die Nacht mit tausend Siegeln / Kräftigt sternenhell den Bund.«

Braucht aber vielleicht gerade dieses Liebeskunstwerk des *Buchs Suleika* vor dem realen Hintergrund von Verzicht, Entsagung und einer demnächst bevorstehenden – Goethe mochte es geahnt haben – endgültigen Trennung diese Steigerung ins Kosmische? Damit in solchem Weltzusammenhang ewig bestehen kann, was in der Wirklichkeit nicht nur vergänglich, sondern unerfüllbar ist? Und darüber hinaus in Gefahr steht, am Ende doch in etwas recht Gewöhnliches abzugleiten?

Denn es läuft alles auf die triumphale Schlussbehauptung hinaus: »Und ein zweites Wort: Es werde! / Trennt uns nicht zum zweiten Mal.« Aber warum eigentlich nicht? Was ist der Grund? Falls das nicht einfach »enthusiastisch aufgeregt« ins Leere gesprochen ist, wovon man nach dem gewaltigen Aufgebot bedeutungsvoller Bilder kaum ausgehen muss.

Es gibt sicher viele Deutungen und keine letztgültige. Von der »Morgenröte«, mit der das Prinzip Liebe erneut in die Welt kommt, kann man jedoch ausgehen. Im *Buch Suleika* kommt sie mehrfach vor, und auch in dem Schenkengedicht *Sommernacht*, wo sie so schnell von Osten der Abendröte im Westen folgt, ist sie als »Aurora« gegenwärtig. Ihre Bedeutung für Goethe leuchtet sofort ein, da sie ja das Kommen der Sonne ankündigt, also ein Vorbote des Tagwerdens ist.

Und so wird sie auch in Goethes *Farbenlehre*, im Kapitel über die *physischen Farben*, ein wichtiges Moment seiner von Newton so energisch abweichenden Theorie. Wobei für die Entstehung der Farben dem »Trüben« eine ebenso bedeutende Rolle zukommt wie dem Licht. Wenn es aber in dem Vers von der Morgenröte heißt: »Sie entwickelte dem Trüben / Ein erklingend Farbenspiel«, so ist das nicht ganz logisch, da die Morgenröte selbst aus der Verbindung der Sonne mit einem trüben Medium entsteht. Aber die komprimierte Form des Gedichts kann hier auch einmal einen Schritt überspringen. So ist es hier also die Morgenröte selbst, die ein »erklingend Farbenspiel« entstehen lässt. Und dies deshalb, weil die Farbe Rot, so Goethe: »teils actu, teils potentia [teils tatsächlich, teils der Möglichkeit nach] alle andern Farben enthält.«

Hier aber muss man sich noch einmal daran erinnern, wie unbedingt Goethe das reine Licht, als »ewiglich Eines«, mit Gott verbunden sah. Und wie er mit einem fast religiösen Sendungsbewusstsein gegen Newton kämpfte, da dieser, seiner Meinung nach, das Licht »trübte«, indem er die Farben als im Licht enthalten erklärte, da sie, seiner Meinung nach, durch Spaltung oder Brechung der Lichtstrahlen zur Erscheinung gebracht werden konnten. Experimente, die Goethe in ihrer Künstlichkeit lächerlich fand und auch täuschend: Was dabei erschien, war für ihn nichts Wahres, sondern ein »Gespenst«.

Da Goethe seinerseits vollkommen überzeugt war, dass die physischen Farben in einer Begegnung des reinen (göttlichen) Lichts mit einem »trüben« (irdischen) Medium erst entstehen: Wo die Sonne auf ein trübes Medium trifft, in dem Fall das der mehr oder weniger durchsichtigen Atmosphäre, bilden sich für das Auge Farben. Beispielsweise die Morgenröte. Denn das hier so genannte »Trübe« muss dem Auge nicht als »trüb« in einem emotional negativen Sinn erscheinen. Das »Trübe« in diesem Sinn ist eben nur nicht ganz durchsichtig. Zwischen Undurchsichtig und Durchsichtig gibt es verschiedene Stufen. Ein solches Medium ist, absolut lebenswichtig: der Äther. Dazu schreibt Goethe in den Paragraphen 150 und 151:

> Das höchstenergische Licht, wie das der Sonne, des Phosphors in Lebensluft verbrennend, ist blendend und farblos. So kommt auch das Licht der Fixsterne meistens farblos zu uns. Dieses Licht aber durch ein auch nur wenig trübes Mittel gesehen, erscheint uns gelb. Nimmt die Trübe eines solchen Mittels zu oder wird seine Tiefe vermehrt, so sehen wir das Licht nach und nach eine gelbrote Farbe annehmen, die sich endlich bis zum Rubinroten steigert.
>
> Wird hingegen durch ein trübes, von einem darauffallenden Lichte erleuchtetes Mittel die Finsternis gesehen, so erscheint uns eine blaue Farbe, welche immer heller und blässer wird, je mehr sich die Trübe des Mittels vermehrt, hingegen immer dunkler und satter sich zeigt, je durchsichtiger das Trübe werden kann, ja bei dem mindesten Grad der reinsten Trübe als das schönste Violett dem Auge fühlbar wird.

Konkret wird Goethe dann in den Paragraphen 154 und 155:

> Die Sonne, durch einen gewissen Grad von Dünsten gesehen, zeigt sich mit einer gelblichen Scheibe. [...] Morgen- und Abendröte entstehen aus derselben Ursache. Die Sonne wird durch eine Röte verkündigt, indem sie durch eine größere Masse von Dünsten zu uns strahlt. Je weiter sie heraufkommt, desto heller und gelber wird der Schein.
>
> Wird die Finsternis des unendlichen Raumes durch atmosphärische, vom Tageslicht erleuchtete Dünste hindurch angesehen, so erscheint die blaue Farbe. Auf hohen Gebirgen sieht man am Tage den Himmel königsblau, weil nur wenig feine Dünste vor dem unendlich finstern Raum schweben; sobald man in die Täler herabsteigt, wird das Blaue heller, bis es endlich in gewissen Regionen und bei zunehmenden Dünsten ganz in ein Weißblau übergeht.

Genau muss man Goethes Ausführungen in seiner Farbenlehre zwar nicht kennen, um das Gedicht *Wiederfinden* zu verstehen. Intuitiv begreift man ja, dass durch die »Morgenröte« und das von ihr entwickelte »Farbenspiel« ein neues oder überhaupt erst Leben in einen gleichsam totgeborenen Kosmos kommt. Und doch ist es wichtig zu sehen, nicht nur wie eng Goethes Dichtung mit seiner Naturwissenschaft zusammenhängt, sondern auch wie inständig beide auf die Phänomene dieser Welt antworten.

Doch im Falle der »Morgenröte«, wie sie im Gedicht gefeiert wird, kommt noch etwas Wichtiges hinzu. Erinnert sei an das erste Gedicht vom ersten Reisemorgen 1814 und wie dort gleich zu Beginn der Regenbogen poetisch beschworen wird: »Wenn zu der Regenwand / Phoebus sich gattet, / Gleich steht ein Bogenrand / Farbig beschattet.« Da erstaunt einen das Wort »gatten« insofern kaum, weil die Sonne in der mythischen Gestalt des Phoebus personifiziert erscheint. Doch dieses »Gatten« ist für Goethes Vorstellung vom Licht und den durch die Verbindung von Licht und trübem Medium entstehenden Farben offensichtlich bedeutsam. Der physikalische Akt der Begegnung ist für ihn auch ein Akt der Begattung. Ein Liebesakt. Jedenfalls erscheint er so in der Poesie.

Auf diese Weise kann mit dem »erklingenden Farbenspiel« der »Morgenröte« das in der »Qual« der Trennung so schmerzlich vermisste Prinzip Liebe in die Welt fahren. »Wieder« in die Welt fahren: »Und nun konnte wieder lieben / Was erst auseinanderfiel.« Was offenbar heißt, dass dieses von neuem in die Welt gekommene Prinzip Liebe, in dem Gott zu sich selbst und die Welt zu ihrem unendlich bezugreichen, von erzeugten und erzeugenden Geschöpfen erfüllten Leben findet, abstammt von jener Urliebe, als die Welt noch unerschaffen an Gottes »ew'ger Brust« lag.

Also abstammt von jenem ewigen Frieden. »Dem Frieden Gottes [...] / Vergleich' ich wohl der Liebe heitern Frieden«, wie es in der *Marienbader Elegie* heißt. Abstammt von jener »ewigen Harmonie«. Man erinnert sich an Goethes Empfindung beim Anhören von Bachs Klaviermusik, und wie er darin die »ewige Harmonie« sich mit sich selbst unterhalten hörte: »Wie sich's etwa in Gottes Busen, kurz vor der Weltschöpfung, möchte zugetragen haben, so bewegte sich's auch in meinem Innern.«

Somit liegt in dem »erklingenden Farbenspiel« wohl noch etwas weiteres verborgen. Tatsächlich hatte Goethe immer damit geliebäugelt, parallel zur Farbenlehre auch noch eine Tonlehre zu schaffen. Gerade weil er die Farben so eng mit dem Klang und der Harmonielehre verbunden sah. Nun evoziert aber das Wort »erklingen« auch ganz direkt die Vorstellung nicht nur von Musik, sondern auch die Vorstellung eines Gesungenen, eines Lieds. Eines Gedichts, das schon für sich genommen immer Wort *und* Klang ist. Auch mit Marianne muss Goethe gelegentlich darüber und über eine mögliche Tonlehre gesprochen haben.

Folgt man mit diesem Gedanken noch einmal dem Gang dieses »Wiederfindens« – von dem freudig erschrockenen Anfang des Wiedererkennens durch den doppelten Schöpfungsakt bis zur Schlussstrophe –, so kann man sich fragen, ob ein solch »erklingendes Farbenspiel«, das die Schöpfung aus ihrer Erstarrung erlöst, nicht außerdem eine menschliche Schöpfung, also ein Gedicht meinen könnte: mit seinem »Erklingen«, seinen »Farben«, seinem geordneten »Zusammenspiel« von Rhythmus und Reim. Seinem Zusammenspiel außerdem von »Morgenduft und Sonnenklarheit«. Denn die Morgenröte ist ja, wenn man genau hinsieht, tatsächlich ein zart-inniges »Gewebe« aus beidem. Also, wenn man so will: »der Dichtung Schleier aus der Hand der Wahrheit«.

Könnte somit hinter den »morgenroten Flügeln« und dem begeisterten »Wir erschaffen seine Welt« tatsächlich ein Gedicht stehen, sogar dieses spezielle, mit dem Titel *Wiederfinden*? Das in Analogie zum Kosmos oder gar stellvertretend den Zusammenklang in die Welt bringt. So wie auch die zwei Liebenden in diesem dem Magnetismus kosmischer Kräfte vergleichbaren Kuss das Prinzip Liebe »musterhaft« vollziehen?

Auszuschließen ist das jedenfalls nicht. Denn es leuchtet ein, dass erst aus dem Vollzug dieses Gedichts jene Gewissheit des »Trennt uns nicht zum zweiten Mal« entspringt. Es ist das Gedicht selbst, welches mit seiner Imagination einer Weltentstehung das private Erlebnis des Zusammenfindens zu einem welthaft gültigen, und in diesem Sinn ewigen, macht. Und wenn demnächst wieder das Wort »Es werde!« gesprochen werden sollte, was ja keine neue Weltschöpfung meinen kann, sondern nur eine der ersten Weltschöpfung vergleichbare Trennung – wenn also eine solche Trennung geschehen sollte, und für Goethe und Marianne steht sie demnächst wieder bevor und sie w i r d eine »Schmerzensform« annehmen, das ist auch für Goethe klar, so gilt sie doch nicht mehr. Das Gedicht selbst hat sie – mit einem fast übermenschlichen Aufgebot an Bildern – ungültig gemacht.

Erinnert man sich an diesem Punkt noch einmal an das Gedicht *Gruß*, das Goethe an jenem 27. Mai, also rund vier Monate zuvor, im Gasthof zum Schwan in Frankfurt frühmorgens zu Papier brachte und wohl auch an Marianne schickte, und an das dort noch so neckisch inszenierte Versprechen »Eile doch, Wiedehopf! / Eile der Geliebten / Zu verkünden dass ich ihr / Ewig angehöre«, so ermisst man, was in der Zwischenzeit geschehen ist. Und wie straff die Seiten seines »Psalters« gespannt sein mussten, als er das Gedicht *Wiederfinden* in der Morgenfrühe, während er Marianne in der Nähe wusste, im Heidelberger Schlosspark oder wo auch immer, »erklingen« ließ.

Nun ist Marianne allerdings trotz des enthusiastischen Versprechens, mit dem das Gedicht eine Trennung für ewig ungültig erklärt, nach dem Abschied von Goethe und seinem von da an endgültigen Ausbleiben in eine Verfassung geraten, die eher jener Erstarrung nach dem ersten Akt der Weltschöpfung ähnelte als einer Beflügelung durch die »Morgenröte«. Immerhin blieb ihr noch die Sehnsucht, allerdings in einem ungesunden Übermaß. »An einer Sucht scheine ich allerdings zu leiden«, wie sie in einem Brief an ihren Arzt einmal schreibt: »der Sehn-Sucht. Und ich weiß nicht ob es nicht die schlimmste von allen Süchten ist.« Und in einem Brief an Goethe: »Es war mir alles wie ein beseligender Traum.« Das kann leicht zu der bekannten und gefährlichen Radikalität führen, dass einem das ganze verbleibende Leben nur noch wie ein schaler Nachgeschmack erscheint, öd und leer, und man allen Ernstes hofft, es möge nicht mehr lange dauern. Es gibt Briefe Mariannes, die solches andeuten. Höchst besorgt klingen auch Willemers Briefe aus dieser Zeit. Dass Marianne nicht mehr singt, die Frohsinnige sich stumm zu denken, ohne Stimme, ohne Lebensfreude, beunruhigt auch Goethe. Dieser eine Sommer musste sie ganz einfach zu weit aus ihrem bisherigen Leben hinausgeführt haben, als dass sie ohne weiteres wieder hätte zurückfinden können.

Doch sie fand zurück. Wurde – trotz ihrer Neigung zu einem stillen, beschaulichen Dasein – eine gefragte Gesangslehrerin, in Frankfurts Gesellschafts- und Kulturleben eine aktive, gern gesehene Persönlichkeit und, ohne selbst Kinder zu haben, in einem großen Kreis von Enkelkindern das geliebte »Großmütterchen«: in dieser Rolle auch eine wunderbare Erzählerin. Während sie doch über all die Jahre dem Freund jenes »schöne Plätzchen in Ihrem Herzen« bewahrte, um das er sie gelegentlich bat.

So gab es und gibt es ein anderes »Wiederfinden« in einem Briefwechsel über viele Jahre bis zu Goethes Tod. Und es ist ganz interessant zu sehen, dass Marianne offenbar von diesem Moment an wieder Boden unter den Füßen gewinnt, als sie den *West-östlichen Divan* im Herbst 1819 schließlich als Buch gedruckt vor sich hat. Gedruckt und wirklich vor allem: das *Buch Suleika*. Als habe sich dieses der Entsagung verpflichtete Liebeskunstwerk am Ende eben doch – auf die Lebenswirklichkeit, der es entsprang, zurückwirkend – bewährt.

Da der genannte Briefwechsel wie ein langer Prosateil zum gedrängten Liebesdialog des *Buchs Suleika* gehört und er außerdem etwas vom Menschlich-Sympathischsten ist, was man lesen kann, mag ein kurzer Ausschnitt daraus hier den Schluss bilden.

Im Oktober 1828 war Goethe von seinem Aufenthalt auf Schloss Dornburg wieder nach Weimar zurückgekehrt und die Willemers, Marianne und ihr Mann, von einer mehrwöchigen Reise durch die Schweiz und Oberitalien wieder nach Frankfurt. Zum Empfang finden sie einen Brief Goethes, dem ein Gedicht beigelegt ist. Es ist jenes Gedicht, das zwar vor dem Gedicht »Früh wenn Tal, Gebirg und Garten« entstand, doch, wie die Nacht zum Tag, zu diesem als poetisches Pendant gehört. Ein Gedicht an den Vollmond, mit dem es noch eine besondere, Goethe und Marianne betreffende Bewandtnis hatte: Es war die zärtliche Verabredung, bei Vollmond stets besonders aneinander zu denken.

So schreibt Goethe am 23. Oktober:

Mit dem freundlichsten Willkomm die heitere Anfrage: wo die lieben Reisenden am 25. August sich befunden? und ob sie vielleicht, den klaren Vollmond beachtend, des Entfernten gedacht haben? Beikommendes gibt, von seiner Seite, das unwidersprechlichste Zeugnis. [...] Begleitet von allen dornfreien Gefühlen die besten Wünsche!

treu angehörig
Goethe

Dem aufgehenden Vollmonde!
Dornburg d. 25. August 1828

Willst du mich sogleich verlassen!
Warst im Augenblick so nah.
Dich umfinstern Wolkenmassen,
Und nun bist du gar nicht da.

Doch du fühlst wie ich betrübt bin,
Blickt dein Rand herauf als Stern,
Zeugest mir dass ich geliebt bin,
Sei das Liebchen noch so fern.

So hinan denn! Hell und heller,
Reiner Bahn, in voller Pracht!
Schlägt das Herz auch schneller, schneller,
Überselig ist die Nacht.

Darauf antwortet Marianne am 2. November:

Auf der ganzen Reise waren Sie unser steter Begleiter; in der schauerlichen Einöde des Münstertales, auf der Höhe des Stilvio, in der furchtbaren Nähe des Ortlesgletscher, durch das reizende Veltlin, auf dem schönen Comer See und vor allem in dem wunderbar und herrlich gelegenen Chiavenna sprachen wir immer von Ihnen, mein Freund, und der Wunsch, dass Sie dies alles mit uns sehen könnten, wurde lebhaft und oft von uns beiden ausgesprochen. Wie oft dachte ich mir Sie mit dem Hammer diesem wunderbaren Gestein eine Antwort entlockend, besonders in der Via mala, wo die sonderbarsten Verbindungen und Mischungen den Unwissenden in Hieroglyphen anstarren, die er nicht zu lesen versteht. [...]

Was nun jenen 25. August anlangt, so kann ich ausführliches und übereinstimmendes Zeugnis von ihm geben. Morgens früh von Schaffhausen abgereist, kamen wir zeitig durch das überaus schöne Höllental nach Freiburg, wo wir sogleich den Münster sahen und bis zur vollkommenen Dämmerung in der Kirche blieben. In dem Gasthof, wo wir abgestiegen waren, hatte unser Zimmer einen Balkon auf eine breite freundliche Straße, die ungemein belebt war; halb Freiburg ging spazieren, und als nun der Mond, den ich leider nicht aufgehen sah, über die Giebel der Häuser trat, war es so reizend und glänzend in dem behaglichen Städtchen, dass wir uns noch unter die Wandelnden mischten und den Weg nach dem Münster einschlugen, den wir im Silberlicht des Mondes unbeschreiblich schön sahen. Nach Hause gegangen, blieb ich noch lange Zeit auf dem Balkon und ließ jenes unvergleichliche Mondlied dem Gefühl und den Worten nach in meiner Seele anklingen [gemeint ist Goethes frühes Gedicht *An den Mond*, aus dem die Briefschreiberin im Folgenden auch zitiert]; ich erinnerte mich jener Zeit, wo ich es Ihnen so oft gesungen, und fühlte jeden Nachklang froher und trüber Zeit. Hätte ich ahnen können, wie in diesem Augenblicke wirklich des Freundes Auge mild über meinem Geschick weilte, ich würde gerne mit ihm gerufen haben: »Überselig ist die Nacht!«

Literaturverzeichnis

Werkausgaben

Gedichte. Sonderausgabe zu Johann Wolfgang Goethes 250. Geburtstag. Hrsg. von Karl Eibl. 2 Bde. Bd. 1.: Gedichte 1756–1799. Bd. 2: Gedichte 1800–1832. Frankfurt a. M. 1998.

Sämtliche Werke. Briefe, Tagebücher und Gespräche. 40 Bde. Hrsg. von Friedmar Apel [u. a.]. Frankfurt a. M. 1985–99. Abt. 1. Bd. 3. Teil 1 und 2: West-östlicher Divan. Hrsg. von Hendrik Birus. [Neuausg. 2010.] Abt. 2. Bd. 39: Johann Peter Eckermann: Gespräche mit Goethe.

Sämtliche Werke. Jubiläumsausgabe in 40 Bdn. und einem Reg.-Bd. Hrsg. von Eduard von der Hellen [u. a.]. Stuttgart/Berlin 1902–12. Bd. 5: West-östlicher Divan. Hrsg. von Konrad Burdach. 1905.

Sämtliche Werke nach Epochen seines Schaffens. (Münchner Ausgabe.) Hrsg. von Karl Richter in Zsarb. mit Herbert G. Göpfert, Norbert Miller, Gerhard Sauder und Edith Zehm. 21 Bde. München 1985–98. Bd. 11.1–2: West-östlicher Divan. Hrsg. von Karl Richter in Zsarb. mit Katharina Mommsen und Peter Ludwig. 1998.

Werke. Hrsg. im Auftrag der Großherzogin Sophie von Sachsen. (Weimarer Ausgabe.) 133 Bde. Weimar 1887–1919. Abt. 1. Bd. 6: West-östlicher Divan. Bearb. von Konrad Burdach. Bd. 7: Noten und Abhandlungen zu besserem Verständnis des West-östlichen Divans. Bearb. von Carl Siegfried und Bernhard Seuffert. 1888. [Reprint München 1987.]

Werke. Ausgabe in 14 Bdn. Hrsg. von Erich Trunz. Hamburg 1948–64. Bd. 2: Gedichte und Epen II. Komm. von Erich Trunz. 1949.

West=oestlicher DJVAN von GOETHE. Stuttgard, in der Cottaischen Buchhandlung 1819.

West-östlicher Divan. Eigenhändige Niederschriften. Hrsg. und erl. von Katharina Mommsen. 2 Bde. Frankfurt a. M. 1996.

West-östlicher Divan. Studienausgabe. Hrsg. von Michael Knaupp. Stuttgart 1999.

West-östlicher Divan. Hrsg. und erl. von Hans-J. Weitz. Mit Essays zum Divan von Hugo von Hofmannsthal, Oskar Loerke und Karl Krolow. Frankfurt a. M. 2009. [Zuerst: 1974.]

Anke Bosse: »Meine Schatzkammer füllt sich täglich …« Die Nachlaßstücke zu Goethes West-östlichem Divan. Dokumentation – Kommentar. 2 Bde. Göttingen 1999.

Goethe und Marianne von Willemer

Emilie Kellner: Goethe und das Urbild seiner Suleika. Leipzig 1876.
Carmen Kahn-Wallerstein: Marianne von Willemer. Goethes Suleika und ihre Welt. Bern/München 1961.
Marianne Willemer/ Johann Jakob Willemer. Briefwechsel mit Goethe. Dokumente, Lebens-Chronik, Erläuterungen. Hrsg. von Hans-J. Weitz. Frankfurt a. M. 1965.
Leben und Rollenspiel. Marianne von Willemer, geb. Jung 1784–1860. Ausstellung im Freien Deutschen Hochstift – Frankfurter Goethe-Museum. Hrsg. von Christoph Perels. Frankfurt a. M. 1984.
Johann Wolfgang Goethe. Sollst mir ewig Suleika heißen. Goethes Briefwechsel mit Marianne und Johann Jakob Willemer. Hrsg. v. Hans-J. Weitz. Frankfurt a. M. 1995.
Dagmar von Gersdorff: Marianne von Willemer und Goethe. Geschichte einer Liebe. Frankfurt a. M. / Leipzig 2003.
Das Stammbuch der Marianne von Willemer. Hrsg. von Kurt Andreae unter Mitarb. von Marianne Küffner und Gerhard Kölsch. Frankfurt a. M. / Leipzig 2006.
»Denn das Leben ist die Liebe …«. Marianne von Willemer und Goethe im Spiegel des West-östlichen Divans. Ausstellung im Freien Deutschen Hochstift – Frankfurter Goethe-Museum. Hrsg. von Hendrik Birus und Anne Bohnenkamp in Verb. mit Christoph Perels, Andrea Polaschegg und Joachim Seng. Frankfurt a. M. 2014.

Hafis' Diwan

Muhammad Schams ad-Din Hafis: Gedichte aus dem Diwan. Ausgew. und hrsg. von Johann Christoph Bürgel. Stuttgart 2016.
Der Diwan von Mohammed Schemsed-din Hafis. Aus dem Persischen zum erstenmal ganz übers. von Joseph von Hammer. 2 Bde. Stuttgart/Tübingen 1812 f. [Tatsächlich sind beide Bände erst 1814 erschienen. Reprint dieser Ausgabe: Hildesheim / New York 1973 und Kelkheim 1999–2011.]

Sonstige Literatur

Wolfgang Binder: »Genuß« in Dichtung und Philosophie des 17. und 18. Jahrhunderts. In: Archiv für Begriffsgeschichte 17 (1973) I. S. 66–92. Wiederabdr. in: W. B.: Aufschlüsse. Studien zur deutschen Literatur. Zürich/München 1976. S. 7–33.

– Das »offenbare Geheimnis«. Goethes Symbolverständnis. In: Welt der Symbole. Hrsg. von Gaetano Benedetti und Udo Rauchfleisch. Göttingen 1988. S. 146–163.

Hendrik Birus: Goethes imaginativer Orientalismus. In: Jahrbuch des Freien Deutschen Hochstifts 1992. S. 107–128.

– Begegnungsformen des Westlichen und des Östlichen in Goethes West-östlichem Divan. In: Goethe-Jahrbuch 114 (1997) S. 113–131.

Anne Bohnenkamp: West-östlicher Divan. In: Goethe-Handbuch. Bd. 1: Gedichte. Hrsg. von Regine Otto und Bernd Witte. Stuttgart 1996. S. 306–323.

– Goethes poetische Orientreise. In: Goethe-Jahrbuch 120 (2003) S. 144–156.

Sulpiz Boisserée: Tagebücher I. 1808–1823. Hrsg. von Hans-J. Weitz. Darmstadt 1978. (Tagebücher 1808–1854. Bd. 1.)

Johann Christoph Bürgel: Goethe und Hafis. In: J. Ch. B.: Drei Hafis-Studien: Goethe und Hafis. Verstand und Liebe bei Hafis. Zwölf Ghaselen. Bern / Frankfurt a. M. 1975. S. 5–41. (Europäische Hochschulschriften. Reihe I. Bd. 113.)

Herman Grimm: Goethe und Suleika. In: Preußische Jahrbücher 1869. Wiederabdr. in: Edgar Lohner (Hrsg.): Studien zum West-östlichen Divan Goethes. Darmstadt 1971. S. 285–309. (Wege der Forschung. 287.)

Peter Handke: Vor der Baumschattenwand nachts. Salzburg/Wien 2016. [Darin die vielen Goethe-Zitate und Aufzeichnungen zu Goethe.]

Monika Lemmel: Wechselwirkung zwischen Goethes »West-östlichem Divan« und der »Italienischen Reise«. Überlegungen zur späten Entstehung von Goethes Reisebericht. In: Jahrbuch der Deutschen Schillergesellschaft 33 (1989) S. 281–298.

Marcel Lepper: Goethes Euphrat. Philologie und Politik im »West-östlichen Divan«. Kleine Schriften zur literarischen Ästhetik und Hermeneutik. Bd. 8. Göttingen 2016.

Katharina Mommsen: Goethe und die arabische Welt. Frankfurt a. M. 1988.

– Goethe und der Islam. Hrsg. von Peter Anton von Arnim. Frankfurt a. M. / Leipzig 2001.

Adolf Muschg: Goethe als Emigrant. Frankfurt a. M. 1986.

Andrea Polaschegg: Der andere Orientalismus. Regeln deutsch-morgenländischer Imagination im 19. Jahrhundert. Berlin / New York 2005. (Quellen und Forschungen zur Literatur- und Kulturgeschichte. Bd. 35.)

Albrecht Schöne: Der Briefschreiber Goethe. München 2015.

Gustav Seibt: Goethe und Napoleon. Eine historische Begegnung. München 2008.
[Karl Stadelmann:] Bruchstücke eines Tagebuches von Goethes Kammerdiener Karl Stadelmann. In: Die Grossen und die Kleinen. Tagebuchaufzeichnungen, Augenzeugenberichte und Briefe. Hrsg. von Wilhelm M. Treichlinger. Zürich 1949. Reprogr. Nachdr. Bottmingen/Basel 1979. S. 41–70.
Rosette Städel: Tagebuch, 16. November 1813 – 24. Januar 1819. Freies Deutsches Hochstift / Frankfurter Goethe-Museum. Hs 5761 bis 5764 / Hs-Bd. 35.
Robert Steiger / Angelika Reimann: Goethes Leben von Tag zu Tag. 8 Bde. Zürich/München 1982–96.
Klaus Weimar: Goethes Gedichte 1769–1775. Interpretationen zu einem Anfang. Paderborn [u. a.] 1982.

Die im vorliegenden Band zitierten Originaltexte wurden unter Wahrung des Lautstandes und Beibehaltung der Interpunktion behutsam modernisiert.

Abbildungsnachweis Tafelteil

S. 1: Peter Ptschelinzew / Alamy Stock Foto; S. 2 (rechts oben), S. 5: The History Collection / Alamy Stock Foto; S. 2 (links/rechts unten), S. 3 (unten), S. 6 (oben): The Picture Art Collection / Alamy Stock Foto; S. 2 (links oben), S. 3 (oben), S. 4, S. 8: Freies Deutsches Hochstift / Frankfurter Goethe-Museum

Dank

Für ein ermutigendes Gespräch danke ich Anne Bohnenkamp und Hendrik Birus für die wunderbar eingehende Lektüre meines Manuskripts. Dazu all den guten Geistern, die zum Gelingen des Buchs beigetragen haben.